Balfrin
Galenhorn
Ulrichshorn
Saas
Nadelhorn
Dom
Randa
Eggineren
Hinter Allalin
Hochlaub Gl.
Wand Gl.
Mellichen Gl.
Allalin
Allalin Pass
Thurm
Hubel Gl.
Rimpfischhorn
Fluchthorn
Zermatt
Rimpfischwänge
Adler Gl.
Strahlhorn
Grünen See
Findelen
Strahlknubel
Weissthor
Triftje Gl.
Hohthäligrat
Stockhorn
Rothenboden
Riffelhorn
Gadmen
Stockknubel
Alt Weissthor
Belvedere
Ob dem See
Schwarze
Kl. Schwärze
Monte Rosa Gl.
Nord-End
Pedriola A.
Dufour-Spitze
Breithorn
Zumsteinspitze
Pollux
Zwillinge
Felik Joch
Mte delle Loccie
Vonflue
Lyskamm
Ludwigs Höhe
Schwarzhorn
Vincent Pyramide
Felik H.

하늘에서 추락하다

* 이 도서의 국립중앙도서관 출판예정도서목록(CIP)은 서지정보유통지원시스템 홈페이지(http://seoji.nl.go.kr)와 국가자료공동목록시스템(http://www.nl.go.kr/kolisnet)에서 이용하실 수 있습니다.(CIP제어번호: CIP2018021216)

하늘에서 추락하다

마터호른 초등의 비극

라인홀드 메스너 지음
김영도 옮김

하루재클럽

마터호른 초등의 비극

하늘에서 추락하다

초판 1쇄 2018년 7월 23일

지은이 라인홀드 메스너Reinhold Messner
옮긴이 김영도

펴낸이 변기태
펴낸곳 하루재 클럽
주소 (우) 06524 서울특별시 서초구 나루터로 15길 6(잠원동) 신사 제2빌딩 702호
전화 02-521-0067
팩스 02-565-3586
이메일 gitae58@hotmail.com
출판등록 제2011-000120호(2011년 4월 11일)

편집 유난영
디자인 장선숙

ISBN 979-11-962490-5-2 03900

* 책값은 뒤표지에 있습니다.

1

카렐이 갑자기 비명을 지르더니 마치 잠에서 깨어난 듯 고개를 들었다.

"지금 뭐라고 한 거야?" 시니갈리아가 물었다.

"아니에요." 젊은 가이드 고레가 말했다. "그냥 꿈을 꾸었을 겁니다. 가축을 몰거나 사냥을 하는."

"카렐이 두려움을 느끼는 걸까?"

"무엇에 대해서요?"

"언제 닥칠지 모르는 악천후 같은 것에 대해."

자신의 잠자리에 누워 코를 고는 카렐을 고레가 넘겨다봤다. 정상을 반쯤 남겨놓은 곳에 있는 이 작은 대피소에 들어서자마자 그는 곧장 잠에 빠져들었었다.

"아닙니다. 그는 아마 폭풍이 몰아치기 전에는 꿈쩍도 하지 않을 겁니다."

"그럼, 왜 저렇게 놀란 듯 비명을 지르지?"

"장 앙투안은 지쳤습니다. 벌써 며칠 동안 새벽에 걸었잖아요. 처음엔 몽블랑, 그런 다음 샤모니에서 쿠르마예로 향하는 길을 따라."

"그래. 그럴 만하군. 정말 피곤할 거야."

"내려가야 할까?" 화롯가에서 언 손을 녹이던 시니갈리아가 물었다.

고레는 그 이탈리아인을 흘깃 쳐다보더니, 고개를 흔들며 "안 돼요, 안 돼."라고 중얼거렸다. 물론 그들은 하산하지 않을 것이다. 고레는 어린 자식과 아내를 위해 가이드로 돈을 벌어야 했다. 마터호른은 바로 그의 일터였다.

벽돌로 만든 작은 화로 안에서 장작이 타닥타닥 소리를 내며 타고 있었다. 그리고 밖의 지붕은 거센 폭풍우가 할퀴듯 스쳐 지나가고 있었다.

잠에서 깨어난 카렐은 주위를 둘러본 뒤 연기 자욱한 대피소의 냄새를 킁킁거리며 맡다가, 폭풍 소리를 어렴풋이 들었다. 그는 마치 소스라치게 놀란 한 마리의 짐승 같았다.

"이건 도대체 무슨 폭풍이지?" 잠이 덜 깬 듯한 그가 물었다.

"느닷없이 폭풍이 몰아쳐 왔어요." 고레가 말했다.

"운이 없군." 잠시 침묵이 흘렀다. "지금 신설이 쌓이고 있지?"

"우박과 눈이에요."

"얼마나 많이?"

"잘 모르겠습니다."

잠에서 깨어, 서서히 정신이 돌아온 카렐은 마터호른을 계속 오른다는 것은 재고의 여지도 없이 불가능한 일이라는 것을 깨달았다. 물론 하산도 극도로 힘들 터였다. 바위에는 이제 살얼음까지 낄 테니까. 그의 루트는 분명 가장 심각한 상태일 것이 틀림없었다. 그렇다고 여기서 계속 기다릴 수도 없었다. 과연 이런 상황에도 불구하고 하산을 감행해야 하는 걸까? 그것도 지금 이런 날씨에? 하지만 이 대피소에서 폭풍이 멈출 때까지 버티는 것은 악몽이 될 수도 있었다.

시니갈리아는 기다리고 싶었다. 하룻밤만이라도 더.

결국 두 가이드는 한 가지 계획을 세웠다.

"바람이 좀 약해지면 내려가기로 하겠소." 카렐이 말했다. "새벽에 움직입시다. 오늘은 너무 늦었소."

"그럼, 내일 새벽 언제요?" 시니갈리아가 물었다.

"먼동이 트면 곧바로."

"우리 셋 모두요?"

"물론이오. 허나 고객은 언제나 가운데로 모시지요."

"하산을 좀 미룰 수는 없을까요?" 여전히 시니갈리아는 날씨가 좋아지기를 바라고 있었다. 그는 비용을 대는 고객이었다.

"바람이 너무 세서 이대로는 정상에 오르지 못하오." 하고 카렐이 말했다.

"도대체 왜 불가능하다는 겁니까?"

"바위틈이건 능선이건 온통 눈이 달라붙어 있소."

카렐은 담요를 한쪽으로 젖히고 신음소리를 내며 자리에 일어나 앉았다. 그러고는 자신의 침상에서 힘겹게 내려왔다. 그는 잠을 제대로 자지 못한 듯 그 사이에 더 늙어 보였다. 볼이 쑥 들어가고 허리는 앞으로 굽었으며, 얼굴빛이 창백했다. 하지만 그의 눈동자만은 어두운 대피소 안에서도 반짝거렸다. 그는 밑창에 징을 박은, 발목까지 오는 가죽장화를 신었다. 그 장화는 농부가 산에서 나무를 할 때 신는 것이었다. 그는 문을 향해 걸어갔다. 그가 마치 뱃멀미를 하는 유령처럼 스치듯 지나갔음에도 마룻바닥은 삐거덕삐거덕 소리를 냈다.

처음에 그는 아무것도 볼 수 없었다. 그러나 차츰 어둠에 익숙해지자 소용돌이치는 눈보라가 눈에 들어왔다. 거센 바람이 그가 입고 있는 두꺼운 모직 재킷을 찢듯이 훑고, 습기 가득한 추위가 뼛속까지 스며들었다. 그가 서 있는 발코니에 난 계단은 위로 올라갈 수 있도록 되어 있었는데, 그곳은 이미 신설에 덮여 계단 따위는 보이지도 않았다. 카렐은 위를 올려다보았다. 그곳엔 거대한 산에서 튀어나온 바위 돌출부가 있었다. 그들이 있는 대피소 바로 위는 발밑의 낭떠러지보다 더 어두웠다. 그곳은 사람이 사는 세상이 아니었다. 빠르게 흘러가는 구름 사이로 차디찬 겨울달이 잠깐씩 얼굴을 내밀었다. 그 모습은 공상과학 영화에서나 볼 수 있는 것이었다.

"더 이상 하늘이 보이지 않는구나." 고레는 대피소로 다시 들어서는 늙은이의 말을 들었다. 카렐은 몸을 털고 나서 고개를 들어 무언가를 중얼거렸다. 이제 상황이 좋지 않다는 것을 시니갈리아도 알았다.

오후 늦게 대피소에 도착한 이들은 다니엘레와 안토니오 마퀴냐츠, 피에트로 마퀴냐츠 그리고 에도아르도 비슈를 만났다. 그들 넷은 산의 더 높은 곳에 고정자일을 설치할 참이었다. 어린 가이드는 시니갈리아의 희망을 부추겼다. 내일은 분명 기가 막히게 좋은 날씨가 기다리고 있을 것이고, 카렐이 자기 팀을 정상까지 확실히 이끌어줄 것이라고. 새벽 3시쯤 마퀴냐츠 일행은 브로일*Breuil로 내려갔다. 카렐은 떠나는 네 청년들의 뒷모습을 바라보며 한 손으로 작별인사를 했

* 이탈리아 쪽 마터호른 바로 아래 있는 산간마을

다. 그러고 나서야 그는 잠깐이나마 좀 쉴 수 있었다.

대피소로 다시 돌아온 카렐은 아무 말이 없었다.

그는 다시 한 번 날씨를 살펴보았다. 폭풍을 일으키는 구름이 몽블랑 쪽에서 몰려오면서, 하늘은 이제 거센 격랑에 휘말린 대양처럼 어두침침했다. 세 번째로 그가 대피소 앞으로 나왔을 때는 마침내 거센 폭풍이 당데랑*Dent d'Hérens에 내리치고 있었다. 햇빛에 반짝이던 능선과 세락의 모습은 온데간데없고, 서쪽의 큰 산들은 표현주의 화가의 검푸른 그림같이 카오스의 세계로 빠져들고 있었다.

카렐은 이것이 지나가는 폭풍이길 바랐다. 그러나 고난이 닥칠 것이라고 예감한 그는 어느 것 하나 확신할 수 없었다. 북풍은 시간이 지날수록 위로 향했다. 그는 자신이 가이드로 살아오면서 경험한, 등반 도중 갑자기 들이닥친 악천후들을 다시 떠올려보려 노력했다. 죽음의 위기에서 겨우 벗어나 어떻게든 살아남으려고 끝까지 발버둥 쳤던 그 순간들을. 그에게는 자신의 고객들을 불안에 빠지게 만드는 실수를 범하지 말아야 할 책임이 있었다. 만약 그들이 가이드가 기대하는 대로 계속 전진해 정상에 오르게 되면, 하산을 할 때는 보호받을 곳도 없는 산꼭대기 어느 곳에 갇히게 될지도 모르

---

* 스위스의 발레주와 이탈리아 발레다오스타 자치주의 경계에 있는 산(4,171m)

는 일이었다. 그 사이에 시니갈리아도 만약 카렐이 등반을 멈추고 계속 기다리자고 하지 않았더라면 지금쯤 모두 죽었을지도 모른다는 사실을 깨닫기 시작했다. 저 늙은이는 날씨의 악화를 예측이라도 했단 말인가? 그리고 무엇이 닥쳐올지도 가늠할 수 있었단 말인가? 젊은이들 넷이 대피소를 떠났을 때는 이미 날씨가 나빠지고 난 후였다. 그것도 시니갈리아나 고레조차 여태 경험해보지 못한 엄청나게 빠른 속도로 나빠지고 있었다. 강풍과 어두컴컴한 하늘에서 떨어지는 폭우 그리고 시야를 완전히 가리는 진눈깨비. "날 깨우는 게 나았을 텐데…." 카렐이 고레에게 말했다. 그것은 질책이 아니라 앞날을 생각한 충고였다.

그 젊은이들을 따라 계곡으로 내려가기에는 이미 너무 늦고 말았다.

해가 질 무렵 돌풍이 불기 시작했다. 그러자 우박을 동반한 폭풍이 마터호른 위로 몰아쳤다. 카렐은 어떻게 해야 할지 몰라 당황했다. 천둥번개가 치고 돌이 무너져 내리며 바닥이 끊임없이 갈라지고 있었다. 마치 마터호른이 무너져 내리기라도 하는 것 같았다. 실제로 그들의 머리 위에서는 붕괴가 진행되고 있었다. 바로 눈앞의 손도 보이지 않는 칠흑 같은 어둠 속에서 번개가 번쩍이며 지나갔다. 전기를 가

득 머금은 공기가 소름이 끼칠 정도로 바스락거렸다. 2시간이 지나자 작은 창문을 통해 오로라aurora와 같은 빛이 희미하게 들어왔다. 번개가 대피소 안으로 번쩍일 때마다 대낮인 양 환하게 빛났다. 폭풍은 계속됐다. 그날 밤, 그다음 날 밤 그리고 또 그다음 날 밤까지.

카렐은 담요를 덮고 있으면서도 추위에 떨었다. 그는 무력감을 느꼈다. 그리고 몸이 점점 쪼그라드는 꿈을 꾸었다. 마치 여태까지 쌓아온 모든 경험이 무의 세계로 돌아가듯 그의 에너지가 고갈됐다. 이제 그의 용기는 한낱 정신 나간 사람의 오만에 불과했다.

밖은 여전히 눈보라가 그칠 줄 몰랐다. 그리고 세찬 바람이 지붕과 벽을 때렸다. 기온은 영하로 뚝 떨어지고, 계곡을 향한 창문에는 온통 눈이 달라붙었다. 대피소 안의 모든 것도 얼어붙었다. 몹시 추웠다. 다른 사람들의 도움이 없이는 살아남지 못하리라는 것을 카렐은 알고 있었다. 다행스럽게도 대피소는 그럭저럭 버텨주었다. 게다가 자신의 이름을 딴 대피소가 아닌가? 이 대피소를 지을 때 그 자신도 함께하지 않았던가? 이 대피소가 없었다면 어떻게 됐을까?

"지금 도망치듯 하산하면 확실한 건 죽음뿐이오." 카렐이 힘없이 말했다.

더 이상 태울 장작도 없어지고 식량도 바닥이 나자, 하산하는 동안 죽을지도 모른다는 공포와 아무것도 보이지 않는 어둠에도 불구하고 카렐은 탈출을 시도할까 생각했다. 가장 위험한 것은 신설이었다. 역시 더 기다리는 것이 낫다고 그의 본능이 속삭였다. 그들은 담요로 몸을 감고, 의자와 선반, 탁자 등을 태우며 기다렸다. 얼어 죽을지도 모른다는 공포는 사람의 정신을 극한으로 몰고 간다. 카렐은 멍한 상태로 꾸벅꾸벅 졸며 계곡으로 하산하는 자신의 모습을 꿈속에서 보았다. 그는 백 번 하고도 한 번 더 이 산을 오르내렸었다. 그러자 그의 산, 마터호른에서 그가 경험한 모든 일들이 주마등처럼 머릿속을 스쳐 지나갔다. 그러나 그는 이번에도 고객을 데리고 살아남아야 했다. 딱 한 번만 더. 그는 그럴 책임이 있었다.

2

1857년, 땅거미가 내려앉을 즈음 세 사람의 형체가 아보일Avouil의 허름한 오두막 앞에 나타났다. 고원지대가 내려다보이는 그곳은 좁은 계곡이 차차 넓어지면서 빙하로 이어지는 곳이었다. 세 사람은 서로 손짓으로 이야기를 주고받았다. 그들 조금 아래에서 빙하물이 거품을 일으키며 흐르고 있어 말소리가 제대로 들리지 않았다. 마치 그 소리는 크리스털처럼 영롱하게 지는 석양에 물든 마터호른을 불러내려 하는 것 같았다. 마터호른을 확실히 느낄 수 있는 곳은 이 계곡이 유일했다. 끝없는 하늘을 향해 치솟은 뭉툭하고 거대한 바위!

"그럼 내일 아침 일찍." 한 사람이 멀어지며 말했다.

"안녕히 주무세요. 내일 보시죠." 두 번째 사람의 말이었다.

"날이 밝을 때까지 세상이 고요하기를." 세 번째 사람이 기도하듯 말했다.

그는 다시 한 번 손을 가볍게 흔들었다. 새삼 의심할 것도 없이 그들 세 사람은 다음 날 아침 마을에 있는 자기 집을 떠나 약속 장소로 올 것이다. 바로 지금 각자가 자신의 집으로 돌아가는 것처럼.

아보일은 남쪽 계곡의 가장 아래쪽에 돌과 나무로 지어진 작은 농가들이 모여 있는 곳으로, 여름이면 집 안에 온 가족들이 북적거리며 사는 곳이었다. 마을 사람들은 여기서부터 가축들을 고원지대의 초원으로 몰고 올라가, 그곳에서 버터와 치즈를 만들고 땔감을 마련했다.

날이 밝기 시작해 하늘에는 마지막 별이 지고, 계곡이 아

직 어둠에 물들어 있을 때 세 사람은 산을 향해 걷기 시작했다. 아보일에서 이것은 마멋marmot을 잡으러 간다는 이야기다. 그들은 마멋 사냥에 도움이 되는, 긴 물푸레나무 막대기 끝에 쇠갈고리가 달린 '그라피오grafio'를 갖고 있었다. 구름 한 점 없는 새벽, 마을사람들이 '라 그랑 베카La Gran Becca', 즉 거대한 부리라고 부르는 마터호른을 향해 올라가는 세 사람

의 형체가 눈에 띄었다. 그중 한 사람이 어두운 색으로 차려 입은 장 자크 카렐Jean-Jacques Carrel이었는데, 그는 머리에 챙이 넓은 모자를 쓰고 있었다. 나이로 보아 그가 대장이었다. 그는 수렵가로 절대 실수하는 법이 없는 본능과 직관을 갖고 있어 때로 동물처럼 느껴질 때도 있었다. 영양을 사냥할 때면, 그는 마터호른의 가파른 남쪽 기슭에서 마치 영양처럼 날리고 뛰어넘곤 했다. 그 계곡지역에서 그를 따라갈 만한 사람은 아무도 없었다. 햇볕에 까맣게 그을린 얼굴, 굵은 주름이 있는 양손, 넓은 챙 모자 밑으로 보이는 가늘게 째진 눈. 알프스산맥의 고원지대 목장 위와 올라갈 수 있는 가장 높은 바위의 피난처 사이에서 혹독한 추위와 뜨거운 열기, 비와 안개의 자연이 장 자크 카렐이라는 사람을 만들어냈다. 그의 태도에는 자신감이 넘쳐흘렀다. 그러나 그는 그것을 조금도 내색하지 않았다. 그는 이 계곡에 사는 사람들이 그렇듯 말수가 적었으며, 주일에는 성당에 나가고 평일에는 자신의 일에 열중했다. 25년 전 조난자가 쓰러져 있는 테오둘Theodul 빙하의 크레바스 지역을 올라간 사람은 그가 유일했다. 언제나 목숨을 걸고 뛰어들 각오가 그에게는 있었다.

또 한 사람 장 앙투안 카렐Jean-Antoine Carrel은 그저 무법자로밖에 보이지 않았다. 그의 대담무쌍한 눈빛과 용기는 그를 외톨이로 만들었다. 계곡사람들은 그를 '발투르낭슈Valtournenche의 수탉'이라고 비꼬았다. 한편, 나이가 훨씬 어린 에메 고레Amé Gorret는 풋내기 사제로 호기심이 많았으나 앞의 두 사람보다는 훨씬 더 조심스러웠다.

이제 그들 셋이 — 장 자크 카렐을 선두로 — 기세등등하게 산으로 올라갔다. 고원지대의 목장에서 비밀스러운 논의를 하던 몇 번의 겨울과 외로운 여름 동안 그들은 마터호른을 쳐다볼 때마다 얼마나 높이 올라갈 수 있을까 하는 의구심에 사로잡혔었다. 그들은 걸음이 확실하고 오래 견딜 수 있으며, 이런 점에서는 누구보다도 뛰어난 사람들이었다. 그들은 서로 말을 하지 않아도 일정한 간격을 지키며 발걸음을 이어나갔다. 따라서 말을 하는 것은 일종의 금기인 듯 보였다.

작은 산간마을에서 그들은 가브리엘 마퀴냐츠Gabriel Maquignaz와 '화가'로 유명한 또 다른 카렐과 우연히 마주쳤다. 그러나 그들은 잠깐 마멋 사냥과 날씨 이야기만 하고 그대로 지나갔다. 두 목동은 어색하게 인사하며, 그런 위험한 고원지대 사냥에는 취미가 없다는 듯 고개를 흔들었다. 세 사람은 걸음을 계속 재촉하다가 자신들을 향해 손을 흔드는 또 한 명의 목동과 만났다. 그들은 그라피오를 마주 흔들며 더 빨리 올라갔다. 그들이 더욱 높이 오르자 이번에는 초원에 있는 소들이 커다란 눈으로 그들을 쳐다보았다.

"마멋에게는 재수 없는 날이군." 하는 소리가 들려왔다. 목동이 자기 가축 떼 옆을 지나가며 하는 소리였다. 그러나 그도 점점 멀어져 가 곧 경사진 산비탈의 검은 점으로 사라졌다. 고원지대의 더 높은 곳에는 그저 염소들만이 다가와서 땀내 나는 그들의 옷에 코를 대고 킁킁거릴 뿐, 다행히 아무도 없었다.

이어 마멋이 소리를 내고, 독수리 한 마리가 흰 구름 사이에서 나타나, 바로 옆을 스쳐 지나가더니 빙하가 녹은 물이 흐르는 곳으로 쏜살같이 날아갔다. 그들은 그 자리에서 잠깐 멈추었다. 이제 그들은 자신들만의 시간을 가질 수 있었다. 그러고 나서 천천히 수목한계선에 이르자, 여기저기서 마멋들이 자기 구멍으로 도망쳤다.

마터호른의 모레인 지대에서 그들 셋은 능선 쪽으로 방향을 틀었다. 이 능선을 경계로 왼쪽에는 빙하가 있었다. 그들은 이 지역의 모든 것을 알고 있었다. 자신들의 조상이 영양을 사냥하러 여기까지 왔었다는 사실도 알고 있었다. 그들은 걷기 편하게 계단처럼 생긴 산기슭을 몇 시간 동안 따라 올라갔다. 특별한 계획이 있었던 것도 아니어서, 그들은 아

무 말도 없이 걸음을 내디뎠다. 한 계단 그리고 또 한 계단. 사방은 그저 고요했다. 다만, 갈기갈기 갈라진 바위의 벽이 오른쪽 멀리서 보였는데, 빙하 너머로 바라다보이는 그 모습은 소름이 돋을 정도로 무시무시했다.

그들은 마터호른 왼쪽에 있는 협곡의 최고점에 도착하기 전에 둘로 갈라졌다. 장 자크는 단단한 눈 위로 길을 찾고자 한 반면, 나머지 둘은 계속 바위 길로 가기를 원했다. 그곳이 더 안전해 보였다. 그때 살려달라는 사냥꾼의 비명이 들려왔다. 고레가 장 자크의 비명을 들었을 때 장 앙투안은 이미 소리가 들린 쪽으로 이미 황급히 다가가고 있었다. 장 자크는 이러지도 저러지도 못하는 진퇴양난의 상황에 놓여 있었다. 조금이라도 발을 헛디디는 날에는 수백 미터 아래로 떨어질 판이었다. 그가 발을 딛고 서 있는 얼음까지는 너무나 경사지고 미끄러워, 만약 한 번 미끄러지면 멈출 수 없을 것 같았다.

이 충격적인 상황에서 아무것도 하지 못한 채 그저 멍하니 쳐다만 보고 있던 셋 중에서 가장 먼저 정적을 깬 사람은 장 앙투안이었다. 셋 중에서 가장 노련한 그가 이제 앞장섰다. 계곡 사람들이 '저격병'이라 부르는 그와 사제인 에메 고레가 장 자크를 구조하기 위해 움직였다. 그 둘은 한 사람이

장 앙투안 카렐Jean-Antoine Carrel, 1829~1890

다른 사람을 붙잡고, 한 손에는 피켈을 잡은 채 한 발 한 발 조심스레 얼음판 위로 나아갔다. 장 앙투안은 장 자크가 있는 곳으로 조금씩 더듬거리며 계속 나아갈 수 있었다. 장 자크가 주머니에 있는 손도끼를 가까스로 꺼내자 장 앙투안은 셋이 돌아올 수 있는 발판을 바위가 있는 곳까지 얼음 위에 만들기 시작했다.

사람은 누구나 자신의 성격대로 산을 오른다. 장 앙투안은 이런 경험이 있었다고 말하지는 않았지만, 그는 자신의 본능에 따라 이 일을 해냈다.

조금 뒤 그들 셋은 숨이 턱까지 차서 헉헉거리며 테트 뒤 리옹Tête du Lion과 당데랑 사이에 있는 능선의 최고점에 도달했다. 이곳에서 그들은 능선의 반대편을 처음으로 볼 수 있었다. 그곳은 완전히 다른 세계였다. 그들은 경이로운 눈으로 500미터 아래에 펼쳐진 티에프마텐Tiefmatten 빙하를 내려다보았다. 그들은 옛날부터 마터호른 뒤편에는 에렝Hérens이라는 마을이 있다는 이야기를 들어왔었다. 산 너머 문명사회에 대한 전설은 수백 년 전부터 발투르낭슈 사람들의 입에 오르내렸다. 그러나 그곳에는 마을이 없었다. 그저 빙하로 뒤덮인 계곡이 거대한 산들의 벽으로 둘러싸여 있을 뿐이었다. 위에서 내려다보니 그 깊이가 어마어마해, 보는 것만으로도 감동이었다. 그들 셋은 한동안 말을 잊었다. 완벽한 고요만이 주위를 지배하고 있었다. 그 광경은 초록으로 뒤덮인 그들 고향의 계곡과도 완전히 달랐으며, 대제일大祭日에 사제가 근엄한 목소리로 설교단에서 묘사하던 지상낙원과도 확실히 달랐다. 이 얼마나 깊은 낭떠러지인가! 갈라진 빙하와 그 위로 하늘같이 치솟은 봉우리들. 그 봉우리들에 대해서 브로일의 농부들인 그들 셋은 이름조차 모르고 있었다. 그들은 자신들의 고향 계곡과 그 뒤쪽에 펼쳐진, 인간의 흔적이라곤 찾을 수도 없는 대자연의 한가운데에 서 있었다. 왼쪽으로는 당데랑의 정상까지 능선이 이어져 있었고, 오른쪽으로는 테트 뒤 리옹 너머로 마터호른이 당당하게 솟아 있었다.

그들 셋 중 하나가 갑자기 돌덩어리를 낭떠러지 밑으로 굴렸다. 그리고 그 돌덩어리가 부서지며 내는 요란한 소리에 놀랐다. 돌덩어리는 이리저리 튕기며 떨어졌다. 그러자 하얀 눈가루가 구름처럼 회오리치며 피어올랐다. 그들은 돌덩어리가 굉장히 규칙적인 소리와 함께 비밀스러운 빙하의 심연으로 사라져 가는 것을 지켜보며 탄성을 질렀다.

세 사람은 서두르지 않았다. 몹시 지치기는 했지만 태양은 아직 높이 떠 있었다. 그리고 마터호른이 아주 가까이 있었다. 그 모습은 아보일에서보다 더욱 분명하게 보였다. 마터호른은 그들 머리 위로 치솟아 있었다. 장 앙투안은 언젠가는 그 정상이 정복되리라 생각했다.

"이상하다." 한 사람이 말했다. "사람이 없는 이곳에서 보니 마터호른이 더 가깝게 보이네."

마터호른이 비록 그들 셋에게 속한 산은 아니었지만 — 그리고 어느 누구도 쉽게 자신의 산으로 만들 수 있는 산은 아니었지만 — 장 앙투안은 이날 마터호른을 자신의 산으로 만들겠노라 다짐했다.

나머지 둘은 등반 그 이상의 목표를 갖지 못하고 그저 순수한 호기심만으로 계속해서 나아갔다. 그들은 별 어려움 없이 테트 뒤 리옹에 도달했다. 그곳에서 세 사람은 처음으로 깊이 파인 협곡을 내려다보았다. 그 협곡은 사실상 마터호른 정상으로 올라가는 길을 끊어놓고 있었다. 협곡 건너편에는 깎아지른 바위가 하늘에 닿을 듯 솟아 있었다.

그들은 테트 뒤 리옹의 남쪽 사면을 따라 계곡으로 내려왔다. 그때 그들은 바위 층이 계단처럼 되어 있는 그곳이 훨씬 더 쉽게 오를 수 있다는 사실을 깨달았다.

3

그 무렵부터 발투르낭슈에서는 장 앙투안 카렐에 대한 소문이 나돌기 시작했다. 한낱 수탉밖에 되지 않는 멍청이가 '라그랑 베카'에 오르려 한다고. 그 계곡 사람들에게 마터호른은 '악마의 산'이었다. 사실 마터호른의 벽은 지옥문을 연상시켰고, 양쪽 끝의 봉우리는 유령을 위한 것처럼 보였다.

"어쨌든 사람이 올라가라고 생긴 산은 아니지." 장 앙투안의 삼촌인 사제司祭는 이렇게 말했다.

그러나 장 앙투안은 아무 말도 하지 않았다. 그는 마터호른을 오를 수 있다고 굳게 믿고 있었다.

가톨릭 사제로 아오스타Aosta에 사는 그의 삼촌은 발투르낭슈까지 오는 일이 드물었는데, 장 앙투안이 마터호른 등반에 나선다는 것을 알게 되자, 이는 신께서 좀 심하게 장난을 친 것이며, 등반 자체는 별것 아니라는 투로 농담을 했다. 그러나 그도 비록 입 밖에 꺼내지는 않았지만 마터호른은 오를 수 있다고 생각했다. 그는 조카의 기술과 용기, 체력을 높이 샀다. 그리고 그는 이미 오래전부터 아오스타 주변의 산들을 연구하고 답사해야 한다는 조카의 생각에 동의하고 있었다. 어느 누구도 알프스의 현상을 연구해야 한다는 생각을 갖지 못하던 자신의 젊은 시절, 그는 사제관 옥상에 최초로 기상대를 세웠다. 그러자 이 기상대는 곧 이탈리아에서 가장 중요한 기상 연구소가 됐다. 그는 대학생 때부터 그림을 그려가며 식물과 기상, 빙하에 대한 자료를 수집했다. 이 과정에서 그는 과학적 사고를 갖고 산을 오르려는 자신의 소망을 헛된 바보짓이라고 비웃는 지역주민들의 편견과 싸워야 했다. 피해를 주진 않지만 쓸데없는 짓이라는 것이었다.

이 사제는 어려서부터 마터호른을 알고 있었다. 그는 높이 올라가, 아오스타를 둘러싸고 솟아오른 마터호른을 쳐다봤다. 그리고 '라 그랑 베카'에 열광했다. 마터호른은 유럽에서 가장 높은 산은 아닐지라도 분명 가장 아름다운 산이었다. 몇몇 사람들이 이 산을 올라갈 수 있다고 생각한 지 수십 년이 흘렀다. 하지만 과연 이 모험을 해낼 수 있을까? 혹시 헛된 것은 아닐까? 그런데 그처럼 교양 있는 사람이 마터호른의 위험과 가치를 동시에 느낀 일은 전에 없었다. 그는 언제나 마터호른에 대해 희망을 가졌고, 자신이 오를 수 있다고 생각했다. 더욱이 그것도 혼자의 힘으로. 그리고 그는 마터호른을 특히 고행이라는 종교관과 연결시켰다. 산을 오르는 행위는 단순한 정진을 넘는 일종의 순례가 아닐까? 그렇게 되면 그의 계곡 마을은 마터호른을 오를 생각으로 찾아오는 사람들이 늘어나며 이름도 알려질 터이고, 이는 마을의 발전에 도움이 되리라고도 그는 계산했다. 바위로 된 그 거대한 피라미드는 아무런 경제적 가치가 없지만, 하나의 상징물로서 그 가치는 절대적이었다. 그는 자신의 마터호른 초등이 계곡 마을과 조카에게 명성을 가져다줄 것이라는 생각도 은근히 하고 있었다.

이 사제는 1857년 가브리엘 마퀴냐츠와 화가인 빅토르 카렐Victor Carrel이 그 산을 오르려 했다는 것을 알고 있었을까? 그들은 테트 뒤 리옹을 동쪽 사면으로 올라갔었다. 그러나 가파르게 떨어지는 낭떠러지에서 거의 죽을 뻔했고, 그때 공포에 질려, 아무 말도 없이 고원지대로 돌아왔었다.

4

1861년, 에드워드 윔퍼Edward Whymper는 겨우 스물한 살의 나이에 바이스호른Weisshorn, 4,505m과 마터호른Matterhorn, 4,478m에 도전장을 내밀었다. 그것도 초등을 노렸다. 윔퍼에게는 그때가 알프스에서 맞는 두 번째 여름이었다. 그런데도 애송이 등반가인 이 젊은이는 벌써 별을 따려 하고 있었다. 그곳은 알프스의 4천 미터급 고봉 중 가장 어려운 곳이 틀림없었다. 그런 곳을 젊은이가 오르려 하다니 어리석기 짝이 없고, 자기 자신을 너무 모르며, 불손하기까지 한 것은 아니었을까? 윔퍼는 브로일에 도착해 누군가가 바이스호른을 올랐다는 소문을 — 물론 뜬소문이기를 바랐지만 — 들었다. 그리고 마터호른은 존 틴들*John Tyndall이 노리고 있는데,

* 1820~1893, 아일랜드의 유명한 물리학자. 1861년 바이스호른 초등. 알프스에

에드워드 윔퍼Edward Whymper, 1840~1911

아마도 불가능할 것이라는 이야기도 들었다. 소문에 의하면 그 교수는 바이스호른에서 승리를 거둔 데 이어 마터호른에서도 초등의 영광을 차지하려 브로일에 와 있다는 것이었다. 발투르낭슈에서 틴들 교수는 존경받는 인물이었다. 그는 가이드들에게 관대했으며 짐꾼들과도 사이가 좋았다. 이에 반해 윔퍼에 대해서는, 마차를 탈 돈이 없어서 걸어 다닌다는

서 빙하운동에 관한 연구를 많이 했고, 저서로는 『알프스의 빙하The Glaciers of the Alps, 1860』가 있다. 광통신 분야 최고 권위의 상으로 꼽히는 존 틴들 상John Tyndall Award이 있다.

둥 좋지 않은 소문이 나돌았다.

사실 윔퍼는 돈이 없다기보다는 인색한 편이었다. 가이드들과 언제나 좋은 경험만 한 것은 아니라는 것이 그의 변명이었다. 윔퍼는 가이드의 필요성을 그다지 인정하지 않았다. 그는 그들을 짐꾼이나 짐승 냄새를 맡는 사람들, 아니면 고작해야 고기를 먹어치우거나 브랜디를 마구 마셔대는 사람들로 여기고 있었다. 알프스에서 등반을 하는 데는 소위 '조력자'라고 하는 이 원시적인 농부, 사냥꾼, 목동들보다 차라리 자신의 고국에서 데려온 영국인 몇 명이 훨씬 더 낫다고 생각했다. 그의 눈에 비친 알프스 주민들은 고결함이 전혀 없었다. 그는 그들의 얼굴에서는 음흉함을, 그들의 몸짓에서는 교활함을, 그리고 그들의 요구에서는 탐욕을 보았을 뿐이었다. 여기에 더해 자신이 가진 물질적 풍요로움에 보이는 시기와 외지인에게 보이는 혐오 그리고 음험함까지. 결국 좋은 것이란 하나도 없었다.

그럼에도 윔퍼는 브로일에 도착하자마자 마터호른을 함께 오를 유능한 가이드를 찾았다. 그러자 사람들은 너나 할 것 없이 발투르낭슈의 카렐을 추천했다. 그가 바로 장 앙투안 카렐이었다.

작은 창문과 낮은 문 등 모든 것이 연기로 뒤덮인, 아보일의 침침한 오두막에서 윔퍼는 한 중년 사내와 마주 앉았다. 그는 농사꾼 출신인 것은 분명했으나 교양이 있었다. 그의 얼굴은 수염과 꿰뚫어보는 듯한 눈, 오뚝한 코로 어딘가 자기주장이 강할 것 같기도 하면서 동시에 호감을 주는 인상이었다.

"당신이 카렐이오?" 윔퍼가 약간 재듯이 물었다.

"그렇소. 내가 장 앙투안 카렐이오."

"나는 윔퍼라고 하오. 마터호른을 함께 오를 가이드를 찾고 있소."

"혼자서요?"

"아니오. 영국인이 한 명 더 있고, 스위스 출신의 가이드가 같이 갈 것이오."

"마터호른은 아주 어려운 곳이오."

"나도 알고 있소. 그래서 내가 여기까지 찾아온 것 아니겠소? 나는 아주 유능한 가이드가 필요하오."

"우선 좀 물어봅시다. 지금까지 얼마나 많은 산을 올라봤소?"

"많이. 그리고 나는 지난해에 체르마트Zermatt에서 브로일로 넘어오면서 마터호른을 연구했소."

카렐은 윔퍼의 이야기를 가만히 듣고 있었다. 그는 벌써 모든 것을 알아차린 걸까?

"얼마를 주면 되겠소?"

"거리에 상관없이 하루 20프랑이면 되오."

윔퍼는 고개를 끄덕였다. 그러자 카렐은 자신의 친구 한 명도 함께 데리고 갈 것을 요구했다. 안전이 이유였다. 윔퍼는 돈이 없다는 시늉을 했다.

"나는 이미 가이드가 한 명 있소."

"둘이 올라가는 데 가이드 둘로는 어림도 없소."

"아니, 두 명이면 충분하오. 나는 혼자서 올라갈 수 있소."

"나는 동료가 없으면 가지 않겠소." 카렐이 말했다.

"도대체 무엇 때문이오?"

"우리에게는 책임이 따르오."

"내 책임은 내가 지오. 그러니 당신 동료는 필요 없지 않소?"

"그가 필요하오!"

"그렇게 힘든가?"

"길고도 어렵소. 외지인에게는 지나치게 어려울지도 모르겠소. 당신네 영국인들에게는 특히." 카렐은 윔퍼가 잘 알아듣기 힘든 사투리로 말했다.

"어째서 우리 영국인들에게는 너무 어렵다는 것이오?"

"당신들은 그 산을 알지 못하오."

"여기서 나는 길을 알려줄 단 한 명의 가이드를 필요로 할 뿐이오."

"하지만 나는 내 동료 중 한 사람이 같이 가야만 그 산을 오르겠소."

"이 똥고집 하고는!"

"우리 가이드들 중 한 사람과 같이 가는 게 아니라면 난 아예 가지 않겠소."

"왜 그렇게 많은 사람이 필요하단 말이오?"

"예를 들어, 정상에 오르지 못하고 후퇴할 때도 대비해야 하오."

"난 이 산을 오르는 것을 목표로 하고 있소."

"정상에 오른다 해도 모두 무사히 내려와야 하오."

"당연하오. 그러나 더 많은 사람이 올라갈수록 위험도 그만큼 더 커지고, 돈도 더 들고 시간도 더 걸리지 않소."

"그거야 당연하오."

"그런데 왜 한 사람을 더 데려가겠다는 거요? 당신이 가이드면 그만인데."

"그가 없이는 할 수 없는 일들이 있소. 불가능하오."

"그렇다면 그는 그런 것들을 어떻게 아오?"

"마터호른은 몽블랑Mont Blanc이나 몬테로사Monte Rosa와는 다르오. 지금까지 이 산을 오르려는 모든 시도는, 브로일로든 체르마트로든 실패했소!"

"그래서 어떻단 말이오?"

"모두들 나가떨어졌소."

"나는 그럼에도 성공할 수 있소."

"아마 무덤 속으로 들어가는 데 성공하겠지요." 카렐이 경고했다.

"아, 당신은 두려워하는군요. 그래서 가이드가 한 명 더 필요하다는 말이지요?"

이것이 윔퍼의 특성이었다. 그는 자신의 계획을 위해서 무슨 수를 쓰더라도 카렐을 끌어들이고 싶었지만, 동시에 그에게 모욕을 주고 싶어 했다.

"단순히 그것뿐만이 아니오." 카렐은 아주 침착하게 말했다.

"그럼 또 다른 이유가 무엇이오?"

"문제가 생겼을 때 내가 어떻게 당신을 저 위에서 데리고 내려온다는 말이오?"

"나는 스스로 내려올 수 있소. 그리고 여기 농부들과 마찬가지로 나는 언제나 혼자 산을 올라 다녔소."

"그래도 나는 당신에게 갑작스럽게 벌어질 일까지 책임지고 싶지는 않소." 장 앙투안 카렐은 단호했다. 그는 오른손으로 널빤지를 댄 벽을 두들겼다. 그러자 사나이의 목소리가 들리더니 체구가 큰 사람이 어두운 방에서 나타났다. 팔을 길게 늘어뜨린 그는 거칠고 우울한 얼굴에 수염이 텁수룩했다. 놀란 윔퍼는 거만한 태도로 거절한 다음 문을 나섰다. 결국 협상은 깨지고 말았다.

5

에드워드 윔퍼는 그렇게 고집스러운 모습이었지만 멋져 보였다. 오른쪽 어깨에 가방을 걸치고 머리에 최신 유행의 모자를 쓴 그는 흰색 바지를 입고 성큼성큼 브로일로 걸어갔다. 마터호른이 멀리서 모습을 드러냈다. "도대체 시대에 뒤떨어진 사람들과 무엇을 하겠다고 내가 이 우울한 산골짜기까지 왔지?" 그는 자신에게 물었다. 그는 자신이 알고 있는 가장 기이한 산인 마터호른이 아니었다면 이런 곳에 오지도 않았을 것이다. 윔퍼는 감옥을 탈출하는 기분이었다. 주위는 온통 빙하에 수직의 빙벽이 치솟아 있고 음산한 숲이 무성했다. 여기에 매력적인 개성과 함께 미등으로 남은 알프스의 마지막 정상이 보란 듯이 솟아 있었다. 그러나 미천한 농부들이 살고 있는 이곳에서 그는 이들이 필요했고, 이들은 그에게 손을 내밀었다. 그의 불손함 때문에 완고하게 고집 피운 것은 아니었다. 그것은 산, 바로 그의 산 때문이었다. 윔퍼는 알고 있었다. 정상이 하나인 것처럼 초등도 단 한 번뿐이라는 것을. 그런데도 카렐이 거절한다는 것은 오만이 아닐 수 없었다. 문제가 생기면 그는 마터호른을 혼자 오를 수밖에 없었다.

"이 농부들이 할 수 있는 것이라면 나도 할 수 있지 않을까." 그는 나지막하게 중얼거렸다.

고원지대 마을의 좁은 길에서 그와 마주치는 사람들은 한쪽으로 비켜나거나 조그만 집으로 숨어들었다. 그를 피하는 걸까? 이곳 알프스 주민들의 옷은 검소하긴 하지만 닳아 빠진 데다 그마저도 여기저기 기워 입은 경우가 많았다. 이들의 표정은 입은 옷만큼이나 어두웠고, 농담 하나 할 줄 몰라 미소를 짓는 일도 없었다. 이 모든 것이 윔퍼에게는 자신을 피하는 것처럼 보였다. 심지어 옹기종기 붙어 있는 낮은 집들마저 그 모습이 어딘가 접근을 거부하는 것처럼 보였다. 절망과 싸워온 농가들은 서로 추위를 막아가며 살 수밖에 없었을 것이다. 그리고 악천후가 닥치면 힘을 합쳐야 했을 것이다. 삶은 가혹했지만 이들은 묵묵히 참고 이겨나갔다. 불안과 공포가 끊이질 않았다. 계곡에서는 눈사태가 일어나고, 눈 때문에 집이 무너지면 가축은 먹을 것이 없었다. 여름은 짧고 한 해의 대부분은 겨울이었다. 농부들은 부엌의 아궁이 앞에 웅크린 채 참았고, 축축한 구석에서 잠을 자며 내일을 기나렸다. 이들은 기도를 하며 태양이 돌아오기만을 기다렸다. 봄은 또다시 금방 지나가 버렸고, 수확의 시기는 고통스러웠으며, 첫눈과 함께 찾아오는 겨울은 마을을 체념으로 뒤덮었다. 이런 일상이 계속 반복됐다.

소박한 집들 사이로 성당의 탑이 보였다. 성당의 종소리는 마을사람들에게 언제나 쓸쓸하게 들렸다. 종은 탄생과 죽음, 결혼과 불행까지도 알렸다. 세상과 동떨어진 이곳에서 종교마저 공포를 전파시키는 듯했다. 왜냐하면 성당의 벽에 그려진 그림들이 희망과 사랑을 말하는 것이 아니라 고난과 죽음을 이야기하고 있었기 때문이다.

윔퍼에게 이런 세계는 낯설었을 뿐만 아니라, 견디기 어려울 정도로 고통스럽기까지 했다. 그는 런던에서 온 예술가였다. 그는 이곳 사람들을 동정하지 않고 경멸했다. 그래서 그는 카렐의 거부를 참을 수 없었다. '그는 돈이 필요하지 않

았다는 말인가? 아니면 영국인들을 전부 돈 많은 백수건달이거나 시건방진 젊은 놈팡이라고 생각한 걸까?'

윔퍼는 이 사람들이 이토록 대단한, 산이라는 자연 속에 살면서도 숨 막히는 가난을 겪고 있는 상황을 이해할 수 없었다. 이들과 자연 사이에는 그저 살아남기 위한 투쟁만 존재할 뿐 숭고함이나 동경 따위는 전혀 없었다. 도대체 이들에게 산은 무엇일까? 윔퍼는 종잡을 수 없었다.

"내 돈이 없으면 전부 굶어 죽게 생긴 주제에." 브로일의 첫 번째 집을 지나치며 그는 나지막하게 욕설을 내뱉었다. "아주 영원히 이런 곳에서 살라지…."

6

카렐과 그의 마을 사람들은 자신들이 살고 있는 고원지대의 삶에 만족했다. 사치라는 것을 모르는 이들은 계곡 공동체에 속한 것을 체념하듯 받아들여, 그곳을 벗어나고자 하는 색다른 생각 따위는 하지 않았다. 이들에게 가난은 수치가 아니었다. 이들은 모두 함께 일하며 서로 공평하도록 애썼다. 이들은 가족같이 지내며 물건을 교환했다. 따라서 이들은 화폐라는 개념을 잘 알지 못했다. 그러다 보니 이 척박한 땅에는 절약이 꽃을 피웠다. 한 가족이 살아가는 데 필요한 것은 하늘 아래의 초원, 조그마한 땅덩어리였다. 그러나 초원 주위는 첩첩산중이었고, 이들은 이곳 자신들의 고향에서 태어나고 죽었다.

몽블랑을 오르는 사람에게 상금을 주겠다며, 그 열기를 북돋운 스위스의 과학자 오라스 베네딕트 드 소쉬르*Horace-Bénédict de Saussure가 이 빈곤한 세계에 발을 디뎠다. 그러나 그는 정복자라기보다는 연구자였다. 알프스에서 가장 높은 몽블랑을 오른 지 — 이로써 그는 몽블랑을 오른 세 번째 사람이 되었는데 — 5년 후 그는 '가장 아름다운 산'인 마터호른에 열중하기 시작했다. 하지만 발투르낭슈 사람들은 그가 누구며 무슨 생각으로 이곳에 나타났는지 알지 못했지만, 목동과 농부, 사냥꾼과 밀수꾼까지도 이 배포 큰 연구자 같은 사람들이 줄줄이 나타나 관광산업이 자신들에게 살길을 열어주기를 바랐다. 여성들, 특히 그 당시 돈을 관리하고 먹을 것을 챙기고 입을 옷을 만들고 빨래를 하며 아이들을 키웠던

---

* 1740~1799, 스위스의 지질, 기상, 물리학자이자 산악인. 알피니즘과 현대 기상학의 창시자로, 1786년 몽블랑이 초등된 후 1787년 세 번째로 몽블랑을 올랐다. 1789년 테오둘고개와 클라인 마터호른Klein Matterhorn을 넘어 체르마트를 방문한 첫 번째 여행자이고, 1792년에는 테오둘호른(3,472m)을 등반했다.

어머니들은 돈이 필요했다. 이들은 농사가 잘 되지 않아 수확량이 부족할 때면 겨울이 오는 것을 두려워했다.

그러나 처음에는 예전과 다를 바가 없었다. 이들은 1년에 두 번 호밀가루로 굽는 빵으로 겨울이 끝날 때까지 끼니를 때워야 했다. 빵을 한 번 구우면 그 양으로 1년의 반을 버텨야 했기에 노인들은 나중에는 딱딱해진 빵을 그냥 먹을 수 없어, 잘게 부서서 우유에 적셔 먹었다. 겨울에는 날씨가 특별히 좋은 날에만 남자들이 계곡을 타고 올라가 여름에 쌓아놓은 장작과 오두막에 보관해둔 건초를 썰매에 싣고 내려왔다. 계절에 따른 이런 이동 외에 마을에서 사람들이 하는 일이라고는 그저 시간이 가기만을 기다리는 것뿐이었다.

6월 중순이면 많은 마을 사람들이 고원지대 목장으로 이동한다. 자기 소유의 가축이 있는 사람들은 그 가축을 몰고, 그렇지 않은 사람들은 낙농업자나 목동으로 목장 공동체에 합류했다. 시간이 지나면 가축도 사람도 이 초원에서 저 초원으로 점점 더 높은 고원지대로 올라간다. 가축들이 한 곳의 풀을 다 뜯어 먹어치우고 나면 풀이 있는 또 다른 곳을 찾아서 그 옆의 더 멀리 있는 가장 높은 초원까지 올라갈 수밖에 없기 때문이다. 그러다가 결국 경사가 너무 가팔라 가축들이 올라가기에는 위험한, 풀이 거의 자라지 않는 곳까지 이르게 된다. 그곳이 바로 마터호른의 모레인 지대다. 대부분의 주민들은 어린아이들을 동반하는데, 이 아이들은 이런 환경에서 더 강해지거나 아니면 살아남기 힘들 정도로 병약해진다. 사람들은 이렇게 지내다 미가엘제[*]Michaelmas Day를 지낼 때가 되면 모두 계곡으로 내려온다.

이들은 다시 창문을 볏짚으로 꼭꼭 막아놓고, 기름램프가 희미한 빛을 내는 방에 앉아 이야기꽃을 피운다. 아버지들은 그 옛날 마을에서 어른들에게 들었던 이야기를 아이들에게 그대로 전해준다. 수백 년을 내려온 신화와 전통 그리고 이 지역에 단단히 뿌리박은 이교도와 천주교의 논리가 뒤죽박죽 섞여 있는 상상 속의 이야기, 안식처를 찾지 못하고 밤이면 작은 불꽃으로 변해 산비탈을 이리저리 헤매고 다닌다는 영혼들에 대한 이야기, 겨울 달빛이 비추면 보물을 숨겨 놓은 동굴에서 나온다는 난장이들 이야기, '라 그랑 베카' 정상의 바위에서 지난번 햇빛에 반짝였던 금과 보석들에 대한 이야기. … 마터호른에 엄청난 보물이 묻혀 있을 것이란 소문은 이미 옛날부터 산 밑의 가난한 주민들의 상상력에 날개를 달아주었으며, 목동들이 가끔씩 그 증거로 수정 결정체 같은 것을 높은 산에서 갖고 내려오기도 했다. 그런데 산

* 9월 29일

을 오르는 사람들에게 보물은 정말 그곳에 있었다. 알프스의 비밀스러운 장소에는 광물을 채집하던 오래된 흔적들이 여태껏 남아 있었기 때문이다. 그러나 높이, 아주 높이 마터호른 정상이 하늘로 치솟은 곳은 천둥번개가 치고, 마치 지옥에서 올라오는 듯한 검은 구름이 덮여 있을 뿐이었다. 이미 알프스 주민들은 안개 속에서 흐릿하게, 기이한 인물들이 산을 오르는 것을 보곤 했는데, 그중 많은 사람들이 산의 정상에는 오직 악마만이 살고 있다고 확신했다. 그 악마들이야말로 계곡으로 바위를 굴리고, 눈보라를 일으키며, 번개를 보낸다는 것이었다. 알프스 주민들은 마터호른 정상 부근이 이미 오래전부터 악마의 제국이라고 생각했다.

마터호른의 모레인 지대가 시작되는 높은 곳, 낙농업자들의 오두막으로서는 가장 높은 곳에 있는 빈트곳 에우루스Windgott Eurus에서는 가장 마지막까지 남은 낙농업자들이 성인 테오둘에 대한 이야기를 하곤 했다. 이 가톨릭 주교는 서기 400년에 발리스Wallis의 지텐Sitten에서 발투르낭슈로 왔다고 한다. 오늘날의 테오둘 고개Theodul pass는 그가 넘었다고 해서 붙은 이름이다. 그는 어떤 기적을 행하려 한 것이 아니라, 이곳으로 이주한 에반티우스Evantius와 유베날Juvenal을 방문하고자 했다. 그러나 바로 그때 브로일에는 독사에 물린 어린아이가 있었는데, 어느 누구도 어찌할 바를 모르고 있었다. 그런데 아직 성인으로 추대되지도 않은 이 주교가 기도로 그 어린아이를 살렸다.

이후 계속해서 사람들이 발리스에서 북쪽의 끔찍한 고개인 테오둘을 넘어오기 시작했다. 그러면서 사람들은 장사를 하고 가축을 교환하고 친척을 찾았다. 이들뿐만이 아니었다. 몇몇 신자들이 성지 순례차 아오스타로 오기도 했다. 당시 콜 뒤 몽세르뱅Col du Mont Cervin 또는 몽세르뱅이라 불리던 고개를 넘는 것은 마터호른 자체보다 더 중요한 일로 여겨졌다. 그 산은 고작해야 방향을 알려주는 역할을 했을 뿐이다. 몽세르뱅이라는 이름은 — 원래 마터 혹은 마텐베르크도 그렇지만 — 테오둘 고개, 그러니까 마터호른 남쪽 전체를 가리키는 말이었다. 지금은 마터호른이라는 이름이 굳어졌지만, 그때는 각 마을 공동체마다 마터호른을 부르는 '서로 다른' 이름이 있었다. 전해지는 이야기에 의하면 이런 현상은 발투르낭슈에서 스위스로 성지순례 길에 오른 순례자들 사이에서도 마찬가지였다고 한다. 이 성지순례 길은 브로일에서 시작해 고개를 지나 슈바르츠제*Schwarzsee 호숫가에 있는 성소까지 이어지고, 그곳을 지나 지텐까지 계속됐다. 신앙은

* '검은 호수'라는 뜻

호기심이나 금단의 산보다 훨씬 더 강했다.

'고레'라는 성을 가진 가문은 1746년부터 1861년까지 6명의 사제를 배출했다. 그중 마터호른을 처음으로 오르려 했던 에메 고레는 이미 어려서부터 성직을 맡도록 예정되어 있었다. 그의 부모는 아들을 사제 대리에게 맡겨, 아오스타의 성직자 교육관에서 엄격한 훈련을 받도록 했다. 그는 훈련을 받으면서도 가끔 산에 올라갔다. 산이 신이 존재한다는 증거로 여겨졌기 때문이다.

프랑스의 계몽주의에도 불구하고 아오스타 계곡 주민들에게는 보수적이고 전통적인 사상이 그대로 남아 있었다. 그들의 선조들이 쓰던 발도타인Valdostaner 방언은 그들에게 매우 중요했으며, 전해 내려오는 관습과 천주교의 축일도 마찬가지였다. 그들의 자부심은 섬마을 사람들의 그것과 비슷했다. 그들은 자신들의 존재에 대한 긍지가 대단했다. 당시 마터호른 남쪽 계곡에는 가이드도 여관도 없었다. 따라서 여행자가 구할 수 있는 숙소는 오직 사제관뿐이었다. 그래서 발투르낭슈 사제는 그 지방의 성직자들과 긴밀한 관계에 있었는지도 모른다.

이 계곡을 처음 찾은 외지인들은 스위스인들이었고, 그 다음으로는 프랑스인들 그리고 19세기에 들어서자 도시의 진보적 계층과 부유층에 속하는 영국인들이 대부분을 차지했다. 그리하여 그들이 이곳의 이름을 더욱 널리 알렸다. 그들은 번창하는 산업 도시에서 소박한 알프스 마을, 즉 중세의 무욕無慾으로 소박하게 살아가고 있는 곳으로 왔다. 여행자들과 주민들은 서로를 보고 놀랐다. 여행자들은 북쪽의 경직된 생활환경에서 벗어나고자 산악지대를 찾아온 것인데, 이곳은 도로도 없고 어떤 보호장치도 없었으며, 위생이나 청결 같은 개념도 없었다. 1860년 8월 28일 발펠린Valpellin의 비오나Biona에서 처음 브로일로 온 에드워드 윔퍼는 이토록 너무나 뒤떨어진 이곳을 보고 고개를 절레절레 흔들었다. 불쾌감을 느낀 그는 이곳 사람들을 '크레탱Crétins(바보들)'이라고 멸시했다. 도저히 어떻게 할 수 없다는 뜻이었다. 그러나 그는 1년 뒤 다시 이곳을 찾았다.

7

"이런! 예의도 없이 어쩌면 이토록 거만할 수 있단 말인가?" 장 앙투안 카렐은 여관 주인이 "에드워드 윔퍼 마터호른에 도전하다."라고 영어로 쓰인 메모를 내보이자 역정부터 냈다. 이제 막 문을 연 이곳은 무척 소박해서 호텔이라기보다는 차라리 여관에 가까웠다. 숙박부에는 1861년 8월 27일이라고 쓰여 있었는데, 윔퍼의 글씨가 깔끔해서 쉽게 알아볼 수 있었다.

"그는 마터호른을 오르기에는 나이가 너무 어립니다." 파브르Favre는 자신의 고객을 감싸고돌았다.

"너무 어린 데다 세상모르고 거만하기까지 하오. 그는 아무것도 모르는 상류사회 출신일 뿐, 등반가는 아니오."

"마터호른에 아주 홀렸던데요." 파브르가 말을 받았다.

"그런데 산에 대해선 아무것도 모르오."

"그래도 감히 정상에 오르겠다고 하던데요."

"까딱 잘못하다간 내가 데리고 내려와야 할 판이오."

"그렇게 높이까지는 올라가지 못할 겁니다."

"그래도 그런 높이에서는 구조가 어렵소."

"그가 등반을 시작하기나 할 수 있을까요?" 파브르가 골똘히 생각하며 말했다.

"당연하오."

"장 앙투안 씨, 당신만이 정상으로 가는 길을 알고 있잖아요."

"저 위의 미신을 믿는 낙농업자들이 마터호른을 마치 악마인 것처럼 두려워하고 있긴 하지만, 그 사람들이 그에게 산을 오르는 길을 알려주기는 할 거요."

"왜죠?"

"그는 돈을 주거나 말로 자존심을 부추겨 사람을 꾈 줄 알기 때문이오."

"그러니까 그 낙농업자들은 알프스에 있는 마터호른 정상을 세계에서 가장 높은 산이라고 생각한단 말인가요?"

"우리 계곡 주민들은 아는 게 없다오. 저 마터호른에 대해서도, 이 세계에 대해서도." 카렐이 말했다.

"하지만 이 윔퍼라는 사람은 정상에 올라가도 마녀나 유령이 나오지 않는다는 것을 정확히 알고 있지 않습니까?"

"그렇지만 도시 출신으로 그 정상에 올라간 사람은 없지 않소? 그들은 우리가 안내하지 않으면, 천둥번개가 치고 낙석이 일어나는 상황에서 방향감각을 잃고 어디로 가야 할지 모르는 사람들이오. 거기엔 수직의 바위들이 있는데, 그 높이가 우리 성당 종탑의 열 배는 된다오."

"그런 것들이 무섭지 않습니까?"

"두려움을 느끼지 않는 사람들이 어디 있겠소."

"그런데 윔퍼는 올라간다고 나서지 않았습니까?"

"그는 마치 두려움을 모르는 것 같소."

"전번에 외지인은 넘어갈 수 없는, 보이지 않는 장애물이 있다고 말씀하지 않았습니까?"

"윔퍼라는 자에게는 그 어떤 장애물도 없는 것이 확실하오."

"그 위쪽은 악마의 세계입니까?"

"그렇소. 그렇기 때문에 절대적인 책임감이 필요하오."

저녁이 되었을 때 파브르는 자신의 고객에게 이런 대화 내용을 고스란히 전했다.

"카렐 씨가 마터호른 주변에 장애물을 설치했다고 합니다."

"얼마나 높게 말인가?"

"그것까지는 잘 모르겠는데요."

"누구를 막으려고 장애물을 설치했다는 말이지?"

"외지인이지요."

"그래서 그 장애물 너머로는 갈 수 없다는 건가?"

"그의 축복이 없이는 불가능하다고 합니다."

"우습기 짝이 없군."

"성직자들도 그런 식으로 축복을 주지 않습니까?"

이런 말도 안 되는 소리를 듣고 윔퍼는 그저 웃을 수밖에 없었다.

그다음 날 아침 이 지역 사람들은 마터호른 꼭대기에 있는 수직의 벽들을 가리켰다. 눈으로도 볼 수 있었다.

"신이 아니라 악마가 사는 곳이야." 그들이 속삭였다.

"잘못된 생각이오." 윔퍼가 말했다.

마치 그의 프랑스어를 전혀 이해하지 못한 것처럼 농부들은 그를 뚫어지게 쳐다보았다. '바보 같은 놈들!' 영국인은 이렇게 생각했다.

"그럴 리가 없지." 농부들이 자기들끼리 수군거렸다. 악마가 직접 나서서 그에게 돌을 던질 것은 불을 보듯 뻔했다. 사람들은 파커Parker 형제가 이미 두 번이나 체르마트 쪽에서 마터호른을 오르려 했다가 실패한 이야기를 주고받았다. 그리고 누구도 그 사실에 대해 놀라워하지 않았다.

브로일에서 보면 그 산은 거대한 탑이었다. 비탈진 바위지대, 깊은 크레바스, 가파른 바위 턱, 그리고 그 위는 대부분 눈으로 덮여 있었다. 능선은 바람과 눈에 날카롭게 갈라지고, 계곡은 눈 녹은 물로 깊이 패여 있었다. 뒤에서 보면 정상은 한 마리의 독수리 머리 같았다. 다른 방향으로 보면 '라 그랑 베카', 즉 사람들이 흔히 마터호른을 지칭하는 '거대한 부리'처럼 보였다. 산에서는 언제나 소리가 들려왔다. 돌멩이들이 떨어지는 소리, 능선을 할퀴는 바람소리, 눈사태 소리, 폭포 소리. 이 바윗덩어리는 마치 살아 있는 것 같았다.

사실 그 거대한 산은 조금도 쉴 새 없이 자신의 모습을 바꾸고 있었다.

그러나 한 사람만이 그 산을 읽을 줄 알았다. 장 앙투안 카렐! 말은 하지 않았지만 그는 산의 정상으로 가는 길을 알고 있었다. 브로일에서 볼 때 그 산은 마치 피라미드처럼 바위가 차곡차곡 쌓여 만들어진 산이었다. 영국인들이 다른 쪽에서 오르려다 곧바로 실패하지 않았던가?

북동쪽, 즉 체르마트에서 바라본 마터호른은 매우 호리호리하다. 그곳에선 마터호른이 때때로 능선 위에 떠 있는 것처럼 보이기도 한다. 능선과 벽이 한층 더 가파르게 보이면서 거대하다는 느낌을 준다. 정상을 보려면 고개를 뒤로 한껏 젖혀야 한다. 발투르낭슈에서 브로일 방향으로 산을 오르는 사람은 넓은 계곡지대에 자리 잡은 마터호른의 전경에 천천히 익숙해진다. 여기, 남서쪽에서 보면 마터호른은 넓은 바닥에 쐐기가 겹겹이 싸여 피라미드가 된 듯해 사뭇 도전할 만하게 보인다. 이렇게 올려다보면 마터호른은 오를 수 있을 것 같다는 느낌이 든다.

윔퍼는 브로일 쪽에서의 등정 시도에 대해 알고 있었다. 그러나 어째서 갈기갈기 갈라진 틈이 더 많은 그쪽이 정상으로 가는 쉬운 길이라 하는지 그는 이해할 수 없었다. 체르마트에 있는 가이드들이 그쪽에서 산을 오르는 것을 거부했기 때문만은 아니었지만, 그는 다시 발투르낭슈로 왔다. 사람들은 공손하게 손을 앞으로 모으고, 한 무리의 사냥꾼들이 또다시 올라갔다는 이야기를 전했다. 그들은 과연 얼마나 높이 올라간 걸까? 윔퍼의 생각으로는 기껏해야 해발 3,850미터 정도였다. 그저 틴들 교수 또한 등반에 실패했다는 소식뿐, 그늘에 대한 또 다른 이야기는 들려오지 않았다. 윔퍼에게 위로가 된 것은 남의 불행에 대한 쾌감이 아니었다. 그것은 자신의 시대가 왔다는 만족감이었다.

윔퍼는 본 호킨스Vaughan Haukins가 브로일 루트를 통해 영국인으로는 처음으로 마터호른을 오르려 했다는 사실을 알고 있었다. 그것도 1859년에! 그때 가이드였던 요한 요제프 베넨*Johann Joseph Bennen은 남서릉을 통해 정상에 갈 수 있을지도 모른다는 기대감을 세상에 안겨주었다. 1년 후 베넨은 첫 번째 시도를 함께한 장 자크 카렐을 짐꾼으로 고용했다. 이렇게 해서 나이 든 장 자크 카렐은 호킨스, 틴들 교수, 가이드 베넨과 함께 등반을 시작했다. 그들은 최소한 작은 봉우리와 큰 봉우리 사이의 협곡까지라도 도달하고자 했

* 1824~1864, 스위스의 명 가이드. 존 틴들과 등반을 많이 했으며 1864년 2월 베른 알프스Bernese Alps에서 눈사태로 사망했다.

다. 1860년 8월 그들은 이미 잘 알려진 서쪽 루트를 통해 콜 뒤 리옹Col du Lion에 올랐다. 그곳이 바로 마터호른의 남서릉이었는데, 그들은 처음으로 가파른 지대를 넘어섰으나 더 이상은 뚫고 나가지 못했다. 틴들은 더 위로 올라가려 했다. 그러나 호킨스가 주저앉았다. 카렐이 호킨스 곁에 남았다. 누군가는 외지인을 돌보아야 했다. 틴들과 베넨까지 더 나아가지 못하게 되자 그들도 결국 돌아왔다. 시간이 늦어 어둡기 전에 산을 내려와야 했다. 이전에 시도한 사람들이 그들보다 더 높이 올라갔었느냐는 물음에 카렐은 아무런 대답도 하지 않았다.

뒤처지지 않으려면, 윔퍼에게는 지금이 마터호른을 오를 절호의 기회였다. 틴들 교수가 다시 등반 준비를 하고 있는 것 같았지만 아직 아무런 움직임이 없었다. 그래서 윔퍼는 첫째 날 될수록 높이 올라가 그다음 날 정상에 오를 계획이었다. 카렐이 그의 제안을 거절한 이후, 그는 방법을 바꾸어 다른 가이드를 구하려고 했으나 이마저도 뜻대로 되지 않았다. 마티어스 춤 타우그발트Matthias zum Taugwald와 발리스 출신의 다른 가이드들이 있었지만, 그들은 마터호른에 대해 아는 것이 없었다. 그러나 윔퍼는 아직 한 사람에게는 물어보지 않았다. 그는 체르마트에서 온 억센 가이드 페터 타우그발더[*]Peter Taugwalder로 한창 황금기를 누리고 있었다.

"매일 200프랑을 주십시오. 이건 성공 여부에 상관없는 조건입니다." 이것이 그의 요구였다.

"그렇게 많이?" 윔퍼는 충격을 받았다. 그렇게 많은 돈을 달라는 것은 그에 대한 반감 때문이 아니라 마터호른에 대한 불안 때문이었다.

"한 번 시도할 때마다 매번 말이오?" 하고 윔퍼가 물었다.

"매번 똑같습니다."

"그건 카렐이 요구한 금액의 열 배나 되지 않소?"

"그가 못 가겠다고 했습니까?"

"돈 때문만은 아니었소."

윔퍼의 예산은 빠듯했다. 물론 카렐은 타우그발더의 십분의 일만을 받았을 것이다. 다만 그는 그저 혼자는 안 되고 한 명 더 데리고 가야 된다고 했을 뿐이다.

'그저 돈만 생각하는 가이드는 무슨 일이 생기면 도망간다.'라는 것이 윔퍼의 생각이었고, 따라서 그는 스스로를 위로하며 협상을 끝냈다. 그리고 그는 혼자 곰곰이 생각했다. 결국 어떤 경우에도 산과 제대로 싸울 수 있는 사람은 장 앙투안 카렐뿐이었다.

---

* 1820~1888, 스위스 등반가이자 가이드. 1865년 7월 마터호른을 초등한 7명 중 한 사람이다.

8

다음 날 윔퍼는 샤모니 출신 가이드들과 함께 마터호른을 향해 올라가기 시작했다. 그들은 지저분하기 짝이 없어 도저히 잘 수 없을 것 같은 축사에서 잠을 잤다. 한밤중에 장 앙투안 카렐과 장 자크 카렐이 산으로 올라오자, 외지인과 농부들 모두는 불을 피워 놓고 큼지막한 구리 주전자 주위에 모여 앉았다.

윔퍼는 이렇게 생각했다. '아하, 장 앙투안 카렐이 내 제안을 뿌리친 걸 후회하고 있는 모양이로군.'

"당신은 잘못 생각하고 있소." 카렐은 영국인의 마음을 꿰뚫고 있는 듯이 말했다.

"그렇다면 여기까지 도대체 왜 왔소?"

"우리도 내일 마터호른을 오르려고 하오."

"단 둘이서 마터호른을 오르는 것이 가능하단 말이오?"

"우리한테는 그렇소."

"그 말은 우리 영국인들에게는 그렇지 않다는 뜻이오?"

"그렇소." 카렐이 말했다.

"그건 결국 당신들이 내 능력을 의심한다는 말 아니오?" 윔퍼가 되물었다.

"우리는 그저 이 산이 얼마나 크고 위험한지 알고 있을 뿐이오."

윔퍼는 마음속으로 카렐의 호언장담과 통찰력 그리고 무엇보다도 그의 자부심에 경탄했다. 윔퍼는 여전히 이 두 사람을 고용하고 싶은 마음이 있었다. 그는 장 앙투안 카렐과 같이 올라 온 남자가 본 호킨스와 동행한 장 자크 카렐이며 장 앙투안의 친척이라는 것을 알았다. 아울러 윔퍼는 장 앙투안 카렐이 알프스 지방의 단순한 농부가 아니라는 것도 알았다. 그는 군인 출신이었다. 그는 정예군으로 '이탈리아의 저격병' 출신이었다. 그리고 그는 윔퍼와 마찬가지로 자신만이 마터호른 정상을 오를 수 있다고 믿는 또 한 사람이었다. 윔퍼는 여행일기에 다음과 같이 썼다. "남과 비교할 수 없는 사람, 절대 포기를 모르는 사람, 그리고 결정적으로 이 거대한 마터호른을 오르겠다는 신념을 한 번도 버리지 않은 유일한 사람. 그것도 자신의 고향 쪽에서."

동이 트기 전 두 카렐은 건초더미 속에서 기어 나와 우유를 조금 마시고는 낙농업자들과 작별인사를 나눴다. 그리고 어둠 속으로 소리도 없이 사라졌다. 윔퍼는 뒤늦게 그들을 따라갔다. 그는 거의 7시가 되어서야 출발했는데, 샤모니 가이드를 따라 리옹 빙하로 가는 고개를 넘어 오른쪽으로 고도를 높였다. 내린 지 오래된 눈은 단단히 굳어 있었다. 몇 년 전 카렐이 마터호른으로 가는 최상의 길이라며 탐색했던 '대계단'을 통과해 그들은 콜 뒤 리옹에 도착했다. 윔퍼 일행은 그곳에서 밤을 보낼 셈이었다.

티에프마텐 빙하에서 짙은 안개구름이 피어올랐다. 구름은 점점 더 높이 소용돌이쳐 올라와 산을 온통 감쌀 기세였다. 이렇게 되자 한 치 앞을 내다보기가 힘들었다. 위로는 깎아지른 수직의 세계이고 아래로는 바위와 얼음 사이의 빙하뿐이었다. 마치 거대한 가마솥 속에서 온 세상이 끓고 있는 것처럼, 모든 것이 음침하고 비밀스러우며 동시에 위협적이었다. 윔퍼는 이런 상황을 현실로 받아들이려 하지 않았다. 그러나 이 소용돌이치는 심연은 그마저도 두렵게 했다. 그가 돌멩이 하나를 티에프마텐 빙하로 던졌다. 그러자 12초가 지나서야 떨어지는 소리가 들렸다. 점점 현실로 다가오는 사악한 기운에 대한 상상은 그를 고통스럽게 만들었다. 그때 콜 위 높은 곳에서 느닷없이 작은 악마 같은 것이 나타났다. 윔퍼는 소스라치게 놀랐다. 그는 금방이라도 허공으로 떨어질 것만 같았다. 그는 이렇게 불안해하는 자신이 가엽고

Wysocki

부끄러웠다. 이 콜에서 무슨 일이라도 벌어지는 것은 아닐까? 주위는 온통 위험투성이였다. 안개구름 속에서 언제 낙석이 날아올지 모르는 일이었다. 테트 뒤 리옹이나 마터호른에서. 안전하게 비박할 수 있는 오버행이 어디 없을까?

윔퍼는 안개 사이를 다시 비추기 시작한 햇빛에 몸을 녹였다. 그리고 위에서 속삭이는 카렐의 소리에 귀를 기울였다. 그들의 모습은 보이지 않았다. 그들은 능선 어딘가에 있거나, 아니면 이미 정상을 향해 올라가고 있는 것일까?

정오가 되자 윔퍼와 그의 가이드는 축사로 내려와 텐트와 남은 장비들을 꾸려 다시 콜로 올라갔다. 짐이 무거웠지만 저녁 6시도 되기 전에 이들은 야영을 할 수 있는 곳에 도착했다.

윔퍼의 텐트는 가벼운 아마포로 만들어서 책처럼 펼칠 수 있게 되어 있다. 삼각형으로 밑이 열리고 앞쪽을 열고 닫아 입구로 쓴다. 4개의 등산용 지팡이로 지지대를 만들어 아마포 벽을 지지하고, 그 밑은 둘둘 말아 돌로 눌러 놓으면 된다. 이렇게 하면 텐트는 마치 스스로 서 있는 것처럼 보인다. 돌덩어리에 맨 많은 끈과 용마루와 등산용 지팡이 끝의 쇠고리를 통하는 끈이 강한 바람에도 끄떡없게 해준다.

그러나 첫 폭풍이 몰아닥치자 이 텐트는 벌써 뒤집어지

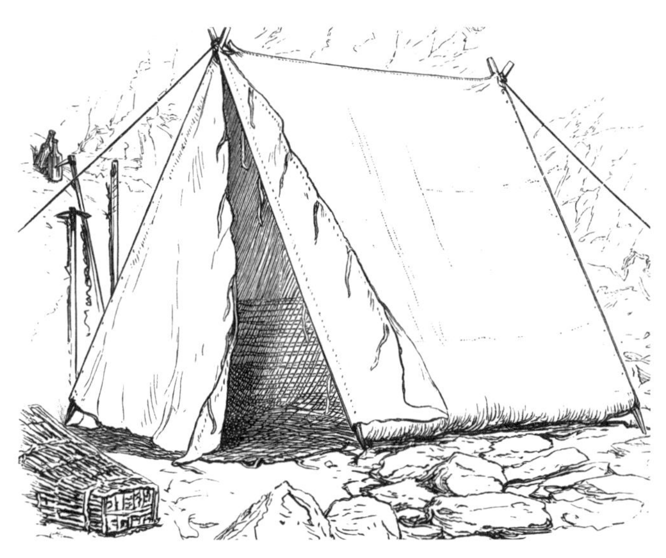

고 말았다. 이 텐트가 산의 조건에 맞지 않는 것이 분명했다. 등산용 지팡이가 맥없이 무너지자 아마포가 벗겨졌다. 그러나 윔퍼는 포기하지 않았다. 텐트가 없더라도 밤을 제대로 보내야 했다. 이들은 각자의 장비 위에 앉아 기다렸다. 밤이 되자 텐트를 고정시킨 줄밖에 남은 것이 없었다. 이들은 최대한 편히 앉아 있으려 노력했다. 폭풍이 잠잠해지자 장엄한 고요가 밀려왔다. 두 카렐의 소리는 더 이상 들리지 않았다. 그들은 되돌아간 걸까? 아니면 이미 소리가 들리지도 않는 먼 거리를 간 걸까? 존재하는 모든 것들이 사라져 버린 것 같았다. 낙석도 바람도 없었고, 눈만 굳게 얼어 있었다. 그리고

살을 에는 듯한 추위로 물병에 든 물마저 얼어붙었다. 잠을 잘 수 있는 상황이 아니었다. 윔퍼는 기다렸다. 참을 수 없는 갈증이 밀려왔다. 그런데 깊은 밤에 느닷없이 요란한 소리가 들려왔다. "낙석!" 돌덩어리들이 여기저기 부딪치며 떨어져 옆을 스쳐갔다. 마치 포탄이라도 떨어지는 것 같았다. 돌덩어리들이 벽에 부딪치며 부서지는 소리가 났다. 세상이 온통 무너지는 것 같았다. 하지만 소리만 들릴 뿐 돌덩어리들은 보이지 않았다. 주위가 다시 죽은 듯 고요해지면서 유황냄새가 코를 찔렀다. 그의 심장이 쿵쾅거렸다. 그는 이제야 알 것 같았다. 아무런 도구도 없이 자연에 내던져지면 어떤 두려움이 엄습하는지.

아침은 청명했다. 바람이 남쪽으로 가볍게 불었다. 아직 어둠이 채 가시지 않았는데도 윔퍼와 가이드는 남서릉으로 올라갔다. 이들은 손으로 잡는 곳마다 신중에 신중을 기했고, 한 걸음 한 걸음의 발판을 확실히 깎았다. 높이 올라가는 만큼 발밑이 멀어지면서 이들은 드디어 산의 바다 한가운데로 들어섰다. 그리볼라Grivola, 그란 파라디소Gran Paradiso 그리고 당데랑. 이 세 봉우리를 한눈에 바라보는 광경은 이루 말할 수 없었다. 몬테비소Monte viso는 150킬로미터나 떨어져 있는데도 그 윤곽이 뚜렷했다. 그러나 움직이는 태양의 빛에 따라 각도가 바뀌기도 하고 경사가 급해지기도 하며 산의 모습이 달라졌다. 협곡을 숨기고 있을 것만 같던 부드러운 능선이 사라지고, 빙하 위에서 눈이 한꺼번에 날면서 일어나는 파도가 희미하게 빛나는 모습으로 잠깐 보였다. 그리고 바위가 갑자기 더욱 뾰족하게 튀어나왔다. 그 위쪽은 아무것도 없는 드넓은 창공이었다.

1시간 뒤 두 사람은 처음으로 난관에 봉착했다. 돌무더기들을 넘어서니 밝은 색의 바위지대가 나타났는데, 이들이 지그재그로 그곳을 넘어선 다음 번번한 바위로 나아가자 수직의 '침니'가 떡 하니 앞을 가로막은 것이다. 침니는 바위 절벽에 어느 정도 간격을 두고 양쪽으로 벌어진 틈을 말한다. 가이드는 더 나아갈 수 있는지 살펴보았다. 양 다리를 벌리고 손가락을 바위 틈에 단단히 끼워 넣는다면 위로 올라가는 것이 가능해 보였다. 키가 큰 가이드가 이를 해내지 못하자 이번에는 윔퍼가 나섰다. 그는 기어 올라가는 데는 성공했으나, 둔한 데다 너무 무거운 가이드는 결국 끌어올리지 못했다. 위쪽으로 올라간 윔퍼는 머리 위로 갈색 줄무늬가 쭉 이어진 잿빛 바위를 올려다보았다. 그 벽은 오른쪽으로 난 계단식 바위 층이 있어 올라가기에 문제가 없을 것 같았다. 발을 디딜 곳이 한눈에 들어왔다. 물론 저 밑의 가이드가 따라 올라와 준다면….

"좀 움직여봐요!" 그는 이렇게 소리치며 속으로는 '이런 겁쟁이'라고 생각했다.

"난 안 올라가는 게 낫겠소."

"자일을 내려줄 테니 따라 올라와요." 윔퍼가 부탁하듯 말했다.

"대체 왜 그래야 한단 말이오?"

"더 높이 올라가야 하니까."

"나는 됐소. 정상까지 갈 수도 없을 것 같소."

"이런 겁쟁이." 이번에는 윔퍼가 크게 소리쳤다.

"무섭지도 않으시오?"

"전혀!"

"허풍은 심해가지고." 가이드가 맞받아쳤다.

"이런 겁쟁이를 봤나." 윔퍼가 재차 소리쳤다.

"그렇게 두려울 게 없으면 혼자 계속 올라가시오."

"그럴 생각이오. 당신은 가도 좋소. 이제 가시오!"

"좋소. 난 혼자 내려가리다."

"그래, 브로일로 아주 가버리시오." 하고 윔퍼가 소리쳤다. "가서 당신이 모시는 고객을 산에다 혼자 내버려두고 왔다고 한 번 얘기해보시오."

"그러면 뭐가 어떻단 말이오?"

"사람들이 당신을 어떻게 생각하겠소?"

윔퍼는 이곳에서의 책임감이란 외지인을 마지막 순간까지 돕는다는 명예와 단단히 결부되어 있다는 것을 알고 있었다.

그의 이런 말에도 아랑곳하지 않고 가이드가 내려가기 시작하자, 결국에는 굴복하고만 윔퍼가 자신을 기다려달라고 그에게 부탁했다. 혼자인 윔퍼는 그리 멀리 갈 생각은 없었다. 바람 한 점 없는 날씨에 장애물이라는 것이 없었다. 정상으로 향하는 문이 활짝 열려 있는 듯했다.

그러나 그가 이 산에서 혼자 도대체 무엇을 어떻게 한다는 말인가? 그는 장 앙투안 카렐이 아니었다. 윔퍼 역시 포기하고 자일을 이용해 내려왔다. 그러고 나서 가이드의 도움을 받으며 계속해서 콜까지 내려왔다. 두 사람이 브로일로 돌아왔을 때는 정오경이었다.

카렐은 보이지 않았다. 그리고 소식도 들을 수 없었다. 마을 사람들 중 어느 누구도 그들이 지금 어디에 있는지, 어디에 있었는지 아는 사람이 없었다. 그들은 과연 전보다 더 높이 올라간 걸까? 이번에는 정상에 얼마나 더 가까이 갔을까? 두 사람 중 하나가 등반 도중 신을 벗어 몸에 묶고 올랐

다는 이야기를 윔퍼는 나중에서야 들었다. 그러면 그 험난한 바윗길을 맨발로 오르는 것이 더 쉽다는 말인가? 그러나 그 이후 곧 맨발로 가던 사람이 신발 한 짝을 잃어버려 자일 한 토막을 잘라 맨발에 감고 일부 구간을 미끄러져 리옹 쿨르와르로 하산해 계곡까지 왔다고 한다. '라 그랑 베카'에 대한 새로운 기록을 세우지는 못한 모양이었다. 얼마나 높이 올랐다는 이야기도, 어디서 쉬었다는 이야기도 없이 그저 맨발로 올랐다는 이야기만 나돌았다. 윔퍼는 정보가 필요했다. 그는 앞으로의 계획을 세워야 했다.

그러나 이런 첫 경험을 통해 윔퍼의 마음속에는 마터호른이 점점 더 크게 자리 잡아가고 있었다. 1861년 그는 브로일을 떠나면서 카렐이 가이드가 한 사람 더 필요하다고 했던 이유를 깨달았다. 한 명의 가이드로는, 자신의 목숨을 걸지 않는 한 등반가를 마터호른 정상까지 안내할 수 없었다. 그리하여 윔퍼는 다음에는 최소한 두 명의 가이드를 데려가기로 결심했다. 자신을 보호하고 또 보조해줄 사람이 필요하기 때문이었다. 그는 카렐과 함께 가야만 등정에 성공할 수 있다는 것을 어느 정도 인식하게 되었다. 카렐은 자부심이 넘치는 사람일 뿐 아니라 전략가이며 모든 것에 능하다는 것을 윔퍼는 알고 있었다. 그는 어떤 경우에도 윔퍼에게 도움이 될 수 있었다. 그는 동반자이면서 동시에 경쟁자였다. 윔퍼가 영국인의 눈으로 카렐을 봤을 때 — 물론 상당히 낯설기는 했지만 — 그는 일반적인 알프스 주민들의 사고방식을 따르는 사람이기는커녕 사냥꾼처럼 느껴지고, 도시인처럼 행동하는 천재적인 산꾼이었다.

윔퍼는 고국으로 돌아가는 길에 테오둘 고개에서 체르마트 쪽을 경유했다. 그리고 마터호른을 자기 것으로 할 때까지 사방에서 집중공략하기로 마음을 굳혔다. "산이냐, 나냐?" 둘 중 하나가 그의 태도였다. 이런 도취 속에서, 마터호른을 오를 수 있다는 확신에 찬 그는 발걸음도 가볍게 런던으로 돌아갔다.

카렐은 윔퍼의 집념과 등반 기술을 높이 평가했다. 그는 윔퍼가 등반하는 모습을 은밀히 지켜봤었다. 그러나 그는 윔퍼의 패기가 지나친 자긍심에서 나온다는 것 또한 알고 있었다. 사실 윔퍼는 마터호른에 대해 아는 것이 거의 없었다. 이에 비해 카렐은 어느 누구보다도 마터호른을 잘 알고 있었다. 그의 자부심은 바로 여기서 나왔다.

그는 친구들에게 이렇게 털어놨다. “어쩌면 그 영국인과 함께 마터호른 정상에 오를지도 모르지만, 나는 내가 앞장서서 그 산을 오르고 싶다네.”

윔퍼의 끈기는 분명 감탄할 만했다. 그러나 그는 멀리 내다볼 줄 몰랐다. 그리고 결정적으로 겸손이란 것은 눈곱만큼도 없었다. 그 대신 순진함과 오만불손함이 그 자리를 차지하고 있었다. 그의 표현이나 일부러 위엄을 내보이려는 듯한 태도를 보면 그가 도시 출신의 멋쟁이라는 것이 여실히 드러났다. 그는 자신의 목표를 자신이 이해하는 테두리 안에서만 한정해 보려 했고, 자신의 행동을 사전에 정의된 사상으로 설명했으며, 알프스 주민들과 자신 사이에 명확한 선을 그었다.

지난가을 장 자크와 장 앙투안은 이런 말을 나눴었다.

"그는 말이 너무 많아."

"맞아요. 좀 허풍쟁이긴 하지요." 장 앙투안이 맞장구쳤다.

"그는 마터호른에 대한 경외심이 없어."

"경험도 없지요."

"그러면서 큰소리만 쳐."

"꼭 마터호른 같지 않아요? 무례하고 오만하고 모두를 깔보는 것이."

"흰색 바지를 입고, 어딜 가나 메고 다니는 그 가방에 작은 모자까지 말이야."

"'라 그랑 베카'라는 말은 마터호른에도 그에게도 꼭 들어맞네요."

그러면서 두 사람은 웃었다. 그들은 앞으로 그를 '라 그랑 베카'*로 부르기로 했다. 물론 두 사람끼리만.

---

* 'La gran Becca'는 '거대한 부리'라는 뜻으로 그 모양새를 따라 마터호른을 일컫는 말인데, 말이 많을 때도 '입이 크다'라는 표현을 사용하므로 말이 많은 윔퍼라고 놀리는 것이다.

9

1862년 1월, 영국 리즈 출신의 용감한 등반가 토머스 스튜어트 케네디[*]Thomas Stuart Kennedy가 마터호른에 도전했다. 한겨울에 체르마트 쪽에서 해보겠다는 것이었는데, 이것은 일반적이지 않은 기이한 발상이었다. 1월이 7월보다 더 쉽기라도 하단 말인가? 케네디는 이를 실험해보고자 했다. 그는 가이드 페터 페렌Peter Perren과 페터 타우그발더를 데리고 계곡을 떠났다. 눈이 많이 쌓여 있었다. 그들은 슈바르츠제 호숫가의 작은 성당에서 자고, 다음 날 아침 파커 형제가 갔던 길을 따라 북벽과 동벽 사이의 능선으로 올라갔다. 그러나 바람과 추위로 얼마 가지 못하고 발길을 돌려야 했다. 이렇게 되자 그들은 아무 말 없이 그 자리에 돌로 1미터 80센티미터 높이의 케른을 쌓고, 그 속에 병을 하나 넣었다. 이 병 속에는 그들의 이름과 날짜가 적힌 종이쪽지가 들어 있었다. 그런 다음 그들은 재빨리 체르마트로 돌아왔다. 케네디는 체르마트

---

* 1844~1894, 1862년 가장 어려운 봉우리 중 하나인 당블랑슈를 초등했으며 50세에 심장마비로 사망했다. 영국산악회 회원이다.

에서 이렇게 말했다. "폭풍으로 눈이 휘몰아치고 바늘 같은 얼음이 얼굴을 찔렀다. 지름이 30센티미터나 되는 얼음덩어리가 빙하에서 떨어져 나와 날아다녔다. 우리 중 그 누구도 포기하지 않으려고 고군분투했다. 그러나 심상치 않은 강풍이 불어 바위 뒤로 피해야 했을 때 우리는 이 모험이 실패라는 것을 깨달았다. 그리고 더 이상 등반을 하지 않기로 했다."

1862년 여름, 당시 가장 풍부한 업적을 쌓은 등반가 중 한 사람인 존 틴들이 다시 마터호른 도전에 나선다. 카를로 백작 집안 출신인 틴들 교수는 — 그는 윔퍼보다 스무 살 연상이었는데 — 뛰어난 과학자였다. 그가 여름마다 알프스의 산을 오르는 것은 순전히 호기심 때문이었다. 그는 또한 패러데이*Michael Faraday와의 공동 작업으로 16권의 저술을 남겼으며, 셀 수 없이 많은 강연을 했다. 저명한 연구가로서 하늘이 왜 파란색인가를 설명했듯이, 그는 산악계의 선구자로서 마터호른의 정상으로 가는 길이 있다는 것을 증명하고 싶어 했다. 그는 1861년 8월의 두 번째 시도에서 성공을 거두지 못하고 브로일을 떠났지만, 이번에는 기어코 정상에 올라보려 했다.

---

* 1791~1867, 정식 교육을 받지 못했지만 전자기학과 전기화학 분야에 큰 업적을 남긴 영국의 물리학자이자 화학자이다.

존 틴들John Tyndall, 1820~1893

그러나 틴들 교수의 의뢰를 받아 여러 곳에서 마터호른을 조사한 요한 베넨은 이 일에 극히 회의적이었다.

"도저히 불가능해요!" 이것이 그의 솔직한 의견이었다.

"도대체 왜 그렇다는 거야?" 그의 형인 요제프가 물었다.

"생각했던 것보다 훨씬 더 어렵고 위험해요."

"그러면 오르는 길을 어떻게 뚫지?"

"산에는 절벽들만 있어 잘 만한 곳도 거의 없습니다."

"콜 뒤 리옹에도 없어?"

"잘 수는 있지만 눈이 있어요. 그리고 추위 속에서 자야 하는데, 그럼 다음 날 움직이기가 힘들어요."

"그 위로 올라가도 쉴 만한 곳이 없는 거야?"

"리옹Lion 능선에는 그렇게 넓은 곳이 전혀 없어요."

"그럼 잠을 자지 않고 올라가는 것은 어떨까?"

"그건 불가능합니다. 브로일에서 출발해 하루 만에 정상까지 갔다가 돌아올 수는 없어요."

베넨은 더 이상 시도를 하려 하지 않았고, 그의 의견은 틴들을 당황스럽게 만들었다. 문제는 이것만이 아니었다. 체르마트에서 온 가이드들과 발투르낭슈 가이드들 사이에 불협화음이 생겨 틴들을 더욱 난처하게 만들었다. 그는 이렇게 기록했다. "스위스 가이드들은 마터호른의 다른 지역에 있는 다소 거친 가이드들보다 우리 영국 신사들을 대하는 태도가 낫다."

틴들은 또한 1860년 자신의 가이드였던 베넨이 브로일에서 짐꾼으로 고용한 장 자크 카렐을 항상 모욕적으로 대했던 것을 잊지 않고 있었다. "여기선 네가 아니라 내가 앞장서서 가는 거야."라든가 "잠자코 있어!" 등이 그의 말투였다. 그러다 보니 팀의 사기가 엉망진창이었다. "도대체 아는 것이 하나도 없어." 베넨은 이렇게 그 짐꾼을 모욕했다. 틴들은 한

쪽 사람들은 다른 쪽 사람들의 등반 성과나 보수를 기쁜 마음으로 받아들이려 하지 않는다는 사실을 알았다. 그는 이런 태도를 좋게 받아들이지 않았다.

10

1862년 7월 1일 영국인 에드워드 윔퍼와 레지널드 맥도널드Reginald Macdonald가 가이드 요한 춤 타우그발트, 요한 크로니히Johann Kronig와 체르마트에서 만났다. 그러나 폭풍이 부는 날씨로 인해 그들은 산의 반대편인 브로일로 갈 수 없었다. 계곡에는 비가 내리고 산에는 눈이 내렸다.

7월 5일 그들은 테오둘 고개로 향했다. 그런데 고갯마루에 이르기도 전에 대기가 전기를 띠기 시작했다. 머리칼이 쭈뼛 서고 몸이 굳어져 등골이 오싹했다. 짙은 회색구름이 그들을 덮기 시작했다. 그러나 주위가 아직은 조용했다. 대기는 여전히 마음이 놓이지 않았다. 지금까지 없었던 강렬한 힘이 대기 전체에 가득 차 흐르는 듯했다. 마치 알지도 못하는 어떤 힘이 당기기라도 하는 것처럼…. 사람의 몸이 전기를 끌어당길지 모른다는 두려움 속에 그들은 재빨리 고개를 넘어 이탈리아 쪽으로 향했다. 그러자 비로소 마음이 편안해졌다. 이제 위험에서 벗어난 것이다. 그들은 브로일의 여관을 찾아들었다. 그러나 요란한 빗소리와 피부에 닿던 전기장의 느낌은 여전했다.

윔퍼는 짐꾼을 수소문했다. 그는 여관 주인의 말을 듣고 뤼크 메이네Luc Meynet라는 사람이 살고 있는 브로일의 낙농업자 오두막으로 찾아갔다. 금방이라도 쓰러질 듯한 오두막에는 원시적인 치즈 생산 시설이 있었고, 눈매가 선한 아이들이 있었다. 아이들은 큰아버지가 곧 돌아온다고 말했다. 그러자 오래되지 않아 브로일 아래쪽으로 눈에 띄는 가문비나무 아래에서 어두운 물체 하나가 나타났다. 아이들은 손뼉을 치고 소리를 지르며 큰아버지와 그가 모는 노새를 향해 달려 내려갔다. 이상한 모습을 한 사람이 어린아이들을 들어 올려 노새의 양쪽 바구니 속에 앉혔다. 이 계곡에서 '브로일의 곱사등이'로 불리는 뤼크 메이네가 노래를 흥얼거리며 고귀한 신사인 윔퍼 앞에 나타났다. 자신의 장애를 숨기려 하지 않고 당연하게 받아들인 그는 남을 대하는 태도가 자연스러웠다.

"무슨 일로 오셨나요?" 하고 그가 물었다.

"나는 자네를 짐꾼으로 고용하려 하네."

뤼크 메이네Luc Meynet

“어디로 말입니까?” 뤼크가 다시 물었다.

“마터호른일세.”

“난 지금 조카들을 돌보고 있습니다.” 뤼크의 말투는 단호했다. 그러나 그의 목소리는 쉬어 있었다.

“알고 있네.” 하고 윔퍼가 고개를 끄덕이자,

“물론 치즈도 만들어야 하고요.” 하고 그가 한 마디 더 덧붙였다.

그럼에도 그는 짐꾼으로 산을 오르는 것에 동의했다. 그는 윔퍼의 텐트를 지고 산을 오르기로 했다. 윔퍼의 텐트는 둘둘 말아 놓으면 마치 나뭇짐처럼 보였다. 길이는 1미터 80센티미터, 무게는 10킬로그램쯤 나갔다. 이것은 윔퍼가 새로 만든 텐트로, 바닥이 사방으로 1미터 80센티미터여서 넷은 족히 잘 수 있었다. 이 텐트는 열면 역시 1미터 80센티미터의 길이여서 이등변 삼각형 형태를 만들어냈다. 4개의 물푸레나무 작대기는 직경이 3센티미터에 길이가 2미터로 끝에 쐐기가 달려 있었다. 텐트는 등반용 자일로 작대기 끝을 묶은 다음 텐트 지붕의 용마루를 따라가서 그 반대편 끝을 다시 묶고, 양쪽 끝을 바위에 단단히 고정시키는 방식이었다. 두 사람이 30분이면 텐트를 세울 수 있었다. 날씨가 나빠도 마찬가지였다.

윔퍼는 자신의 텐트를 자랑스러워했다. 이 텐트에는 자신의 체험이 고스란히 스며들어 있었다. 이 텐트는 방수가 완벽하게 되는 것은 아니었지만, 바람과 눈은 그런대로 막아주었다. 레오폴드 매클린톡*Leopold McClintock이 극지에서 이와

* 1819~1907, 1845년 북서항로 개척을 위해 3년분의 식량을 싣고 떠난 영국의 프랭클린 탐험대가 실종되어 수많은 사람들이 수색에 나섰으나 찾지 못했다. 1857년 프랭클린 부인이 구성한 수색탐험대 대장으로 나서 1859년 2월 일단의 에스키모들을 만나 그들의 최후를 확인하고 유류품을 회수했다. 그들이 가져온 유류품 중에서 물통이 하나 발견되었는데, 그 속에는 탐험대 대원 고어Gore 대위가 1847년 5월 28일에 쓴 글과 1848년 4월 25일에 크로지어Crozier 함장이 쓴 글이 들어 있었다. 거기에는 여러 가지 정황과 더불어 1847년 6월 11일 프랭클린 경이 죽었다는 기록이 있었다. 130명 전 대원이 목숨을 잃은 전대미문의 비극이었

비슷한 텐트를 사용했는데, 아주 심한 눈보라도 이겨냈었다.

7월 7일 월요일, 구름 한 점 없는 맑은 날씨 속에 윔퍼는 그 전해에 갔던 길을 따라 산으로 올라갔다. 함께 가는 사람들이 마터호른 가는 길을 몰라서 윔퍼가 앞장서야 했다. 가이드들은 그가 길을 잘못 들자 구시렁거리기 시작했다. 제대로 된 길을 찾으려다 크로니히가 중심을 잃고 다른 사람들을 스치면서, 소리를 지르며 낭떠러지로 미끄러졌다. 정말 순식간에 일어난 일이었다. 이 돌발 사태는 모두를 놀라게 했다. 그는 몸을 굽힌 채 시신처럼 하얗게 질려서 온몸으로 고통을 느끼며 일행에게로 돌아왔다. 그러고는 한동안 아무 말도 없이 그저 앉아 있기만 했다.

이날은 운이 없는 것 같았다. 윔퍼는 여전히 앞장서 나아갔다. 콜 뒤 리옹 위로 솟아오른 바위는 깎아지른 데다 눈과 얼음이 덮여 있었다. 윔퍼는 콜에 텐트를 치기로 했다. 이번에는 눈 위에 치지 않고 가까운 바위 주변 자갈더미 위에 쳤다. 납작한 돌과 흙 그리고 자갈들이 얼음과 텐트 바닥 사이에서 한기를 막아주었다.

'브로일의 곱사등이'는 유쾌한 사람이었다. 그는 커피를

다. 인근에 에스키모 마을이 있었는데도 불구하고 탐험대 대원들이 왜 그들의 도움을 받지 않고 모두 죽어가야만 했는지는 여전히 의문이다.(출처:『얼음 바다에 묻힌 사람들』2011.8.1. 푸른길)

우려낸 찌꺼기를 후루룩거리며 마셨고, 텐트에서는 문 앞에서 잤다. 유머감각까지 있는 그는 시키는 일을 모두 해내면서도 싫은 기색 하나 보이지 않고, 심지어는 주변 청소까지 했다. 어느 누구보다도 그는 윔퍼가 생각하는 서열에 맞게 행동하는 사람이었다. 텐트를 지는 짐꾼인 뤼크 메이네는 기형인 자신의 몸에도 불구하고 불평 한 마디 없이 자신의 의무를 다했다. 윔퍼는 이 별난 사람이 산을 아주 잘 오르는, 이상적인 등반가라는 것을 알아차렸다.

이날 밤, 아침에 태풍이 될 것이 분명한 동풍이 불어왔다. 그들은 낫처럼 몸을 숙이고 쪼그려 앉아 텐트가 무너질까 봐 걱정했다. 그러나 이번에는 이 새로운 텐트가 강풍을 잘 견뎌줬다. 그들은 해가 뜰 때까지 텐트 안에서 기다리며 무엇을 해야 할지 고민했다. 태풍이 잠시 멈추자 그들은 출발했다. 그러나 첫 구간에서 30미터도 안 되는 바위를 다 올라가지도 못했을 때 바람이 다시 강하게 불기 시작했다. 주먹만 한 돌멩이들이 바위에서 떨어져 나오고 얼음덩어리들이 옆에서 날아왔다. 공기는 살을 에는 듯 차가웠고, 돌풍이 불어와 바로 서 있기도 힘들었다. 그들은 튀어나온 바위 뒤에 잠시 몸을 숨겼다가 바람이 잦아드는 순간 도망치듯 탈출했다. 윔퍼는 기가 죽었다. 타우그발트와 크로니히는 이제

마터호른을 떠올리는 것조차 싫어했다. 메이네 또한 산을 내려가고 싶어 했다. 그는 집에서 치즈를 만들어야 했다.

브로일의 한 여관에서 윔퍼는 장 앙투안 카렐과 우연히

마주쳤다. 카렐은 이 영국인이 이번에는 얼마나 높이 올라갔는지 궁금해했다. 그러나 윔퍼는 아무 말도 하지 않았다. 그는 자신의 가이드와 메이네를 현관에 그대로 남겨둔 채 방으로 가버렸다.

"얼마나 높이 올라갔나?" 카렐이 곱사등이에게 물었다.

"그렇게 많이는 못 올라갔습니다." 하고 메이네가 대답했다.

"바람 때문에?"

"그렇습니다. 바람 때문입니다."

"그럼 텐트는? 텐트는 버텨주었나?"

"물론이죠. 그는 텐트를 콜에 남겨두고 왔습니다."

"윔퍼는 어떻던가?"

"아무 문제도 없었습니다."

윔퍼가 다시 현관으로 나오는 순간 그는 카렐과 정면으로 눈이 마주쳤다.

"언제쯤이면 나와 동행하겠소?"

"그 말, 명령이오?" 카렐이 싱긋 웃었다.

"아니오. 부탁이오."

"지금 바로 말이오?" 하고 카렐이 물었다.

"어쩌면 내일이 될 수도 있소."

콜 뒤 리옹Col du Lion

카렐은 또 한 명의 가이드와 페시옹Pession이라는 짐꾼 한 명을 데리고 갈 생각을 했다.

"날이 좋아지는 대로 맥도널드와 나는 출발할 것이오.

그러니까 모두 다섯이서 3일 치 식량을 갖고 갈 셈이오." 윔퍼는 단정조로 말했다.

카렐은 아무 말도 하지 않았지만 자신의 일을 생각했다. 그는 산에 올라가서 결정을 내릴 예정이었다. 그는 이 영국인이 잘 걷는다는 것은 알고 있었다. 하지만 그는 이 산을 잘 모르고 있었다. 그에게는 이 영국인이 애송이로 보였다.

그들은 7월 9일 아침 일찍 출발했다. 바람 한 점 없는 날씨는 나무랄 데가 없었다. 가이드와 짐꾼이 선두에 섰다. 카렐은 될수록 높이 올라가 야영할 생각이었다. 그는 빠른 걸음은 아니었지만 규칙적이었고, 도중에 쉬는 법도 없었다. 그는 보기 드물게 노련했으며 생각을 하면서 앞서 나아갔다. 윔퍼는 이제 그를 완전히 신뢰했다. 그들은 콜에서 쉬지 않고 그대로 올라 테트 뒤 리옹의 정상보다 더 높은 곳까지 전진했다. 능선 아래, '침니'의 오른쪽에서 카렐은 첫 번째 야영지로 이용할 수 있는 아늑한 곳을 발견했다. 가이드들은 두 바위 사이에 돌을 쌓아올려 담을 만들었다. 카렐은 솔선수범했다. 과연 벽돌장이답게 그는 능수능란했다.

"이런 것을 할 줄 아는 가이드는 본 적이 없는데…." 윔퍼가 감탄했다.

카렐은 말이 없었다. 그는 스위스에서 온 두 가이드 하고도 말을 하지 않았다. 그러나 그 자신은 본인도 그들에게서 배우는 것이 있다는 것을 알고 있었다.

다음 날 카렐은 한 구간을 더 올라갔다. 그들은 1시간 만에 능선에 올라섰다. '대암탑'이 시작되는 곳이었다. 이곳은 수직의 벽이었다. 과연 이 장애물을 제대로 올라갈 수 있을까?

"얼마나 더 갈 생각이오?" 윔퍼가 물었다.

"내일 더 오를 거요." 카렐은 이렇게만 말했다. 그리고 모두 막영지로 발길을 돌렸다. 윔퍼와 맥도널드는 아무 문제가 없었지만 페시옹은 제대로 따라오지 못했다. 피곤해 보이는 그는 너무 약했다. 카렐은 이미 예상하고 있었다. 그가 이제 위쪽에서 문제가 생겼음을 깨달았다. 짐꾼은 하얗게 질려 있었다.

"나는 돌아가겠습니다." 페시옹이 착 가라앉은 목소리로 말했다.

"혼자서는 안 되오."

카렐은 혼자 내려가려는 짐꾼의 요구를 단호히 거절했다. 그는 모두에게 책임이 있었고, 이는 가이드나 짐꾼에게도 마찬가지였다. 그는 또한 영국인들이 자신들끼리만 계속해서 올라가려는 것도 원치 않았다.

"페시옹은 지금 도와줄 사람이 필요하니 내가 그를 돕겠소." 그는 윔퍼에게 말했다.

"윔퍼와 나는 가이드 없이도 계속 올라갈 수 있소." 하고 맥도널드가 말했다.

"말도 안 되오." 카렐은 분명하게 말했다.

그들이 더 높이 올라가도 자신의 도움 없이는 아무것도 할 수 없을 것이라는 사실을 카렐은 잘 알고 있었다. 그래서 그는 하산을 명령했다. 모두가 함께 올라가든가, 아니면 모두가 함께 내려가자는 것이었다.

"다음 모퉁이만 돌아가서 보고 오겠소." 윔퍼가 애원하듯 말했다. "도대체 왜 안 된다는 말이오?"

"당신을 돌봐줄 가이드도 없고, 당신을 책임질 사람도 없소."

결국 그들은 브로일로 돌아왔다. 그다음 날 맥도널드는 브로일을 떠났다. 그는 런던으로 돌아가야 했다.

윔퍼는 또 다시 마터호른 등정에 실패했다. 벌써 세 번째였다. 그는 자신의 가이드가 올라갔던 곳, 그 이상을 넘지 못했다. 그러는 동안 카렐이 얼마나 더 높이 올라갔는지 그는 알 수 없었다. 그것은 수수께끼로 남았다. 그러나 윔퍼는 이제 알았다. 4,000미터까지는 아무런 장애물이 없다는 것을. 그러나 그 위쪽 500미터는 경사가 무척 심한 바위로 무시무시한 공포심을 불러일으켰다. 게다가 3미터가 채 되지 않지만 수직인 모든 바위 계단은 아무리 자일파티와 호흡이 잘 맞는다 하더라도 오르지 못할 가능성이 있었다. 그런 곳에서는 서로가 확보해주고, 서로가 도와야 한다. 만약 셋이라면 짧은 나무 사다리나 막대기를 이용할 수도 있을 터였다. 그렇기 때문에 카렐이 최소한 넷으로 일행을 꾸려야 한다고 말한 것이었다. 반드시! 높이 오를수록 위험하며 단순히 높이 때문에 구조가 어려워질 수도 있는 것이 등반이었다.

물론, 카렐이 이렇게 생각하는 유일한 가이드는 아니었다. 스위스 사람들도 '호루Horu' — 그들은 마터호른을 이렇게 불렀는데 — 에서 일하기를 거부했다. 마터호른을 오른다는 것이 불가능하다고 생각했기 때문이기도 했지만 그들은 무엇보다도 죽음을 두려워했다. 카렐처럼 등반을 하면서도 모두를 책임지는 사람은 극히 드물었다. 윔퍼는 그의 말마따나 '카렐에게 버림받고' 새로운 가이드를 구하러 체르마트로 갔다. 다시 한 번 도전해보자는 것이 그의 생각이었다. 그 사이에 마터호른의 날씨가 좋지 않은데도 불구하고 그는 몬테로사를 올랐다.

11

7월 17일, 윔퍼는 가이드도 없이 브로일로 돌아왔다. 그가 넘어오면서 바라본 회른리Hörnli 능선은 등반이 불가능해 보였다. 그래서 그는 이쪽 가이드와 함께 다시 한 번 이탈리아 쪽에서 시도해보기로 했다. 그동안의 등반으로 루트는 이제 익숙했다. 그러나 카렐과 메이네는 본래 그들의 직업이 가이드가 아닌 탓에 그와 동행할 시간이 없었다. 그들의 말에 의하면 그랬다. 따라서 윔퍼는 혼자 올라가기로 했다. 텐트는 두 번째 야영지에 있을 터였다. 혹시 텐트가 지난 며칠간의 폭풍에 날려가 버린 것은 아닐까?

7월 18일, 길을 나선 그는 목동들이 놀랄 정도로 높이 더 높이 올라갔다.

고원지대 초원을 지나자 본격적인 등반이 시작됐다. 윔퍼는 그곳부터 올라가는 속도를 낮추어, 모든 장소를 머리에 새기고 주변을 기억하려 애썼다. 하산할 때의 방향감각을 위해서였다. 또한 안개가 내려앉는 경우에도 이는 매우 유용할 터였다. 단독등반은 그에게 묘한 두려움과 자신 안의 능력을 일깨워주었다. 그는 갑자기 스스로를 관찰하기 시작했다. 마치 카렐이 그가 등반하는 모습을 지켜보기라도 하는 것처럼. 이제 그는 두 사람 몫의 책임감을 느꼈다. 자기 자신에 대한 책임감과 고객에 대한 책임감이랄까. 자기 자신의 결정에 모든 것이 전적으로 달려 있게 되면 위험요소를 최대한 없애기 위해 아주 작은 부분까지 세심한 주의를 기울이게 마련이다. 높은 산 위에서는 작은 동작 하나가 생사를 갈라놓을 수 있다.

윔퍼는 자신이 얼마나 높이 올라왔는지 처음에는 눈이 쌓인 높이를 보며 가늠했다. 그다음에는 주변의 산봉우리들로, 그리고 이전에 눈여겨보지 않았던 지형들로 파악했다. 그러면서 그는 등반이라는 것이 지금까지 왔던 것보다 더 높이 올라가는 것만이 전부가 아님을 깨달았다. 바위가 있는 계곡에서는 그 위의 자연경관에 감탄하면서 등반의 수고로움을 덜기도 했다. 어쩌면 이렇게 풀과 꽃과 이끼가 이 거대한 산과 조화를 이루고 있을까. 물론 수천 년 전부터 그랬을 터였다. 계곡에는 야생화 천지였다.

윔퍼는 눈에 파묻혀 있는 자신의 텐트를 아무 문제없이 찾아냈다. 거기다 하늘 또한 구름 한 점 없이 맑았다. 묵묵히 자신의 길을 가는 윔퍼에게 주변을 둘러싼 고봉들 — 브라이트호른Breithorn의 봉우리들과 리스캄[*]Liskamm, 몬테로사, 그레이언 알프스, 페닌의 연봉들 — 은 그 어느 때보다도 더 신이 만든 세계의 무대장치처럼 보였다. 저 멀리 몬테비소[†]Monte Viso의 피라미드, 또 바로 앞의 당데랑은 그 북벽이 그늘에 가린 채 거대한 현수빙하를 뒤집어쓰고 있었다. 그리고 어마어마하게 큰 한 덩어리는 티에프마텐 빙하로 떨어져 나가 있었다. 더 오른쪽으로는 당블랑슈Dent Blanche가 있었는데, 그의 눈에 보이는 모든 산들 중에서 가장 아름다웠다. 그러나 그가 서 있는 마터호른 자체는 단순한 바위가 위로 솟아 있을 뿐, 그 생김새나 아름다움을 전혀 느낄 수 없었다. 해가 점점 기울어지자 윔퍼는 그 빛에 눈이 멀 것 같아 텐트를 쳤다. 그는 여러 날을 버틸 수 있을 만큼 충분한 식량을 갖고 있었다. 그리고 날씨도 그렇게 춥지 않았다. 그는 산에서 밤을 보내기로 하고 이것저것 준비에 들어갔다. 그가 유목민처럼 이리저리 돌아다닌다는 사실을 아는 브로일에서는 아무도 그를 걱정하지 않을 터였다. 마터호른의 실루엣처럼 삼각형 모양의 텐트 입구에서 그는 점점 짙어가는 저녁노을을 바라봤다. 그것은 차라리 한 폭의 그림으로, 이 세상 모습이 아니었다.

---

* 4,527m

† 이탈리라 북부 피에몬테주 코티안 알프스산맥의 최고봉(3,841m)

이런 광경을 바라보는 사람은 지금 나 하나뿐이란 말인가? 그는 감격 속에 달이 뜨기를 기다렸다. 시간이 지나자 산들이 실루엣을 드러내기 시작했다. 그리고 표면의 깊이와 구조를 점점 드러냈다. 모든 것이 낮보다는 웅장하게 느껴졌다. 아, 얼마나 깊은 세계인가! 그리고 그 속을 지배하는 고요. 윔퍼는 무신론자도 독실한 신앙을 가진 사람도 아니었다. 그는 깊은 감명을 받았다. 이 밤에 느끼는 산의 세계는 우주 속에 있는 거대한 수정체였다.

아침이 되자 그는 커피를 끓여 마시며 텐트 안에서 평온함을 즐긴 다음, 해가 떠오르자 곧바로 길을 나섰다. 너무나 추웠기 때문이다. 더할 나위 없는 날씨 덕분에 윔퍼는 마치 날개를 단 듯 산을 올랐다. 그는 더 높이 올라가 두 번째 야영지를 찾을 셈이었다.

그러나 이 거대한 수직의 공간에서 여기저기 장소를 찾아가며 산을 오르는 일은 분명 불안한 일이어서 그는 머뭇거렸다. 등반은 1미터를 올라갈 때마다 더 힘들어졌다. 기술이 부족해서가 아니었다. 혼자라는 사실이 그를 혼란스럽게 했다. 방향을 가늠하는 것도 그에게는 예삿일이 아니었다. 카렐과 같은 본능이 그에게는 없는 걸까? 그러나 위험을 인지하는 그의 감각은 그대로 살아 있었고, 안전을 지켜줄 사람이 없다는 문제는 기술적 도구 — 텐트나 피켈, 자일을 고정시킬 수 있는 쇠갈고리 — 로 해결할 수 있었다.

별로 확신이 들지 않았지만 그는 그래도 계속 위로 올라갔다. 그는 한 번은 남쪽으로, 즉 능선의 브로일 방향으로, 또 한 번은 북쪽으로, 즉 능선의 츠무트Zmutt 방향으로 번갈아 가며 올라갔다. 급경사의 바위는 몇 미터씩 층이 져 쌓여 있었다. 윔퍼는 2년 전 호킨스와 틴들이 올랐던 최고점인 '그레이트 타워' 밑에 올라섰는데, 그곳이 텐트를 치기에는 안성맞춤인 것 같았다.

거대한 성곽의 작은 탑처럼 능선 위에 솟아 있는 '그레이트 타워' 위로 밝은 하늘과 분명하게 대비되어 삐죽삐죽 솟아나온 일련의 바위들이 보였다. 저기까지 가는 길은 얼마나 험난할까? 그러나 청명한 날씨와 호기심이 그의 발걸음을 계속 부추겼다. 윔퍼는 '대암탑'을 오른쪽으로 돌아 험악한 바위 세계의 한복판으로 기어 올라갔다. 텐트를 칠 만한 곳을 찾았지만, 시간이 남자 그는 그 위쪽 수직의 세계가 과연 어떤 모습인지 보고 싶었다. 그는 경사면을 넘어 '그레이트 타워'의 오른쪽을 계속 올라갔고, 뾰족한 두 바위 사이의 협곡에 도달했지만 정상은 보이지 않았다.

윔퍼는 숨을 깊이 들이마셨다. 좌우로 아래를 내려다보

니 끝이 보이지 않았다. 그리고 위쪽으로 펼쳐진 폭이 좁은 능선은 아지랑이처럼 흔들리는 것 같았다. 그는 더 이상 아래를 내려다보지 않고 몸의 균형에 온 신경을 집중하며 더 위로 올라갔다. 수직으로 단절된 부분에서는 위로 단 한 번만에 훌쩍 뛰어 손으로 잡을 곳을 찾았다. 공중에서 발이 시계추처럼 흔들렸지만 그는 바위의 날카로운 가장자리를 건너 몸을 끌어올리는 데 성공했다. 밑은 티에프마텐 빙하까지 무서운 낭떠러지여서, 두 번째 탑을 오른쪽으로 돌아 올라가는 길 또한 소름이 끼칠 정도로 아찔했다. 그가 가는 길은 손으로 잡을 데가 거의 없어 손가락 끝이 미끄러지는 곳이 많았다. 등반은 겨우겨우 가능했다. 이제 돌아가야 하는 것이 아닐까? 길을 찾는 데도 시간이 많이 걸렸다. 손은 피투성이고 무릎은 찢어졌다. 그는 점점 좁아지는 경사면에서 칼날 같은 능선의 오른쪽 가파른 크랙을 따라 올라갔다. 수직인 바위에서는 십자가에 매달린 것처럼 팔과 다리를 쭉 뻗어야 하는 경우도 있었다. 윔퍼는 바위에 몸을 바싹 붙이고 위를 올려다봤다. 그러나 손발을 붙일 데가 보이지 않으면 가슴이 두근거렸다. 왼쪽으로 멀리 성당의 탑처럼 뾰족한 능선이 허공 저쪽으로 금방이라도 넘어질 듯 나타났다. 그것을 보는 순간 윔퍼는 심장과 팔다리가 얼어붙는 느낌이 들었다. 그는 눈을 돌렸다. 그리고 오직 손잡을 데와 발 디딜 데에만 신경을 집중했다. 그는 마치 점프하듯 훌쩍 뛰면서 발을 옮겨야 겨우 움직일 수 있었다. 여기가지 올라왔다는 고조된 감정은 두려움으로 희석됐다. 발끝까지 신경을 곤두세우고 젖 먹던 힘까지 쏟아부어야 하는 곳이었다. 그는 이 힘든 등반을 계속할 수 있을까? 아니면, 불가능성과 가능성이라는 경계선을 이미 넘어서 버린 걸까?

윔퍼는 자신에게 한계가 있으며, 그 한계를 넘어서려 하면 안 된다는 것을 알고 있었다. 그것은 죽음을 부를 수도 있으며 무책임한 행동이기도 했다. 그는 가능한 곳을 찾아 올라본 다음 다시 내려와야 했다. 그러나 자신의 부족함을 알기보다는 남을 무시하는 오만이 윔퍼의 한계였다. 이제 그는 어느 누구보다도 더 높이 올라간 것일까?

그때 루트가 다시 쉬워졌다. 이제 루트는 잘 짜인 평편한 바위로 바뀌면서 갈라진 바위 탑 옆으로 이어졌다. 주위는 온통 낙석을 일으킬 수 있는 너덜지대였다. 석회질이 들어 있는 편마암은 갈라져 있었고, 지형은 풍화작용으로 토막 나 있었다. 윔퍼는 능선의 모퉁이에 서 있었다. 좌우는 모두 낭떠러지였다. 위쪽으로는 여전히 특이한 바위의 형상이 이리저리 찢어진 능선이었다. 마치 그것은 산신령이 불쾌한 표정을 지으며 거대한 도끼로 쪼개 놓은 바위의 잔해 같기도 했다. 갈라진 탑들은 금방이라도 무너질 것처럼 보였다. 혹한이 모든 것을 파괴해버린 것이다. 그는 기반이 단단하지 않은 이 바위 위를 계속 올라간다는 것이 너무 위험하다는 것을 알고 있었다. 뿐만 아니라 자신으로서는 해낼 것 같지도 않았다. 도대체 얼마나 높이 올라왔을까? 그는 페닌 알프스의 중간 부분부터 그랑 콩뱅Grand Combin까지 주위를 둘러보았다. 그 너머는 몽블랑 산군이었다. 마터호른 바로 옆의 당데랑이 그가 서 있는 곳보다 조금 더 높이 솟아 있었다.

이제 그는 산을 내려가기로 했다. 그는 몇 번에 걸쳐 하강을 했다. 그리고 텐트와 피켈을 그대로 놔두고 해가 저무는 모습을 보며 브로일 쪽으로 걸음을 재촉했다. 콜 뒤 리옹에서 '대계단'까지는 좀 더 가야 했다. 그는 이 계단을 어둡기 전에 내려갈 속셈이었다. 그는 잠시 머뭇거렸다. 테트 뒤 리옹으로 가는 바위 모퉁이에 딛고 갈 수 있는 계단이 없었다. 햇볕이 눈으로 된 계단을 평편한 바닥으로 만들어버린 것이다. 그의 발자국도 지워지고 없었다. 그 뒤의 바위는 사람이 걸을 수 있을 정도였지만 그곳까지 가려면 평편한 바닥을 건너야만 했다. 눈은 무척 단단했고 가장자리는 얼음으로 반짝였다. 윔퍼는 오른손으로 바위를 잡고 지팡이로 얼음을 두들

WHYMPER SC

겨봤다. 모든 것이 괜찮아 보였다. 그러나 그는 몸을 돌리려다 미끄러지면서 나가떨어졌다. 순간 그는 무슨 일이 벌어지고 있는지 알 수 없었다. 그는 곧 경사진 설사면 너머 양쪽으로 튀어나온 바위 사이에서 리옹 빙하로 떨어지는 좁은 걸리에 처박혔다. 어떤 도움을 받을 수 있는 상황이 아니었지만 정신이 온전했고, 머릿속이 맑기만 했다. 그는 자신이 앞으로 300미터는 더 떨어져야 한다는 것을 알고 있었다. 속도는 점점 빨라지고 걸리는 점점 좁아졌다. 몸이 뒤집힌 채 걸리를 따라 계속 아래로 미끄러지던 윔퍼는 멈출 곳을 찾지 못했다. 추락거리가 길어지면서 그는 이리저리 뒹굴다가 머리를 바위에 부딪쳤다. 그의 몸이 걸리의 이쪽저쪽에 부딪치는 와중에 마침내 옷이 바위에 걸렸다.

머리를 위로 한 채 윔퍼는 절벽 끝 바로 전에서 멈췄다. 지팡이, 모자와 목도리는 사라지고 없었다. 3미터만 더 미끄러졌더라면 그는 아마 살아남지 못했을 것이다. 그는 자신을 탓하지 않았다. 그러나 잠시 동안 카렐을 생각했다. 이런 멍청한 행동에 대해 그는 뭐라고 할까? 윔퍼는 자신이 살아 있는 것이 신기했다.

윔퍼는 크게 다쳤다. 온몸이 상처투성이였다. 다친 곳에서는 피가 흘렀다. 그는 머리에서 나는 피를 눈으로 멈춰보려 했다. 그러나 심장이 뛸 때마다 더 많은 피가 쿨렁거리며 나올 뿐이었다. 거의 정신을 잃을 뻔한 상태에서 안전한 능선 쪽으로 기어 올라간 그는 결국 그곳에서 정신을 잃고 말았다.

그가 다시 정신을 차렸을 때는 한밤중이었다. 그럼에도 그는 브로일 쪽으로 1,500미터 정도를 내려갔다. 그는 넘어지지도, 길을 잘못 들지도 않았다. 그는 마치 꿈속을 걷는 것만 같았다.

윔퍼는 후에 이렇게 말했다. "나는 무슨 일이 일어났는지 알고 있었다. 부딪치는 순간순간을 느꼈으나, 클로로포름으로 마취된 환자처럼 어떤 고통도 느끼지 못했다. 부딪칠 때마다 그 강도가 점점 더 세졌다. 내가 이렇게 생각했던 것을 기억한다. '다음번은 더 세게 부딪칠 거야. 그러면 끝이겠지.' 머릿속으로는 수많은 사건들이 스쳐 지나갔지만, 그것들은 대부분 내가 이미 오래전에 기억 속에서 지워버린 사소하거나 별 볼 일 없는 일들이었다. 아주 이상했던 것은 허공으로 튀어 오르는 일이 그다지 기분 나쁜 일만은 아니었다는 것이다. 다만 더 이상 떨어져, 의식과 감각을 완전히 잃어버려서는 안 된다는 생각은 들었다. 많은 사람들이 근거가 없다고 할지 몰라도, 나는 이렇게 주장하고 싶다. '높은 곳에서

떨어져 죽으면 다른 죽음보다도 고통이 훨씬 덜하다.'"

카렐은 이 이야기를 전해 듣고 이렇게 말했다. "죽어가는 사람은 아마 그럴지도 모르지. 그러나 살아 있는 사람들은 어떻게 하란 말이지?"

12

장 앙투안 카렐은 브로일에서 윔퍼의 추락 사고를 자세히 알게 됐다.

아니, 그는 윔퍼에게 그런 일이 벌어지리라고는 상상하지 못했다. 추락은 그렇다 쳐도, 높은 추락 지점에서 그런 사고를 당하고 나서 보인 그의 냉정한 반응은 그저 놀라울 뿐이었다.

윔퍼가 사람들 앞에 모습을 드러내지 않고, 자신의 상처를 치료하면서 자신의 용맹에 가려진 자만심에 대해 깊이 반성하는 동안, 그가 마터호른에서 당한 추락 사고의 소상한 뒷이야기들이 사람들에게 퍼져 나갔다. 이 집에서 저 집으로, 또 이 사람의 입에서 저 사람의 입으로.

그 후 그가 인정한 바와 같이 심각한 것은 단지 기억력에 이상이 있다는 것뿐이었다. "나의 탁월했던 기억력은 아주 평범해지고 말았다. 오래전의 일들은 예전만큼 기억할 수 있었으나 사고가 난 그날의 일들은 내게서 사라져 버린 것 같았다. 사고가 나기 전에 내가 기록을 남기지 않았더라면 어떻게 되었을까?"

7월 23일, 윔퍼는 벌써 새로운 시도를 감행하려 했다. 가이드 둘과 뤼크 메이네를 데리고. 카렐이 이 등반에 함께하는 이유는 오로지 이 영국인이 얼마나 높이 올라갔었는지 확인하려 함이었다. 그는 자신의 산인 마터호른에 대한 통제권을 확실히 하고 싶어 했다. 날씨가 아주 좋아 그들은 아무런 문제없이 '대암탑'까지 올라섰다. 그러나 그때 갑자기 마술을 부린 듯 아무것도 없는 곳에서 안개가 피어올랐다. 이어 우박과 함께 눈이 본격적으로 내리기 시작했다. 그들은 잠깐 지나가는 야단법석이려니 하고 추위에 떨면서 날씨가 다시 좋아지기를 기다렸다. 그들은 날씨가 좋아지자 '대암탑' 밑으로 내려가 바닥을 고르고 텐트를 쳤다. 그들은 텐트 안에 들어가 쪼그리고 앉아 기다렸지만 눈이 끊임없이 내렸다.

"날씨가 좋아질 것 같지 않소." 하고 카렐이 말했다.

"확실한가?" 윔퍼가 물었다.

카렐은 근심걱정으로 얼굴이 일그러졌다. "어쨌든 내일이면 이 산은 저 아래까지 모두 눈으로 뒤덮일 것이오."

"더 해봐야 소용없단 말인가?"

"그렇소."

"하지만 여기 위에서는 천둥번개가 잠시 휘몰아쳐도 계곡에는 해가 나는 경우가 많지 않소." 하고 윔퍼가 지적했다.

"높은 산에서는 오로지 시야와 날씨가 좋을 때만 등반이 가능하오."

윔퍼는 바위에 손을 얹으며 기다려보자는 사세를 취했다. "바위가 아직 따뜻하오. 눈이 그렇게 빨리 쌓이진 않을 거요."

그러나 카렐은 내려가려 했다. 그는 어떤 반박도 용납하지 않았다. "여기 산 위에서 결정을 내리는 사람은 나요. 그리고 나에게는 정상에 오르는 것보다 당신의 안전이 더 중요하오."

그들은 결국 산을 내려오기 시작했다. 콜에 다다르자 구름은 온데간데없이 사라지고 계곡은 햇빛으로 가득 찼다. 마터호른만 안개에 싸여 있을 뿐, 그 주변은 전부 이루 말할 수 없이 좋은 날씨였다. 윔퍼는 아무 말도 하지 않았다. 다만 그는 이 카렐이라는 사람은 다루기가 만만치 않다고 생각했다.

카렐은 마터호른의 초등을 자신의 몫으로 만들겠다는 야심 하나로 하산을 결정하지는 않았다. 다만 그는 그런 커다란 짐을 지기에는 윔퍼가 너무 어리다고 느꼈다.

카렐은 자기만의 방식을 윔퍼에게 내보이고 싶어 했다. 그는 영국인이 필요 없었다. 돈도 마터호른보다 중요하지 않았다. 윔퍼가 자신을 굳이 데리고 가든 또 그래서 돈을 많이 주든, 그것은 자기와 상관없는 일이었다. 그는 오직 마터호른을 자기 것으로 하고 싶었다. 이와는 반대로 윔퍼는 카렐과 함께 가야만 정상에 오를 수 있었다. 그는 카렐의 행동을 이해할 수 없었지만, 카렐의 예측할 수 없는 독단적 등반 포기 결정이 비겁함 때문이 아니라는 것쯤은 알고 있었다. 그리고 책임감이 지나치다는 것은 그것이 아무리 제멋대로의 책임감이라 하더라도 가이드에게 있어서는 비난거리가 아니었다. 가는 길이 아무리 험해도 카렐은 돌아서는 법이 없었다. 마터호른을 오르고자 하는 그의 의지는 누가 봐도 확고했다. 그러나 가이드로서의 카렐은 윔퍼의 능력을 일행이 허용할 수 있는 기준에서 받아들였다. 다만 윔퍼만이 스스로의 교만으로 눈이 멀어 이를 보지 못할 뿐이었다. 이와 반대로 산에서 자란 카렐 같은 사람들은 자신이 어디까지 갈 수 있는지 본능적으로 알았다. 그들은 그것이 사람마다 다르다는 것도 잘 알고 있었다. 겨우 3년 전에야 간간이 산을 찾은 도시인인 윔퍼보다도 카렐은 산꾼들을 더 신뢰했다. 그럼에도 이 두 사람은 이상적인 자일파트너였다. 윔퍼는 비용을 대고 카렐은 등반을 책임지고. 이는 별다른 협의가 필요 없는 너무나 당연한 역할 분담이었다. 카렐은 가이드로서 받는 임금보다는 항상 고객의 등반 능력에 관심을 가졌다. 그는 자기의 요구를 지나치게 내세우지 않으면서 가이드 역할에 충실했다.

계곡으로 돌아온 윔퍼는 기분이 썩 좋지 않았다. 시간을 낭비했다고 생각한 것이다. 그러나 카렐은 다음 날 곧바로 다시 나서자고 제안했다.

"우리는 '대암탑'이 시작되는 곳까지 걸어간 다음, 그 위의 가장 어려운 길은 자일을 이용해 올라갈 것이오."라고 그가 말했다.

윔퍼는 감탄했다. "텐트를 친 높은 곳에서부터 곧장 정상 쪽으로 공격을 감행하겠다는 말이오?"

그러나 다음 날 아침 이 영국인을 기다리는 사람은 곱사등이 메이네뿐이었다.

"두 카렐은 마멋 사냥을 하러 떠났습니다." 짐꾼이 두 사람이 없는 이유를 댔다.

"그놈의 짐승들을 잡겠다고?"

"지금 날씨가 사냥을 하기에 아주 좋거든요."

"이 사람들을 어떻게 믿어야 하나?" 윔퍼는 화가 났다. 그는 곱사등이에게 이런 상황에서도 자신과 함께 산을 오르자고 부탁했다. 그는 휴가가 끝나기 전에 마지막으로 한 번 더 해보고 싶었다.

"정상까지 한 번만 더 해보려 하오."

"가능성이 없을 텐데요."

"왜 그렇게 절망적으로만 생각하는 거지?"

"장 앙투안 없이 정상에 오르는 것은 불가능합니다."

산을 오르기 시작한 지 몇 시간 만에 그들은 콜 뒤 리옹에 도착했다. 메이네는 무릎을 꿇고 양손을 모아 흔들며 외쳤다. "오, 아름다운 산이시여!" 그는 감격의 눈물을 흘렸다. 그는 잠깐 동안 그저 기도 드리는 사람처럼 경건하게 말도 없이 움직이지 않았다. 그 후 그들은 남서릉을 따라 위로 올라가다 지난번에 만들어 놓은 '대암탑' 밑의 야영지에서 밤을 보내고 다음 날 아침 일찍 다시 길을 나섰다. 그들은 계속 올라갔는데, 수직의 벽이 나오자 그곳을 넘어 그 부서진 바위들이 있는 곳까지 올라갔다. 그러나 여기서부터는 더 이상 갈 곳이 없었다. 그들은 꼼짝달싹하지 못했다. 그들 위로는 갈라진 바위들이 있었고, 그 위로는 시퍼런 하늘 그리고 그 뒤로는 낭떠러지였다. 더 이상 갈 수가 없었다. 두 사람은 바위 중간에 멈추어 섰다. 날개를 늘어뜨린 독수리처럼.

"이제 어쩌지요?" 메이네는 어쩔 줄 몰라 했다.

"돌아가자!" 윔퍼의 깨달음은 한 박자 늦게 왔다. 그러나 너무 늦게 온 것은 아닐까?

그는 브로일로 돌아가기로 마음먹었다. 그리고 다음번에는 그곳 수직의 바위를 나무로 가벼운 사다리를 만들어 넘어서기로 했다.

"그러면 그 사다리를 누가 갖고 올라갑니까?" 하고 메이네가 물었다.

"카렐!"

어려운 곳을 지날 때면, 윔퍼는 자일을 타고 내려오는 메이네에게서 눈을 떼지 않았다. 그의 다리는 허공에서 흔들렸지만, 그는 마치 이 허공 또한 위로가 된다는 듯 쾌활했다. "사람이 한 번 죽지, 두 번 죽습니까?"라고 그는 익살을 부렸다. 그는 계곡으로 돌아와, 넓은 설사면 위의 넘을 수 없었던 수직 바위에 대한 이야기를 카렐에게 들려줬다.

13

그 사이 틴들 교수는 발리스 출신의 가이드 셋(이 중에는 요한 베넨과 안톤 발터Anton Walter도 있었다.)과 함께 브로일에 도착했다. 그는 비록 한 마디 말도 하지 않았지만, 윔퍼는 그가 무엇을 하려는지 알 수 있었다. 카렐과 그의 친척 세자르César 또한 침묵을 지켰다. 그러나 아무것도 하지 않은 것은 아니다. 그들은 사다리를 만들고 식량을 준비한 다음 틴들과 함께 갑자기 떠났다. 윔퍼는 카렐의 이런 변절에 크게 실망했다. 특히 사다리는 자신의 아이디어였기 때문에 실망감이 더욱 컸다. 그는 이번에도 자신이 기만당했음을, 저들이 자신을 속였음을 깨달았다. 그 순간 윔퍼는 자신이 졌다고 생각했을까? 어쩌면 그랬을지도 모른다. 그러나 그는 카렐 없이는 틴들 교수와의 경쟁이 아무런 의미가 없다는 사실을 잘 알고 있었다.

그럼에도 윔퍼는 곱사등이와 함께 점심 무렵 틴들 일행의 뒤를 따라 콜 뒤 리옹까지 올라갔다. 적어도 그는 텐트에서 필요한 것 몇 개를 가져올 요량이었다. 콜 아래에서 그는

천천히 전진하고 있던 교수 일행을 따라잡았다. 그는 그런 등반 스타일이 부럽지는 않았지만, 교수가 카렐과 함께 오르는 것만은 질투심을 느꼈다. 콜 뒤 리옹에서 두 사람은 노래를 부르는 듯한 소리를 들었다. 그러자 곧이어 머리통만 한 돌덩어리가 이들을 향해 곧장 굴러 내려왔다. 이들은 튀어나온 바위 밑으로 재빨리 몸을 숙여 피했다. 돌덩어리는 뿌지직 소리를 내며 스쳐 지나갔다. 그런데 그게 끝이 아니었다. 지옥 같은 굉음을 내며 다른 돌덩어리들이 계속 굴러 내려왔다. 낙석이었다. 공기 중에는 먼지와 유황냄새가 가득했다.

"그 사람들이 저 위에 있어요!"

"어디?"

"저기 깃발이 휘날리는 곳이요."

윔퍼는 망원경을 꺼내 짐꾼이 가리키는 곳을 보았다. 그는 숨을 크게 들이쉬었다가 내쉬었다. 그것은 안도의 한숨이었다. 그들은 산 정상이 아니라 '숄더'에 있었다. 메이네와 함께 자신이 넘지 못하고 돌아온 그곳을 틴들이 넘어서긴 했지만 정상까지는 가지 못한 것이다. 정상까지는 아직도 멀었다. 게다가 정상 바로 아래는 깎아지른 암벽이었다.

윔퍼는 자신의 경쟁자가 돌아오기를 기다렸다. 그는 자신에게 어떤 기회가 남아 있는지 알고 싶었다. 그것을 알고 나서야 이곳을 떠날 수 있을 것 같았다. 그는 여관 주인인 파브르와 와인 한잔을 함께 마시고 다시 돌아오겠노라고 약속한 다음 이곳을 떠났다.

여섯 명의 사람들이 고원지대를 통해 다시 내려왔을 때 마을사람들은 그들의 발걸음에 힘이 빠진 것을 보고 그들이 등정에 실패했다는 것을 알았다. 카렐은 고개를 떨어뜨렸고, 다른 사람들은 두려움과 불가능 그리고 위험에 대해 이야기하며 스스로를 탓했다. 정상이 손에 닿을 듯한 곳까지 오른 틴들 교수 또한 이제는 확실히 알았다. 마터호른은 정복할 수 없는 산이라는 것을. 그는 다시는 모험에 나서지 않기로 했다. 그러나 윔퍼는 달랐다. 그는 자신의 텐트와 자일을 여관 주인에게 맡겨 놓고 다음 해에 다시 오겠노라고 다짐했다. 자신의 초등을 위해서.

등산을 일반대중들에게 널리 알리는 데 큰 몫을 한 틴들 교수는 "마터호른은 등정이 불가능하다."라고 강조함으로써 윔퍼의 야망을 더욱 불타게 만들었다. 윔퍼는 자기 자신에게뿐만 아니라 영국 왕실에까지 초등의 영예를 안기고 싶었다. 정복자인 영국은 마터호른과 마찬가지로 그에게 하나의 자극제였다. 극지 탐험가들의 모험에 고무된 그는 로스*John Ross

---

* 1817~1903, 스코틀랜드에서 태어나 1837년 호주로 이주했다. 1869년 스티븐슨

나 프랭클린*Franklin처럼 역사에 길이 빛나는 업적을 남기고 싶었다. 그러나 영국산악회 소속의 백작 지위를 가진 계층들에게 이런 방식의 등반, 즉 학문적 추구가 없는 스포츠는 신뢰를 주지 못했다. 특히 윔퍼의 단독등반은 이들을 당혹케 했다. 그러나 틴들은 염려를 하긴 했지만, 윔퍼를 달리 보고 있었다. "한 청년이 등반을 배워서 더 높은 곳에 도전하고 있는데 그는 모험 속에서 때로는 실패하기도 하겠지만, 결국에는 혼자 마터호른 정상에 올라설 것이다."

윔퍼는 알고 있었다. 카렐과 함께라면 정상에 도달할 수 있다는 것을, 그리고 아버지로부터 배워 생계를 유지해온 목판화 기술로 자신의 영웅적인 등정 기록을 삽화로 만들어 책을 펴낼 수 있다는 것을. 오직 장 앙투안이 자신의 편에 서주기만 한다면….

카렐은 처음부터 윔퍼에게 끌렸다. 그의 자립적이고 결단적인 태도가 마음에 든 것이다. 그러나 그의 고집스러운 태도는 괘씸했다. 카렐은 그에게 오직 자기하고만 산에 오를 것을 제안하곤 했다. 다른 스위스 가이드들은 — 도대체 그

Stevenson강과 험프리스Humphreys산을 탐험했고 이후 남부 호주 탐사의 주역이 되었다.

* 1786~1847, 영국 왕립 해군 장교이자 북극 탐험가. 세 번째 북극 탐험인 1847년 캐나다 북극에서 북서항로를 개척하다 실종되고 승무원 전원이 기아와 저체온증, 결핵, 납중독, 괴혈병으로 사망했다.

들이 왜 좋은 평판을 듣는지 모르겠지만 — 마터호른 등정에 도전하려 하지 않는다는 것이었다.

그러나 카렐은 누군가에게 구속받는 것을 싫어했으며, 모두를 지켜볼 수 있는 위치에 있고 싶어 했다. 바로 그래서 카렐은 이 저돌적인 청년의 모든 움직임을 주시했다. 카렐은 전사가 아니라 사냥꾼처럼 행동했다. 틴들 교수와는 윔퍼와 함께 올랐던 지점보다 더 높은 곳까지 올랐었다. 만약 윔퍼가 단독등반을 계속했다면 카렐은 그보다 먼저 수단과 방법을 가리지 않고 그 산을 올랐을 것이다. 그는 어떤 경우든 제일 먼저 마터호른 정상에 서야 했다. 그러나 그를 그토록 몰아세운 것은 시기심이나 질투심에서 온 것이 아니었다. 윔퍼에 대한 양면적인 태도, 즉 그를 존경하면서도 복종시키고 싶은 이중적인 마음은 카렐의 천성이었다. 두 사람 다 마터호른을 오르고 싶어 했다. 초등자로서 정상에 서고자 하는 윔퍼의 명예욕은 산에 대한 카렐의 열정으로 볼 때 문제가 있었다. 카렐이 느낀 시기심은 산에 대한 것이지 다른 누군가를 향한 것이 아니었다. 아니, 어쩌면 이 두 가지가 같은 것이었을지도 모른다. 카렐은 누군가의 노예로 지낼 수 있는 성격이 아니었는데, 돈 없는 알프스 주민들도 자기 의지를 갖고 있다는 것을 인정하지 않으려는 영국 출신의 깔끔하고 맵시 있는 이 청년은 여전히 자기가 모든 것을 결정하려 했다. 그러나 카렐은 누군가를 모시기 위해 태어나지도 않았을 뿐더러 복종할 생각도 없었다.

'그러니까 틴들 교수가 나보다 더 높이 올라갔단 말이지?'라고 윔퍼는 생각했다. 틴들은 카렐이 결정적인 지점의 바위에 설치해 놓은 나무 사다리를 이용해 더 높이 놀라갈 수 있었다. 그들은 하산을 하면서 다음번 시도를 위해 사다리가 있는 곳에 자일을 걸어 놨다. 카렐은 다음번에 그 자일을 이용할 셈이었다.

마터호른과 윔퍼의 관계는 몽블랑과 자크 발마Jacques Balmat의 관계와도 같았다. 바로 자신의 인생을 송두리째 건 것이다. 그는 무슨 수를 써서라도 성공을 거두고 싶었다. 카렐은 몇 년에 걸쳐 한 발 한 발 천천히 공을 들여 정상으로 가는 루트를 만들고 있었다. 틴들과 윔퍼가 서로 경쟁을 하고 있었다면, 카렐은 회심의 미소를 지으며 지켜보는 제3자였다. 그는 가이드를 하면서 이 두 사람의 장단점을 모두 알고 있었다. 결국 카렐은 두 사람 모두를 자신의 의지대로 이끌었다.

윔퍼는 카렐과 마터호른 생각만 하며 그해 겨울을 보냈다. 카렐이 틴들 교수를 정상까지 이끌 수 있을까? 그럴지도 모른다. 그러나 윔퍼는 카렐의 성격을 알고 있었다. 그의 자부심은 어떤 스위스 가이드도 따라가지 못할 터였다. 카렐은 베넨에 대해 존경심을 표시하기는 했지만(베넨은 이탈리아 가이드를 경멸했다.) 등반을 하면서 그를 도와주는 일은 결코 없었다. 발투르냥슈 사람들의 외지인에 대한 반감은 뿌리 깊었다. 어느 누구도 그들의 산인 마터호른에 대해 그들과 논쟁을 벌일 수 없었다. 여기에 언어 문제도 있었다. 베넨은 독일어밖에 할 줄 몰랐고, 카렐은 지역 사투리를 빼면 프랑스어밖에 할 줄 몰랐다. 따라서 이 둘은 의사소통을 제대로 하지 못했다. 더욱이 카렐은 성격이 까다로워 어느 누구도 잘 견디지 못했다. 그를 고용한 사람도 가이드도 마찬가지였다. 틴들이 정상 밑 '숄더'에서 그에게 의견을 물은 적이 있었다. "앞으로 등정 가능성은 어떻다고 보나?" 그러자 카렐은 이렇게 대답했다. "가이드에게 물어보시지요. 저는 그저 짐꾼일 뿐입니다." 윔퍼라면 이런 대답을 카렐의 성격으로 알고 화내지 않을 것이다. 가이드인 베넨은 실패했어도, 등반가인 카렐에게 그런 일은 없을 테니까.

14

영국산악회 회원들이 마터호른 도전을 공개적으로 선언할 무렵, 피에몬테Piemonte의 소수 열성분자들이 산 발렌티노에서 모임을 갖고 이탈리아산악회(CAI) 창립을 논의했다. 1863년 7월의 일이었다. 이때 모두가 말없이 동조한 비밀 목표가 있었는데, 바로 마터호른 초등자는 이탈리아인이어야 한다는 것이었다. 이것은 영국인들에 대한 반감이었을까? 꼭 그런 것만은 아니었다. 우선 마터호른 초등으로 이탈리아산악회가 주목받을 필요가 있었고, 신생 이탈리아 왕국에 그 영예를 돌려야만 했다. 왜냐하면 영국 등반가들이 피에몬테에서 가장 높은 몬테비소를 먼저 올랐기 때문이다. 서부 알프스의 이탈리아인들에게는 자신들의 능력을 보여주기 위해 남은 것이 마터호른뿐이었다. 이로써 알피니즘이 처음으로 국가적 색채를 띠게 되었고, 이런 현상은 그 후 100년간 알피니즘에 날개를 달아주었다.

CAI 회원들은 열정이 넘치는 과학자들, 천부적 재능을 지닌 사람들 그리고 부유한 학자들이 대부분이었다. 퀸티노 셀라Quintino Sella, 바르톨로메오 가스탈디Bartolomeo Gastaldi, 펠리체 조르다노Felice Giordano, 베네데토 리뇬Benedetto Rignon, 페로네 디 산 마르티노Perrone di San Martino. 이들은 발투르낭슈 가이드들이 수년 전부터 그 지역을 등반해왔다는 사실을 알고 있었다. 그러나 그것으로는 충분치 않았다. 자금이 필요했고, 계획이 있어야 했고, 물자 운송과 관리자도 필요했다. 이런 일은 가스탈디도 셀라도 여건상 할 수 없었기 때문에 펠리체 조르다노가 이들을 대신했다. 그러자 시간이 촉박했다. 이들은 1863년 10월 23일 이탈리아산악회의 창립을 공식 선언하고, 이탈리아인을 통한 마터호른 초등을 기원하는 행사를 가졌다.

15

그해 8월 윔퍼는 마치 철새처럼 브로일로 다시 돌아왔다. 마터호른을 오르기 위해서였을까? 그는 돌아오자마자 카렐을 찾았다.

"도대체 포기할 생각이 없는가 보오." 카렐이 말했다.

"물론이오."

"그렇다면 왜 내게 왔소?"

"당신과 함께라면 희망이 있소. 당신 없인 그런 희망도 없소."

"미안하지만 이번에도 나는 갈 수 없소." 하고 카렐이 말했다.

카렐은 윔퍼가 자신에게 매달리고 있다고 짐작했다. 그래서 그는 이 영국인이 어떤 희망도 품지 않도록 자신이 해야 할 일이 있다는 것을 분명하게 말했다. 이 두 사람은 계속해서 서로 대립관계에 있었다. 이 둘의 의견일치는 마터호른을 오르는 것이 일차적으로 산악회를 위한다거나 국가를 위하는 일이 아니라는 것, 마터호른은 완전히 개인적인 대상이라는 것뿐이었다. 그럼에도 이들은 마터호른 주변을 함께 답사했는데, 발투르낭슈에서 시작해 체르마트, 발펠린을 거쳐 브로일로 다시 돌아왔다. 이 답사 이후 카렐은 윔퍼의 체력에 감탄해, 마지막으로 그와 함께 지오메인*Giomein에서 출발해 마터호른에 도전하는 데 동의했다. 그러기 위해서는 3일이 필요했다.

"만약 날씨가 따라준다면." 카렐은 단서를 붙였다.

윔퍼는 카렐에게 계획은 물론이고 가이드 선발까지 맡

---

* 이탈리아 브로일에 있는 지명

졌다. 결국 세자르 카렐César Carrel, 뤼크 메이네 그리고 두 명의 짐꾼이 함께 가기로 했다. 8월 9일 일요일, 능선에 안개가 조금 끼었을 뿐 날씨가 아주 좋았다. 그들은 다음 날 아침 일찍 해가 뜨기 전에 출발했다. 날씨는 약간 쌀쌀했다. 그들은 구름 한 점 없이 맑은 하늘을 보며 계속 올라갔다. 콜을 몇백 미터 남겨둔 지점은 바위들이 얼음에 덮여 있었고, 그 위에는 가랑눈이 쌓여 있었다. 카렐은 지반을 확인하고자 피켈로 바닥을 쳤다. 그 순간 그가 서 있던 사면이 부서져 내렸다. 눈덩어리가 카렐과 함께 뱀이 꿈틀거리듯 밑으로 떨어졌다. 카렐은 높이 뛰어오르며 바위를 잡고 얼음을 밟아 목숨을 건졌다.

"이제 서로 자일을 묶어야 할 시간인 것 같소." 하고 카렐이 말했다.

윔퍼는 한 마디도 하지 않았다. 두 사람은 마치 아무 일도 없었다는 듯이 행동했다.

카렐은 규칙적으로 천천히 걸었다. 그들은 단단한 눈으로 덮여, 마치 성당의 지붕 꼭대기처럼 솟아 있는 콜 뒤 리옹을 향해 횡단했다. 윔퍼는 이런 상황에서 자일의 역할을 중요하게 생각했다. 물론 그것도 자일이 그와 가이드 사이에 팽팽하게 유지될 때의 이야기였다. 그는 언제든 미끄러질

수 있다는 것을 알고 있었다. 그들이 오르는 능선은 마치 유리 같았다. 전날 녹은 물이 밤사이에 얼어 바위에 살얼음이 끼었고, 얇은 얼음은 종잇장처럼 바스락거렸다. 카렐은 이런 현상에 익숙해 조심스레 앞장서 나가면서 손으로 잡을 곳과 발로 디딜 곳의 얼음을 제거했다. 윔퍼는 이런 카렐을 완전히 신뢰했다. 그는 카렐의 확보를 받으며 감사한 마음으로 뒤따라 올라갔다.

'대암탑' 밑에 이르자 얼음장같이 차가운 바람이 불었다. 어디서 불어오는 바람인지 알 수 없었지만, 카렐은 그 바람이 전에 없던 바람이라는 것을 알았다. 공기는 무거웠다. 한번은 바람이 위에서 내리치듯 불더니 곧 잠잠해지기도 했다. 구름은 없었다. 그런데 난데없이 가까운 곳에서 안개가 모여들었다. 그리고 몰려오는 구름에서 하나둘 눈송이가 날리기 시작했다.

"눈보라가 시작될 모양이오." 카렐이 말했다.

"얼마나 오랫동안 계속될까?" 윔퍼가 물었다.

"동쪽에서 오는 것이라면 많은 눈이 내릴 것이오."

능선은 벌써 눈으로 뒤덮였다.

"이제 어떻게 해야 하오?" 윔퍼가 물었다.

"이 위에서는 날씨가 급변하오." 하고 카렐이 대답했다.

"이렇게 갑자기 말이오?"

"가끔은 몇 분 사이에 변하기도 하오." 카렐은 웃었다.

"당신의 의견을 묻는 것이 아니었소." 윔퍼가 불만을 나타냈다.

"왜 의견을 물으면 안 되는 것이오?" 카렐은 윔퍼를 시험이라도 하려는 듯 쳐다보았다.

"언제쯤 날씨가 다시 좋아지겠소?"

"누가 알겠소." 카렐이 조용히 말했다. "여기는 야영지요. 여기서 쉬도록 합시다."

"계속 올라가요. 이대로는 얼어 죽습니다." 메이네가 말했다.

아무도 말이 없었다. 가이드들은 땅을 고른 다음 텐트를 쳤다. 구름은 더 검게 변했다. 그들이 텐트 안에 있을 때 천둥번개가 쳤다. 번개는 바위를 때렸고, 귀를 찢는 천둥소리가 산을 울렸다. 용기를 잃은 윔퍼는 곧 온 산에 불이 붙을 것이라고 믿었다. 천둥번개가 치며 짧고 날카로운 벼락이 두 번이나 거의 동시에 내리쳤다. 2시간 동안 천둥이 울리고, 그 메아리 속에 또 다른 천둥소리가 섞여 하늘을 뒤흔들었다. 동쪽에서 불어오는 바람은 멈출 줄을 몰랐다. 돌풍이 텐트를 때리는 순간이 부쩍 늘어났다. 바람을 피해 바위 뒤에 텐트를 세웠는데도 그랬다. 윔퍼는 자신들이 텐트와 함께 날려가는 것은 아닐까 걱정했다. 그리하여, 어느 순간부터 북동풍으로 변한 바람을 막기 위해 가이드들이 벽을 쌓았다. 그러자 구름이 사라져 갔고, 이어 몽블랑 뒤로 넘어가는 태양이 보였다. 그들은 마치 세상이 몰락한 뒤 살아남은 단 몇 사람이 된 기분이었다.

텐트 안은 무척 편안했지만 쉬이 잠들 수 없었다. 한바탕 벌어진 소동으로 인해 모두들 심하게 동요했고, 여기에 더해 어디선가 낙석이 떨어지는 소리가 계속 들려왔다. 윔퍼는 낙석 중에서도 가장 큰 놈은 날이 밝은 후에 떨어진다는 사실을 알고 있었음에도 어둠 속에서 들리는 낙석 소리를 더 두려워했다.

아침이 되자 눈이 다시 내리기 시작했다. 카렐은 눈이 그치기를 기다렸다가 '숄더' 쪽으로 올라가려 했다. 그러나 윔퍼는 '대암탑' 위쪽의 상황을 이미 알고 있는 데다 무거운 짐 — 텐트와 담요, 식량, 사다리 그리고 120미터의 자일 — 을 지고 올라가는 것은 불가능하다는 사실을 깨달았다. 결국 그들은 내려가기로 결정했다. 이번엔 만장일치였다. 그들은 틴들 교수 일행이 '숄더' 바로 밑 수직의 벽에 그대로 남겨둔 자일까지도 도달하지 못하고 말았다. 카렐은 일행이 자일을 이용해 조금씩 내려가도록 도왔다.

그들은 오후가 되어 브로일로 돌아왔다. 날씨는 더없이 좋았다. 여관 주인은 그들이 이렇게 빨리 돌아온 것을 보고 놀라워했다. 그도 그럴 것이 그는 산 위에서 24시간 동안이나 눈보라가 휘몰아쳤던 것을 전혀 모르고 있었다.

"여기는 비 한 방울 오지 않았어요."라고 파브르가 말했다.

"저 위에선 마치 악마가 분노한 듯했소. 우리는 지옥에 떨어진 줄 알았다오."라고 윔퍼가 대꾸했다.

"아니, 어떻게 이런 일이 가능하단 말입니까? 이 산은 정말 마녀의 주술에 걸려 있어요."

카렐은 속으로 미소를 지으며 자리를 떴다. 그에게 바람과 폭풍, 악천후와 겨울, 구름은 모두 산의 일부였다. 지옥은 인간이 하늘에 대해 잘못된 생각을 갖기 시작하면서부터 생기는 것이 아닐까?

"우리가 없는 사이에 여기는 정말 천둥번개가 치지 않았단 말이오?" 가이드들이 모두 자리를 뜨고 난 뒤 윔퍼가 물었다.

"전혀요. 화창하기만 했는걸요."

"구름도 한 점 없었소?"

"가끔 산 위에 구름이 끼기도 했고, 몇 번 안개가 내리기도 했고, 새벽에 먹구름 정도가 끼었을 뿐, 그 외에는 별일 없었습니다."

윔퍼는 이번만큼은 카렐이 아니라 교활한 구름에 속아 바보가 된 듯한 기분이었다. “마터호른에 구름이 모여들긴 하지.” 그는 혼잣말을 했다. 사실 새벽에는 따뜻한 기온이 모이면서 갑자기 안개가 피어나기도 한다. 특히 이런 현상은 바람 한 점 없는 화창한 날씨 속에 기온 차이로 잘 나타난다. 산은 그 높이와 위치에 따라 날씨가 좋을 수도, 구름이 많이 낄 수도 있다. 장소에 따라 상승기류의 습기가 응축하는 속도가 다르기 때문이다. 따뜻한 상승기류가 차가운 대기를 만나면 우선 안개가 생기고, 안개가 짙어지면서 서로 다른 기온의 대기층 사이에서 뇌우가 발생한다.

윔퍼는 이런 자연현상을 오랫동안 관찰해왔다. 자연현상에 관한 것이라면 그는 무엇이든 호기심을 가졌다. 그러나 그는 근본적으로 기상학자가 아닌 등반가였다. 그는 벌써 일곱 번이나 브로일의 능선으로 마터호른을 오르기 위해 노력했다. 그러나 그 산은 계속해서 그를 거부했다. 그는 다시 여기를 떠나야 했다. 갖고 있던 돈을 몽땅 잃은 도박꾼처럼.

그러나 카렐은 그가 내년 여름이면 다시 돌아와, 이번에야말로 초등에 성공하리란 믿음으로 또다시 등정을 시도할 것이라고 믿었다. 윔퍼는 한 번쯤 행운이 자기편이 될지 모른다는 희망 속에 런던에서 다음 등반 계획을 세웠다. 그러나 카렐이 더 이상 자신을 돕지 않을 것이란 사실을 그는 모르고 있었다.

16

1865년, 체르마트에는 10명의 실력 있는 가이드들이 있었다. 그들을 고용하는 사람들 중에는 스위스나 독일, 프랑스인들도 있었지만, 사실은 영국인들이 가장 많았다. 그들은 고객들을 보통 몬테로사로 안내하곤 했다. 그중 최고는 마흔다섯 살의 페터 타우그발더였다. 그는 이미 90번이나 몬테로사 정상에 선 경험이 있었다. 그다음으로 꼽을 수 있는 사람은 마티어스 춤 타우그발트로, 그는 1855년 율리 라우에너Ueli Lauener와 함께 몬테로사를 초등했으며, 그 후 40번 더 정상에 올라섰다. 여기에 체르마트에서 가장 나이 어린 가이드 페터 페렌, '바이스호른의 비너'라 불리는 프란츠 비너Franz Biner가 있었다. 요한과 슈테판 춤타우그발트Stephan Zumtaugwald는 유명한 '마테' 형제들이었다. 몽블랑의 지리를 훤히 꿰뚫고 있는 요한 크로니히는 영국의 성직자들과 라틴어로도 의사소통이 가능했다. 그들은 함께 모여 가이드조합을 만들지 않았다. 그들은 개인이 각자의 계산에 따라 대상지에 맞춰 자기가 받을 임금을 협상했다. 가이드들은 오랜 경험을 통해 자신의 고객들이 어디까지 갈 수 있는지 파악했으며, 그에 맞추어 등반 루트를 계획했다.

당시 마을 공동체에서 권력을 놓고 다투었던 사람은 이 가이드들이 아니라 오히려 마을의 사제인 요제프 루덴Josef Ruden과 호텔업자 알렉산더 자일러Alexander Seiler였다. 자일러는 외지에서 마을로 들어온 인물로, 그의 말은 관광객들에게 큰 영향을 끼쳤다. 사제 루덴의 설교는 체르마트 주민들에게 신성시됐다. 루덴이 마터호른 등반을 몹시 꾸짖었으므로 타우그발더는 '호루', 즉 마터호른을 오르는 것은 물론이고, 회른리 능선을 탐색하는 것조차 시도하려 하지 않았다. 그러나 타우그발더는 마터호른을 오를 수 있다고 여긴 유일한 인물이었다.

그 당시 발리스는 실력 있는 모든 등반가들의 메카였다. 영국산악회 초대 회장인 저명한 식물학자 존 볼*John Ball은 체

* 1818~1889, 영국 아일랜드의 정치가, 자연과학자, 등반가. 케임브리지 대학을 나오고 식물학과 빙하에 관한 논문을 학술지에 기고했다. 영국산악회 초대 회장을 역임했으며 1857년 돌로미테 몬테펠모Monte Pelmo를 초등했다. 캐나다 팰리저 원정대Palliser Expedition의 장비와 관련하여 자연 과학적 원인을 연구, 발전시키는데 큰 영향을 미쳤으며, 그의 노력으로 캐나다 로키의 볼 산맥Ball Range은 그의 이름을 따서 명명되었다.

르마트에 열광했다. 그는 체르마트를 진정한 등반가들을 위한 엘도라도라고 칭찬했다. 다만 복잡한 접근로가 문제였다. 우선 오랫동안 마차를 타고 론 계곡 안으로 들어가, 마터탈 계곡을 7시간이나 걸어야 했다. 그런 다음 다시 노새를 타고 45킬로미터의 먼 거리를 가야 목적지에 도착할 수 있었다. 바로 이런 고생을 해야만 정상에 오를 수 있다는 이유로 일반적인 등반가들은 체르마트를 멀리했던 반면, 진정한 등반가들에겐 이곳이 그만큼 더 매력적일 수밖에 없었다.

그러나 발투르낭슈에서는 막 꽃피기 시작한 관광tourism을 전혀 다른 시각으로 바라봤다. 그곳 주민들은 '외지인들'이 들어오는 것을 두려워하는 것 같았다. 이런 불신은 테오둘 고개에 장애물이 세워진 시절로 거슬러 올라간다. 역사적으로 아오스타 계곡과 발리스 주민들은 서로 경쟁관계에 있었다. 아오스타 계곡 주민들은 발리스에서 외지인들이 들어오기 시작해, 자기들 영토에까지 그들의 발길이 닿자 장애물을 세우기 시작했다. 그리고 이런 적의는 막 싹트던 알피니즘에까지 영향을 끼쳤다. 이탈리아 쪽 마터호른의 가이드들은 체르마트 쪽의 동료 가이드들을 침입자로 여겼다.

발투르낭슈 사람들에게는 영국인뿐만 아니라 독일인과 프랑스인까지도 모두 외지인이었다. 1854년 퀸티노 셀라가

브라이트호른을 오르자 그도 영국인으로 여겼다. 그의 가이드가 "비엘라 지방에서 온 영국인"이라고 소개한 것에서 이를 엿볼 수 있다. 이 가이드들은 묘하게도 자기 지방에 대한 자부심과 농부로서의 자긍심을 갖고, 등반을 위해 찾아오는 사람들을 상당히 업신여겼다. 이런 태도는 돈 많은 고객들의 눈에 우습게 보이기 마련이었다.

체르마트 쪽에서도 처음에는 그저 평범하고 순진한 농부들이 가이드로 나섰다. 그들은 짐꾼 역할을 했다. 눈이 쌓인 곳에서는 앞서가며 길을 터주고 계단을 만들어주었다. 도시인들보다는 그들이 힘이 더 셌기 때문이다. 이렇게 짐꾼과 안내자 역할을 하며 그들은 어느 정도 돈을 벌 수 있었고, 곧 스스로를 가이드라 여기기 시작했다. 그도 그럴 것이 높은 산에서는 그들이 고객들보다 우위에 있었다.

그 이름도 위대한 샤모니 출신의 가이드들에게 발투르낭슈에서 온 젊은이들은 처음에는 그저 짐꾼으로밖에 보이지 않았다. 샤모니 출신들은 알프스의 모든 가이드들 중에서 자신들이 가장 뛰어나다고 생각했다. 그들은 특히 다른 가이드들보다 임금을 더 많이 받았다. 샤모니 출신의 유명한 가이드들 — 미셸 파요Michel Payot, 장 테라Jean Tairraz, 미셸 크로Michel Croz, 제데옹 발마Gedeon Balmat, 장 피에르 카샤Jean-Pierre

Cachat — 은 카렐보다 산을 잘 오르진 못했지만 고객들과 원만하게 지냈다. 그러나 곧 발투르낭슈 출신의 가이드들 또한 존경을 받게 되면서 몇몇 고객들은 체르마트 출신의 가이드보다는 이들을 더 좋아했다. 이들 중 몇몇을 꼽자면 선구자들 중 한 명인 요제프 비슈Joseph Bich, 오거스틴 펠리시에Augustin Pelissier, 에메 고레 신부의 아버지 앙투안 고레Antoine Gorret, 피에르와 가브리엘 마퀴냐츠 그리고 누구보다도 열정적인 사냥꾼이자 등반가였던 장 앙투안 카렐을 들 수 있다. 그는 1862년 틴들 교수를 '숄더'까지 이끌기도 했다.

장 앙투안 카렐은 누구인가? 이미 재력가들을 고객으로 둔 그는 일찍이 산마리노 언덕에서 라데츠키Radetzky를 총독으로 하는 군대와 맞서 싸웠고, 마터호른 기슭으로 돌아와서는 숙련된 가이드가 됐다. 카렐은 자발적으로 움직였다. 높은 산을 오르는 것이 큰 위험을 동반한다는 것을 그는 알고 있었다. 그럼에도 그를 움직이는 것은 광기가 아니었다. 또한 자신에게 자금을 지원해줄 누군가를 찾는 것도 아니었다. 그의 꿈은 마터호른 정상에 오르는 것이었다. 그는 자신의 목표에 대해 다른 사람에게 설명할 필요를 느끼지 못했다. 장 앙투안이 원하는 것은 그저 누구보다 앞서 마터호른 정상에 서는 것이었다. 계곡에 사는 주민들과 함께. 당시 그의 주변에는 지역 등반가들이 모여들기 시작했고, 그들은 서로를 신뢰하며 함께 산을 오르기를 원했다. 그들은 낙농업자, 사냥꾼, 노새 관리인이었고, 여기에 밀매꾼까지 있었으며, 모두가 원래의 직업과 상관없이 일단은 등반가들이었다. 그들은 끈기가 있었고, 소박한 생활에 익숙해져 있었다. 하지만 먼 도시의 외지인들이 계곡에 오면 처음에는 불신의 눈길을 보내기도 했다. 마을 사람들은 외지인들이 가진 재력을 과소평가할 수는 없었지만, 그들의 성격은 경멸할 수 있었다. 이런 외지인들은 등반을 하다가 처음으로 천둥번개를 만난다거나 등반이 어려워지면 자신들의 본성을 금방 드러내곤 했기 때문이다. 반면 이곳 사람들은 산에 대한 경외심과 존경심 그리고 자연 앞에서의 겸허함을 어린 시절부터 길렀다. 이곳 사람들이 가진 자긍심은 이기심이나 이상주의와는 관계가 없었다. 그것은 오히려 스스로에 대한 책임감을 바탕으로 하는 것이었다.

당시 체르마트에는 이미 호텔이 둘이나 있었다. 하나는 알렉산더 자일러가 운영하는 몬테로사 호텔이었고, 또 하나는 요제프 안톤 클레멘츠Josef Anton Clemenz가 주인으로 있는 몽세르뱅Mont Cervin 호텔이었다. 호텔에 묵는 사람들은 대부분 영국의 상류층들로, 알프스의 높은 봉우리들을 오르는 것이 마치 상당히 고상한 행위인 양 '등산mountaineering'이라는 스포츠를 두고 서로 경쟁하는 사이였다.

17

1864년 여름, 마터호른은 그저 고요하기만 했다. 날씨는 대체로 좋지 않았고, 눈도 많이 내렸다. 이때 이탈리아의 지질학자 펠리체 조르다노가 체르마트에 머물고 있었다. 그의 가방은 돌멩이들, 그리고 유일하게 피라미드 형태를 띠고 있는 마터호른의 구조에 대한 스케치로 가득 차 있었다. 기상과 지형에 대한 그의 메모는 등반가라는 목표를 추구하는 한 학자의 관찰 기록이었다. 그는 이탈리아 등반가들에게 쿠르마예Courmayeur에서 출발해도 알프스 최고봉에 도달할 수 있다는 것을 보여주기라도 하려는 듯 콜 뒤 제앙Col du Géant(거인의 고개)에서 타퀼Tacul을 통한 루트로 몽블랑에 도전했었는데, 그때 하산하다가 마터호른을 처음 보게 됐다. 그 모습은 웅대하고, 두려울 정도로 을씨년스럽고 불규칙적인 진정한 오벨리스크였다. 그는 리펠제Riffel-See 호숫가에서 마터호른을 스케치하며 남서릉 '숄더' 지점을 표시했다. 그리고 옆에 '반대쪽에서 이제껏 도달한 최고점'이라고 메모했다. 그의 일기에는 이렇게 적혀 있다. "나의 조사에 의하면 틴들 교수와 카렐 일행은 리옹 능선으로 마터호른을 오르기 시작했지만 정상에는 150미터 정도 못 미쳤다. 그 150미터를 오르기 위해서는 30미터의 바위에 길을 만들어야 하는데, 그러기 위해서는 서너 명의 남자들이 하루 20리라를 받으며 8일에서 10일 정도 달라붙어야 가능할 터였다." 이것이 이탈리아 쪽에서 마터호른을 오르기 위한 조르다노의 전략이었다.

그는 지오메인에서 장 앙투안 카렐과 이야기를 나눠보려고 테오둘 고개를 넘다 고갯마루에서 그를 만났다. "마터호른 등정 계획에 대해 셀라와 이야기를 나눴던 발투르낭슈 출신의 가이드 카렐", 그의 일기에는 이렇게 쓰여 있었다.

지질학자이자 재무장관이며 이탈리아산악회(CAI) 초대 회장인 퀸티노 셀라는 카렐을 비엘라Biella로 불렀다. 그는 자신을 마터호른 정상에 올려달라고 말했다. 이것은 부탁이 아니라 지시였다. 이런 임무를 띠고 카렐은 고향으로 돌아왔다. 그리고 1865년 여름 그는 CAI의 등반에 참가했다.

펠리체 조르다노는 지오메인에서 카렐과 다시 한 번 만났다. 그의 일기장에는 "카렐과 성당 사제 고레와의 만남으로 저녁시간을 다 보냈다."라고 적혀 있다. 마터호른 등반을 이야기하기 위해? 그것이 아니라면 도대체 무엇이 주제가 될 수 있었을까?

며칠 후 조르다노는 비엘라에서 열린 이탈리아 지질연구 모임에 참석했다. 그리고 이런 경우에는 언제나 그랬던 것처럼, 그는 셀라의 저택에 머물렀다. 저녁에 두 사람은 바를로Barlo 와인 한 병을 비우며 마터호른 등반 계획에 대해 이야기를 나눴다. 퀸티노 셀라는 윔퍼와 틴들 교수가 마터호른을 오르려 했다는 것을 알고 있었다. 그러나 애국자이며, CAI 회장인 셀라는 영국인들이 마터호른을 먼저 오르는 것을 그저 앉아서 보고만 있을 수는 없었다. 마치 마터호른이라는 봉우리가 처음 오른 사람의 소유라도 되는 것처럼. 따라서 마터호른 등정 경쟁은 반드시 이탈리아의 승리로 막을 내려야 했다. 이탈리아 산악계에는 이런 경종이 필요했다. 그리고 무엇보다도 이런 영웅적 행위가 이탈리아 청소년들에게 모범적인 삶에 대한 비전을 제시할 것이기 때문이었다.

조르다노는 등반 현장에 적당한 규모의 회사를 만들기로 했다. 셀라는 조르다노가 힘든 등반 외에 학문적 목적에도 관심을 두는 근대적 등반가의 전형이라고 생각했다. 그 자신 또한 통일 이탈리아의 장관으로서 이 시기에 꼭 필요한 존재이므로 뒤따라갈 예정이었다.

틴들 일행이 물러난 지금 등반을 시도하는 사람들은 윔퍼, 그리고 카렐-조르다노 팀뿐이었다. 피에몬테 사람들은 카렐의 합류로 이미 우월한 위치를 차지했다고 생각했다. 그러나 브로일에서부터 다시 오르려다 정복에 실패한 윔퍼는 카렐의 루트에 서서히 의구심을 품기 시작했다. 결국 그는 다른 루트를 통해 정상에 오르기로 했다. 바위가 층을 이룬 동벽은 좀 더 쉽지 않을까? 그곳의 경사도가 오히려 완만해 보였다. 산의 동쪽 면, 즉 회른리 능선이 훨씬 더 쉬워 보인 것이다. 그곳이라면 정상까지 오르는 일이 분명 가능할 것이다! 윔퍼가 도피네 알프스Dauphine-Alpen의 푸앙트 데 제크랑Pointe des Écrins을 힘들게 올라갈 때 함께했던 샤모니 출신의 유명한 가이드 미셸 크로가 윔퍼의 이 새로운 모험을 기꺼이 받아들였다.

18

자신의 약점을 잘 알고 있는 윔퍼는 자신이 스스로 모든 것을 해낼 수 있는 등반가가 아니라는 점을 인정했다. 그래서 그는 카렐처럼 스스로 책임을 지며 산을 오르는 방법을 배우고자 했고, 루트를 개척한 경험을 통해 자신만을 믿으려 했다. 그에게 과연 그런 능력이 있을까? 그는 이제 정상을 정복하고자 하는 소망에 더해 가이드에 의존하지 않고 마터호른을 오르겠다는 야망까지 품게 됐다. 윔퍼는 1864년 여름부터 1865년 여름 사이에 이 목표를 달성하고자 했다. 그는 런던에서 노련한 등반가들의 보고서를 열심히 연구하고, 그들이 실패한 이유를 분석했다. 이렇게 함으로써 그는 선구자들의 실수를 피하고자 했다. 그는 — 어느 경우든 마찬가지이지만 — 고통에서 성공을 만들어내는 것은 우연이 아닌 노력이라고 생각했다. 그리고 실패는 언제나 인간이 저지른 실수가 원인이라는 것을 마음에 새겼다. 그도 그럴 것이 실수를 하는 것은 인간이지 산 자체일 수가 없기 때문이다. 그에게 때로의 실수는 또 다른 연습일 뿐이었다. 그는 이런 연습을 통해 성공보다 더 많은 것을 배울 수도 있었고, 다음 등반을 위해 유용한 경험을 쌓을 수 있었다. 따라서 그는 아주 능동적인 자세로 자료를 수집하고, 정복을 위한 온갖 노력을 쏟아부었다.

샤모니 동쪽에 있는 4,122미터의 에귀 베르트Aiguille Verte는 마치 하얀 피라미드처럼 하늘 높이 치솟아 있다. 이 봉우리가 윔퍼의 시선을 사로잡기 전, 이곳에서는 이미 스무 번의 등정 시도가 있었다. 그러나 그 정상에 오른 사람은 없었다.

"예, 아직 미답봉입니다." 크로는 샤모니에서 윔퍼를 만났을 때 이렇게 말했다.

"왜 미답봉이오?"

"정복 시도는 계속되어 왔습니다."

"경험이 부족한 관광객들의 등반이었소?"

"그런 사람들도 있었지만, 가이드들 또한 첫 번째 난관에서 모두 등반을 포기했습니다."

윔퍼는 샤모니 출신의 가이드들이 부유한 상류층 고객들에게서 돈을 빼내기 위해 그들을 유혹할 줄 안다는 사실을 잘 알고 있었다. 그렇기에 가이드들 사이에서는 "베르트는 정복하는 것보다 안 하는 것이 오히려 더 돈이 된다."라는 농담이 나돌기도 했다.

혼자 산을 오르려는 윔퍼에게는 '미답봉'이라는 말이 오히려 도전 욕구를 자극했다. 그러나 일련의 성공에도 불구하고, 윔퍼는 그의 독특한 성격과 행동으로 인해 — 예를 들면 그는 저녁식사 자리에 정장을 갖춰 입는 것이 아니라 니트 차림으로 나타나곤 했는데 — 고국의 귀족 산악회에서 자신이 기대한 바와 같은 인정을 받지 못했다. 그들은 윔퍼를

"욕망은 크지만 돈이 없다."라고 평가했다. 윔퍼 자신이 그렇게 비판하기 좋아했던 가이드들조차 그를 회의적인 시각으로 바라봤다. 저 사람은 도대체 왜 베르트 같은 미답봉만 올라가려 하는 걸까? 그는 '경'의 호칭을 받은 귀족도 아니고 교수도 아니었으며, 그저 소박한 가정 출신의 판각공일 뿐이었다. 많은 사람들에게 그는 이해할 수 없는 존재였다. 사람들이 그에 대해 알고 있는 것은 출판사의 의뢰를 받고 알프스 책자에 쓰일 목판화를 그리기 위해 스위스나 프랑스로 여행을 다닌다는 것뿐이었다. 그러던 그가 어느 날부터 가이드를 수시로 바꿔대는 까다로운 등반가가 된 것이다.

1865년 6월 14일, 윔퍼는 "이제그린드Isegrind"라고 불리는 그린델발트의 가이드 크리스티안 알머*Christian Almer를 만나게 된다. 그리고 얼마 지나지 않아, 샤모니 등반을 끝내고 온 미셸 크로와 프란츠 비너가 여기에 합류했다. 윔퍼는 크게 기뻐했다. 함께 움직일 때 혼자보다 더 좋은 결과를 낼 수 있는 두 사람으로서 크로와 비너의 조합보다 더 나은 경우를 찾기 힘들었기 때문이다. 크로가 프랑스어밖에 할 줄 몰랐고, 알머의 프랑스어 실력이 독일어보다 훨씬 떨어지기는 했

* 1826~1898, 스위스 산악가이드. 1857년 8월 15일 Christian Kaufmann, Ulrich Kaufmann, Sigismund Porges와 함께 묀히Mönch를 초등한 이래 수많은 등반을 했고, 금혼 기념으로 부인과 함께 베터호른Wetterhorn에 올랐다.

미셸 크로Michel Croz, 1828~1865

지만, 비너가 두 언어를 전부 구사할 줄 알았기 때문에 이들의 의사소통에는 별 문제가 없었다. 윔퍼 또한 어느 정도의 프랑스어와 독일어를 아는 데다 '알프스 언어Alpinenglisch'라는 가이드들의 말을 할 줄 알았기 때문에 등반에 관한 자신의 의견을 전달하는 데 아무 문제가 없었다. 6월 16일 이들은 거의 4,000미터에 달하는 그랑 코르니에Grand Cornier 초등에 성공했다.

6월 20일, 윔퍼는 크로와 함께 테오둘호른Theodulhorn을 올랐다. 그리고 그는 크로에게 자신이 마터호른 정상에 반드시 서기 위해 선택한 루트를 설명해줬다. 남서릉을 따라 올라가는 대신, 남벽의 오른쪽 쿨르와르를 통해 남동릉을 넘어 동벽을 대각선으로 가로질러 회른리 능선으로 붙자는 것이었다. 이것은 아주 무모한 계획으로, 그 어떤 가이드도 진지하게 받아들이지 않을 제안이었다.

그러나 크로는 이 제안에 동의했다.

마터호른 정상에 서기 위한 지난 몇 년간의 노력을 통해, 윔퍼는 바위보다는 눈을 점점 더 선호하게 됐다. 능선으로는 언제나 그다지 좋은 성과를 얻지 못한 그였다. 게다가 체르마트에서 올려다보는 마터호른은 실제보다 더 경사져 보인다는 그의 판단도 여기에 영향을 끼쳤다. 리펠베르크Riffelberg

나 고르너그라트Gornergrat에서 본 마터호른이 무서울 정도로 급경사인 것은 단지 능선이 정면으로 보이기 때문이라는 것이었다.

"동벽은 왜 1년 내내 군데군데 눈이 덮여 있소?"

"경사가 급하기 때문입니다." 크로가 알려줬다.

"그래봐야 45도 정도일 뿐이오." 윔퍼가 받아쳤다.

"슈타펠Stafel의 오두막에서 보면 또 다른 모습으로 보입니다."

"거기서 보면 별것 아닌 것처럼 보이지 않소?"

"분명 그렇습니다."

"츠무트 빙하와 마터호른 빙하 중간지점에서는 경사가 실제로 얼마나 되는지 가늠할 수 있소. 40도쯤은 될 것 같은데…."

윔퍼는 마터호른 동벽의 층층이 쌓인 바위가 위로 향하고 있다는 것도 알고 있었다. 반면 콜 뒤 리옹에서 정상으로 가는 길은 바위가 아래로 향하고 있는 데다 등반도 고약했다. 오버행 구간일 뿐만 아니라 변성된 점토질의 이판암이어서 일반적으로 매우 어려웠다.

"남서릉의 바위 층은 동벽보다 등반이 불리하오."라고 윔퍼는 덧붙였다.

"분명 그렇습니다." 크로가 이에 동의했다.

"소쉬르의 등반 이후 북동쪽은 45도쯤 기울어진 것으로 알려졌소."

"그럼, 당신은 그 사실을 왜 이제야 안 겁니까?"

"2년 전 남서릉에서 실패한 후 내가 잘못된 쪽에서 등반을 시도하고 있다는 걸 확신하게 되었소."

"그래서 반대쪽 능선을 선택하게 된 겁니까?"

"그렇소. 그쪽이 더 쉽기 때문이오."

윔퍼는 마터호른 초등의 열쇠를 자신이 쥐고 있다고 믿었다. 만약 동벽이 1,200미터 높이의 자연스러운 계단으로 되어 있다면 그 봉우리는 이미 오래전에 정복되었을 것이다. 신설 속에서도 거의 수평으로 드러나는 윤곽을 통해 대략 알아볼 수는 있었지만, 사실 그쪽도 계단 형태는 아니었다.

윔퍼는 이미 크로의 동의를 받았으므로, 이번에는 가이드 알머와 비너에게 남벽 쪽에서 빙하와 쿨르와르를 거쳐 회른리 능선으로 등반하는 것이 어떻겠느냐고 제안해보았다.

"쿨르와르를 따라 끝까지 올라가 남동릉을 타고 넘어 동벽으로 가는 것이오. 그런 다음 북동릉에 눈이 쌓인 지점을 향해 설사면을 대각선으로 가로지르는 것이 어떻겠소? 막판에 북벽 쪽에 있는 바위지대를 오르면 바로 정상이오."

세 사람은 모두 윔퍼의 설명에 귀를 기울였다. 그리고 그들은 그의 의견에 동의했다.

"좋은 전략입니다."라고 한 사람이 말했다.

이들은 텐트를 옮기기로 한 곱사등이 뤼크 메이네가 있는 브로일로 내려갔다. 윔퍼는 등반에 모두 3일이 걸릴 것으로 예상했다.

"첫 번째 비박은 쿨르와르 상단부에 있는 바위 언덕에서 하는 것이 좋겠소."

"같은 생각입니다." 크로가 말했다.

"둘째 날에 정상까지 올라갔다가 텐트로 돌아와야 하오."

"그건 너무 무리한 일정입니다." 알머의 말이었다.

"어쨌든 셋째 날에는 브로일로 내려올 것이오."

파브르의 여관 주방에는 3일치의 식량이 준비돼 있었다.

6월 21일, 이들 다섯은 브로일 고개 쪽으로 출발했다. 그리고 쿨르와르 바로 밑까지 전진해 왼쪽으로 꺾었다. 쿨르와르에 가까워지자 경사는 더욱 완만해 보였다. 그곳에는 눈이 많이 쌓여 있었다. 이들은 우선 바위를 방패 삼아 쿨르와르의 오른쪽 옆을 따라 전진했다. 그러고 나서는 둘씩 짝을 지어 바위를 기어올랐다. 가이드들이 처음으로 휴식을 취하는 동안 윔퍼는 계획한 루트를 좀 더 면밀히 살펴보고 쿨르와르를 관찰하기 위해 바위 돌출부로 올라갔다. 쿨르와르는 산의 한가운데를 향해 300미터쯤 길게 뻗어 있었다. 작은 돌덩어리들이 쿨르와르 중앙으로 떨어지는 모습이 보였다. 충분한 거리가 있어 그 돌에 맞을 위험은 없었다. 그런데 갑자기 책상만 한 바위들이 떨어지기 시작했다.

"낙석!" 그가 소리쳤다.

막 허기를 채우고 나서 이야기를 나누던 가이드들은 우르릉 쿵쾅대는 소리를 듣지 못했다. 이들이 있는 지점으로부터 250미터 높이의 벽에서 떨어지는 셀 수 없이 많은 돌덩어리들은 쿨르와르로 쏟아져 내렸고, 계속해서 아래로 떨어져 바위에 부딪쳐 깨졌다. 돌덩어리들은 바위에 부딪치며 튀어오르고 부스러져 우르르 한꺼번에 떨어져 내리면서 쿨르와르의 좌우로 튀며 떨어졌다. 그리고 그 소리가 요란하게 울려 퍼졌다.

그러자 가이드들은 재빨리 튀어나온 바위 아래에 몸을 낮추어 숨었다. 다섯 사람 모두가 가능한 한 몸을 작게 구부리고 바위 밑에 숨어 있는 사이, 먹고 있던 양고기가 사방으로 흩어지고 포도주가 모두 쏟아졌다. 실패의 서막이었다.

위험한 상황이 끝나기도 전에 알머가 소리쳤다. "지금이라도 돌아가는 게 최선입니다!"

"돌아간다고?" 윔퍼가 물었다. 그는 내려가기 전에 최소한 바로 위에 있는 바위는 올라가 보고 싶었다.

"그건 불가능합니다." 크로가 말렸다.

하지만 윔퍼는 더 높이 기어 올라가기 시작했다. 해보지도 않고 내려갈 수는 없었기 때문이다. 그러나 얼마 지나지 않아 그는 도로 내려왔다.

"너무 위험하군." 윔퍼는 시인을 할 수밖에 없었다.

알머는 30미터 아래에서 고개를 절레절레 흔들었다. 이미 내려가 버린 비너는 보이지도 않았다. 다만 크로만이 자기 고객을 지켜보고 있었다. 그리고 그를 따라 계속 올라갈 의향이 있는 사람은 아마도 곱사등이 메이네뿐인 듯했다.

"그래봐야 별 소용이 없을 겁니다." 크로가 윔퍼에게 말했다.

"당신 말이 맞소." 그는 씁쓰레한 표정을 지었다.

윔퍼는 마터호른 등반에 또다시 실패했다. 그러나 그는 쉴 틈도 없이 다시 브로일 고개에서 출발해 마터호른의 동벽으로 갈 계획을 세웠다. 스물다섯의 그는 마치 무언가에 홀린 듯 자신의 목표를 향해 앞으로 돌진했다. 그러나 이번에도 실패였다. 빙하는 건널 수도 없을 정도로 녹아 있었고, 남쪽에서는 검은 구름이 몰려오고 있었으며, 여기에 더해 바람마저 강하게 불었다. 그럼에도 그는 단념하려 하지 않았다. 모든 희망을 날려버리는 가이드들의 조소에도 불구하고.

"오를 수 있다는 봉우리를 도대체 왜 오를 생각을 안 하는 겁니까?" 알머가 빈정거리듯 물었다.

실망에 빠진 윔퍼는 고개를 숙였지만, 그런 태도에는 동의할 수 없었다.

"마터호른은 불가능합니다." 비너가 말했다.

"도전을 하지 않으니 불가능할 뿐이오."

"어디를 가든 좋으니 마터호른만은 이제 그만하라는 겁니다." 알머가 태도를 조금 누그러뜨리며 말했다.

"마지막으로 한 번만 더 시도해보겠소." 윔퍼가 부탁하듯 말했다.

"다른 쪽으로 이동하는 동안 3일을 다 소진할 텐데요." 크로의 말이었다.

마터호른은 절대 오를 수 없다고 확신한 크로는 윔퍼가 이 상황을 이해하기를 바랐다.

"불가능해요. 절대 불가능하다고요!" 비너가 말했다.

"전에는 몽블랑을 오르고 싶어 했잖아요. 그건 가능합니다." 크로는 윔퍼의 관심을 다른 데로 돌려보려 했다.

"아무도 이해를 하지 못하는군. 나는 불가능을 가능하게 만들고자 하네."

"하지만 나는 지금 당장은 동행할 수가 없습니다. 나중에야 합류할 수 있을 겁니다. 27일에는 샤모니에 가 있어야 합니다. 다른 약속이 있습니다." 하고 크로가 말했다.

윔퍼는 망설였다. 그는 크로를 신뢰하고 있었고, 그의 강한 체력에 의지하고 있었다. 눈이 흩뿌리기 시작하자 이들은 말없이 산에서 내려오기 시작했다. 이들은 브로일 쪽으로 곧바로 내려와 발투르낭슈에서 그날 밤을 보냈다. 다음 날 이들은 샤티용Châtillon을 돌아보고 아오스타 계곡을 넘어 쿠르마예를 향해 계속 전진했다.

6월 24일, 어차피 지나가는 길이기는 했지만 이들은 그랑드 조라스Grandes Jorasses 등정에 성공했다. 그러고 나서 윔퍼는 다른 등반에 참가해야 하는 크로와 샤모니에서 헤어졌다.

6월 29일, 윔퍼는 에귀 베르트에 올랐다. 이 등반에 알머와 비너도 함께했다. 이것은 또 하나의 초등이었다. 세 사람은 몽땅베르Montenvers에서 몽블랑 산군을 건너 쿠르마예에 도착했다. 그리고 아무도 간 적이 없는 탈레프르Talèfre 빙하 지역을 건너 아오스타로 향했다. 이런 모습을 보면서, 가이드들은 '이 영국인은 만만하게 볼 사람이 아니다.'라고 생각했다. 그는 무리하게 강행을 하지 않고 자일파티도 없이 산을 올랐다. 이들은 지난 몇 주간 윔퍼와 함께 3,000미터까지 올라갔다. 윔퍼는 최상의 컨디션을 유지하고 있었다. 그는 마터호른으로 돌아갈 생각이었다. 지금이 아니면 절대 오지 않을 기회였다. 그러나 알머와 비너는 이제 마터호른이라면 지긋지긋했다. 그들은 마터호른이라는 말조차 듣고 싶어 하지 않았다.

윔퍼는 브로일로 돌아와서 카렐을 찾았다. 두 사람은 서로 가장 큰 경쟁자이기도 했지만 아주 이상적인 자일파티이기도 했다. 산을 오를 때 카렐이 보여주는 천재적인 면모에 윔퍼는 누구보다도 감탄했다. 카렐의 노련함은 자신의 서투른 등반 능력에 비해 사뭇 두드러졌다.

그다음 며칠 간 두 사람은 발투르낭슈 마을 위로 솟아 있는 그랑 투르날랭Grand Tournalin 정상에 올랐다. 그들은 거의 2,000미터나 되는 봉우리를 4시간도 채 안 돼 올라갔다. 서로에게 자신의 체력을 과시하기라도 하려 한 걸까?

19

경애하는 퀸티노!

그곳으로 떠날 날이 드디어 다가왔네. 나는 모든 준비를 마쳤네. 그저께 이미 텐트와 자일 300미터, 아이스하켄을 처음으로 보내 놓았고, 그 밖에도 우리가 먹을 식량과 눈을 녹여 차를 끓일 알코올 스토브까지 보내 놓았네. 모두 합치니 무게가 100킬로그램은 되더군. 그리고 카렐에게 22리라를 보내서 도착한 물건들을 샤티용에서 받는 즉시 발투르냥슈를 거쳐 브로일로 옮기도록 조치해 놓았네. 이 과정은 내가 내일 저녁에 가서 직접 확인할 생각이네. 여분의 텐트와 기압계 3개 그리고 자네의 물건은 내가 가져가네. 도착하는 대로 자네에게 다시 연락하겠네. 자네는 자네가 필요한 것들만 가져오면 되네. 모자와 담요 두세 개, 좋은 시가 같은 것들 말이네. 가능하다면 좋은 와인과 어느 정도 자금을 챙겨오면 좋겠네. 내가 가져가는 300리라가 부족할지도 모르니까.

그 악명 높은 산을 정복할 생각에 가슴이 떨리네. 윔퍼가 우리보다 선수를 치지 않는다면 마터호른은 분명 우리의 것이 될 걸세.

1865년 7월 7일

토리노에서

펠리체 조르다노는 이번 등반을 철저하게 준비했다. 자일의 강도를 실험했으며, 텐트를 새롭게 구입했다. 7월 8일 그는 발투르낭슈로 가서 카렐을 만났다. 이 만남에는 3명의 가이드, 즉 세자르 카렐과 샤를 고레Charles Gorret 그리고 장 요제프 마퀴냐츠Jean-Joseph Maquignaz가 함께했다. 이들 셋은 정찰을 위해 마터호른에 올랐다가 날씨가 나빠 내려온 참이었다.

그러나 이보다 앞서 카렐은 윔퍼와 이야기를 나눌 때 스위스 쪽에서 시작되는 등반에는 동행하겠다고 약속했다. 7월 11일까지도 두 사람 사이에는 이런저런 말들이 오갔다. 단, 날씨가 좋아진다는 전제하에. 그런데 두 사람이 약속한 날에는 날씨가 좋지 않았다. 그 상태에서 등반하는 것은 아무 의미가 없었다. 날씨가 나쁘면 마터호른 정복이 불가능하다는 것을 윔퍼도 카렐만큼 잘 알고 있었다. 이런 이유로 카렐은 윔퍼와의 약속을 지키지 않았다는 부담을 털어버리고 퀸티노 셀라 팀과 함께 움직일 수 있었다.

7월 9일 윔퍼는 발투르낭슈로 내려가다 한 무리의 사람들과 마주쳤다. 그런데 그들 낯선 사람들과 함께 있는 카렐을 보고 그는 놀라지 않을 수 없었다. 그들은 상당히 많은 짐을 갖고 있었다. 카렐은 다른 사람들과 약속이 있어 7월 12일 수요일 이후는 등반을 함께할 수 없다고 윔퍼에게 설명했다.

"도대체 누구와 말이오?" 윔퍼가 물었다.

"뛰어난 사람들과 함께하오."

"그 얘기를 왜 이제 하는 거요?"

"당신이 도착한다는 날짜가 확실치 않았잖소?"

"내가 그전부터 요구하지 않았던가?"

"아니오. 이 일은 당신이 발투르낭슈에 도착하기 몇 달 전부터 정해져 있었소."

"출발은 내일이오." 윔퍼는 명령조로 말했다.

"하지만 날씨가 나쁘잖소."

이제 윔퍼는 가이드도 없이 마터호른을 올라야 하는 상황이 되고 말았다. 그럼에도 여관에 도착한 두 사람은 와인을 앞에 놓고 오랜 친구처럼 이야기를 나누었다. 윔퍼는 조르다노와 카렐의 계획을 잘 모르고 있었다.

7월 11일 이른 아침, 가이드 일행은 지오메인에서 길을 나섰다. 이탈리아 팀이 드디어 행동을 개시한 것이다. 그들은 퀸티노 셀라와 이탈리아 왕국을 위해 정상으로 가는 길을 열어야만 했다. 이탈리아 만세!

카렐이 자기와 동행하리라 믿었던 윔퍼는 커다란 분노를 느꼈다. 그 이탈리아 사람들이 돈을 더 주기라도 한다는 말인가? 제자 같은 자신을 카렐이 정말 돈 때문에 내버렸다는 말인가? 윔퍼의 분노는 이해할 만했다. 그러나 카렐의 행동을 꼭 배신이라고 볼 수만은 없었다. 조르다노의 계획을 다른 사람들 앞에서 떠벌리지 않았다는 이유만으로 카렐과 그 일행을 비난할 수는 없었다. 그 이탈리아인이 간계를 부렸다고 말하는 것도 정당치 않았다. 카렐은 그저 자신이 약속한 의무를 다하고 있었다. 다만 악천후 때문에 함께하기로 약속했던 일이 틀어진 것뿐이었다.

조르다노는 카렐이 마터호른에 대해 품고 있는 열정과 집착을 전혀 알지 못했다. 그는 마터호른의 지리와 형상에 대해서는 잘 알고 있었지만, 자신과 셀라를 정상으로 이끌어 줄 가이드의 동경과 헌신에 대해서는 아무것도 모르고 있었다. 그 후 며칠 동안 그는 등반 루트를 작업하는 카렐에게서 소식이 오기를 기다렸다.

7월 11일 저녁, 조르다노는 브로일의 여관에서 퀸티노 셀라에게 편지를 썼다.

경애하는 퀸티노!

자네에게 소식을 전할 때가 되었군. 나는 토요일인 8일 오후 발투르낭슈에 갔네. 거기서 정찰을 하기 위해 마터호른에 갔다가 돌아온 카렐을 만났다네. 날씨가 나빠서 도중에 정찰을 그만둘 수밖에 없었다더군. 윔퍼는 나보다 3일 먼저 이곳에 도착했다네. 그는 곧바로 산을 오르기를 원해서 아직 내 편지를 받지 못한 카렐을 고용했지만, 천만다행으로 날씨가 좋지 않아 등반이 불가능했다네. 카렐은 윔퍼와 단 며칠간의 동행만을 약속했기 때문에 그 의무에서 벗어나면 나와 함께 하기로 했네. 그는 5명의 짐꾼을 데리고 올 것이네. 모두 카렐이 골랐는데, 그들은 이 지역 최고의 가이드들이네. 세자르 카렐은 장 자크의 아들이고, 샤를 고레는 에메 고레의 동생이며, 장 요제프 마퀴냐츠는 석공이라네.

우리의 대장은 카렐이네. 우리는 요란을 떨지 않고, 멀리 떨어진 산장에 있는 식량과 자일 그리고 그 밖의 장비들을 아보일로 보내려고 하네. 거기가 우리의 본부가 될 걸세.

우리의 모든 것이 달려 있는 절대적 능력자이신 날씨가 지금까지 불안정하고 대체로 좋지 않네. 어제 아침에는 마터호른에 눈이 왔지만 저녁에는 하늘이 맑았지.

밤 10시에서 11시 사이에 사람들이 텐트를 갖고 내려왔네. 그들은 상당히 높이 올라갔는데, 날씨가 다시 나빠지면서 마터호른을 안개구름이 뒤덮었다네. 하여간 삼사일 내에 일이 제대로 풀려 그들이 다시 돌아온다는 보고만 기다리고 있을 것이네. 그러나 모든 것은 날씨에 달려 있지.

카렐은 유난히 조심스러운 사람이라서 나를 믿지 않네. 그는 자기가 허락하지 않는 한 내가 결코 산을 오르지 못할 것이라고 말한 적이 있네. 자기는 산의 구조를 일찍부터 알고 있는 사람이라면서 말이네. 이 아래쪽에서 보면 정상 가까이에 있는 암벽이 무척 까다롭게 보이기는 하지만, 실은 사람이 올라가기 전에는 알 수 없는 노릇 아닌가. 특히 카렐은 저 높은 곳에서 비박을 할 수 있을지 궁금해하는데, 윔퍼는 그것이 가능하다고 보고 있네. 머지않아 카렐에게서 보고가 들어오는 대로 가장 가까운 전보통신소가 있는 세인트빈센트로 급전을 보내겠네. 편지를 받는 대로 답장을 부탁하네.

덧붙이자면, 지금 나는 어떻게 해야 할지 모를 정도로 아주 어려운 처지에 놓여 있네. 날씨와 돈과 윔퍼 때문이라는 것은 짐작하리라 믿네. 나는 우리의 움직임을 조심스레 감추고 있으나, 그는 마치 자신의 인생 전부를 마터호른에 바친 듯 자신 말고는 아무것도 믿지 않네.
나는 이곳의 유능한 짐꾼들을 모두 고용하는 데 성공했네. 그런데 그 몽상가는 우리의 산을 다른 사람들과 함께 오른다며 우리를 비웃고 있다네. 그는 나와 같은 여관에 묵고 있으면서 우리를 염탐하고 있다네. 나는 그와 마주치지 않으려 노력하고 있네. 요컨대 내가 할 수 있는 일만 하고 있다는 말이지. 일이 잘 풀렸으면 좋으련만. 오직 행운이 우리에게 있기를 기원하며, 이만 줄이겠네. 좋은 소식에 더불어 승리의 길이 준비되기만을 기다리겠네. 이 보고가 토리노와 정부의 무거운 분위기를 조금이라도 물리쳤으면 하네.

이 무렵 셀라 장관은 전반적인 재정 문제와 통일 왕국의 수도를 토리노에서 피렌체로 옮기는 일에 매달리고 있었다. 셀라가 걱정하는 것은 원정에 들어갈 비용이 아니라, 등반할 틈을 내주지 않는 정치 상황이었다. 이런 와중에 장관이 어떻게 마터호른으로 달려온단 말인가?

윔퍼는 산에서 움직이고 있는 카렐을 망원경으로 계속 추적했다. 이런 상황에서 조르다노는 자기가 유리한 입장에 있다고 생각했다. 그는 그저 카렐의 소식을 기다리는 것으로 시간을 보내지 않고, 코녜Cogne의 부사제인 에메 고레를 데리고 답사를 다녔다. 그들은 많은 이야기를 나누며 테오둘 고개를 넘어, 주변의 몇몇 봉우리를 올랐다. 그때 조르다노는 기압계를 꺼내 측정을 하고, 마터호른을 여러 차례 망원경으로 살폈다.

이와 반대로 카렐이 없는 윔퍼는 어떤 계획을 세우거나 실행에 옮길 상황이 아니었다. 그럼에도 그는 자신의 목표를 포기하지 않았다. 카렐의 지금 행동은 언젠가는 결국 정상을 오르려는 자신에게 도움이 될 수도 있었다. 더욱이 카렐의 길을 막고 있는 악천후가 계속된다는 점에서 윔퍼는 자신이 유리하다고 생각했다.

그런데 윔퍼는 느닷없이 짐을 몽땅 정리했다. 체르마트로 방향을 바꾸려는 걸까? 조르다노는 혼자 생각했다. '다른 쪽에서 오르려는 걸까? 이탈리아 사람이 정상에 오르기 전에?' 마터호른의 북동릉은 윔퍼가 가진 최후의 카드였다.

20

7월 11일, 윔퍼는 여관 앞에 서서 망원경을 들여다보았다. 한 무리가 고원지대를 지나 마터호른으로 가고 있는 것이 보였다.

"저게 뭐지?" 그는 옆에 서 있는 여관 주인 파브르에게 흥분해서 물었다.

"이탈리아 등반대가 마터호른 정복을 시도한다고 합니다."

"가이드가 누구지?"

"카렐입니다."

"장 앙투안?"

"맞습니다. 장 앙투안 카렐."

"세자르 카렐도?"

"예. 그렇게 들었습니다."

이로써 윔퍼는 이 등반이 오래전부터 계획된 일이라는 사실을 깨달았다. 7월 6일 카렐이 산을 오른 것은 정찰을 위한 것이었으며, 7월 9일 노새를 이용해 식량을 산으로 옮긴

것도 이 계획의 일부였던 것이다.

“저들은 아무것도 이룰 수 없을 거야.” 윔퍼는 화가 나서 말했다.

“왜 그렇게 생각하시죠?”

“발투르낭슈 가이드들은 스위스 출신 가이드와 마찬가지로 오로지 돈을 위해 일을 할 뿐 명예는 뒷전이기 때문이지.”

“그런데 그들 뒤엔 고귀한 분이 계십니다. 바로 조르다노 씨죠. 그는 셀라 장관이 도착하기 전에 정상까지의 루트를 살피며 지켜보고 있습니다. 사다리와 계단, 고정자일 등을 동원한다고 합니다.” 파브르가 윔퍼에게 속삭였다. 파브르의 속삭임에 깔린 비웃음이 그가 내뱉는 단어 하나하나에서 느껴졌다.

윔퍼는 방으로 돌아와 시가를 한 대 피우면서 어떻게 하면 이 이탈리아인을 앞지를 수 있을지 곰곰이 생각했다. 그의 생각에 노새로 짐을 나르는 일은 그 자체로 부담이며 그만큼 시간도 허비할 뿐이었다. 지금은 행동에 속도를 낼 때였다. 윔퍼는 자기 짐을 지고 갈 짐꾼을 찾았지만 헛수고였다. 쓸 만한 사람들은 이미 등반 중이었고, 브로일에는 노새를 부리는 사람도 없었으며, 곱사등이 메이네는 치즈를 만드는 중이라 짐꾼으로 데리고 갈 수 없었다. 다행히 마터호른은 구름에 휩싸여 있었다.

이탈리아인들이 정상에 도달하기까지는 적어도 일주일은 걸린다는 것이 그의 계산이었다. 일주일이면 체르마트로 건너가서 동벽을 공략하기에 충분한 시간이었다. 그가 염두에 두고 있는 루트가 제대로 뚫리기만 한다면 3일이면 정상에 오를 수 있고, 만약 실패하더라도 여전히 이탈리아인들이 정상에 서기 전에 브로일로 돌아올 수 있을 터였다. 책략에는 책략으로…. 그는 깊은 생각에 잠겼다.

정오 무렵 테오둘 아래쪽으로 자일파티 하나가 내려오는 것이 보였다. 자세히 보니 젊은 영국인과 페터 타우그발더의 아들 중 한 명이었다. 그들은 체르마트에서 오고 있었다. 윔퍼가 과연 같은 영국인에게서 타우그발더의 아들을 빼내올 수 있을까?

"나는 퀸즈베리 후작의 동생 프랜시스 더글러스Francis Douglas라고 하오." 그 영국인이 자신을 소개했다.

"경께서는 오버가벨호른Obergabelhorn 정복에 성공하셨습니까?" 하고 윔퍼가 물었다.

"성공했지요."

"축하드립니다!"

"고맙습니다."

"다음엔 어느 봉우리를 목표로 하십니까?"

"내일 체르마트로 다시 돌아갑니다."

"그러면 제가 경의 짐꾼을 써도 되겠습니까?" 윔퍼는 단도직입적으로 물었다.

"물론이죠. 나는 짐이 없습니다."

"저 사람은 그 유명한 페터 타우그발더의 아들 아닙니까?"

"맞습니다. 타우그발더 집안의 둘째지요."

"저도 소문은 들었습니다."

"페터가 나에게 제안을 하나 했습니다."

"그래요?" 윔퍼는 흥분을 감추지 못했다. "마터호른에 대한 새로운 소식이라도 있나요?"

"회른리 능선에서 루트를 발견했답니다."

"그럼, 그는 스위스 쪽에서 오르는 것이 정말로 가능하다고 생각하는 건가요?"

"그렇습니다."

"그래서 경께서 여기 계신 건가요?"

"예."

곧바로 뜻이 맞은 두 사람은 함께 모험에 나서기로 했

다. 파브르는 일꾼 중 몇 명을 내주었고, 그들은 무거운 짐을 지고 테오둘 고개와 푸르겐Furggen 빙하를 넘어, 슈바르츠제 호숫가의 작은 성당까지 갔다. 윔퍼는 그곳에 텐트와 담요, 자일 같은 장비들을 미리 가져다 놓았다. 장비 중에는 세 종류의 자일이 있었는데, 60미터짜리 굵은 마닐라 자일과 40미터짜리 하나 그리고 60미터짜리 약한 자일이 있었다. 이것들을 모두 합치면 160미터였다.

윔퍼에게 회른리 능선은 마지막 기회였다. 함께 가는 젊은 타우그발더의 그 유명한 아버지처럼 윔퍼도 동벽은 실제보다 더 경사져 보인다는 것을 알고 있었다. 사실은 능선의 상부만이 진짜 가팔랐다. 어쩌면 너무 가파른 것은 아닐까?

21

7월 12일 아침 조르다노는 아보일의 낙농가로 올라갔다가, 전날 밤 카렐 일행 중 두 명이 식량을 가지러 내려왔었다는 사실을 알았다. 식량을 챙긴 그들은 다시 산으로 올라갔다는 것이었다. 목동들은 카렐이 이미 마지막 텐트를 최대한 높이 설치하기 위하여 능선의 '숄더' 바로 아래까지 올라갔다고 전

했다.

7월 13일, 지오메인에서 망원경으로 마터호른을 바라보던 조르다노는 놀라지 않을 수 없었다. 절대 잘못 본 것이 아니었다. 정상 부근의 암벽에 긴 고드름이 매달려 있었다. 그렇다면 카렐이 할 수 있는 것은 아무것도 없었다. 그리고 윔퍼 또한 마터호른을 오르고 있었다. 어쩌면 반대편에서 이미 정상까지 올랐을지도 모르는 일이었다.

카렐과 그 일행은 계속해서 산을 올라갔다. 메이네는 그들이 정상 아래에서 작업을 하고 있다고 알려줬다.

그날 저녁은 황홀했다. 공기는 부드러웠고, 주변의 산들은 높이 솟아 있었으며, 하늘은 반짝이는 별로 가득했다. 조르다노는 카렐이 자신을 데리러 올 사람을 보내기를 바라며 애타게 기다렸다. 그는 마터호른의 초등 현장에 함께 있고 싶었다. 그날 밤 그는 잠이 오지 않아 뜬눈으로 밤을 지새웠다. 그는 분명 자신을 데리러 올 것이라 확신했다. 정상을 위해서.

마터호른의 이탈리아 쪽에 있는 사람들은 윔퍼가 회른리 능선을 이미 오르기 시작했다는 것을 전혀 모르고 있었다.

7월 14일 저녁 자신감에 넘친 조르다노는 셀라에게 편지를 썼다.

경애하는 퀸티노!
고레 신부 편에 세인트빈센트로 급전을 보내네. 이곳에서 도보로 7시간 걸리는 거리라네. 혹시 몰라 소식을 확실히 전하기 위해 이 편지도 보내네.
엄청난 일이 벌어졌다네. 오늘 오후 2시에 망원경으로 보니 카렐과 그 일행이 마터호른 정상부에 있었네. 나와 함께 다른 사람들도 보았네. 이제 성공은 따 놓은 당상이나 다름없네. 그저께는 날씨가 여전히 좋지 않았고, 산도 눈이 덮여 있었지만, 결국 이루어내고 말았다네.

가능하면 빨리 이곳으로 오거나, 세인트빈센트까지 어떻게 올 건지에 대한 계획을 전보로 알려주면 좋겠네. 나는 지금 자네가 토리노에 있는지조차 알지 못하네. 8일 전부터 소식을 듣지 못했으니까. 그래서 이렇게 편지를 쓴다네. 내일 오지 못한다면 전보를 보내주게나. 나는 직접 올라가서 정상에 우리의 깃발을 꽂을 거라네. 이것은 우리 두 사람 모두를 위해 중요한 일이지. 일단 자네의 도착을 기다리면서 내가 할 수 있는 일에 최선을 다하겠네.

윔퍼는 산의 다른 쪽에서 등반을 시도하기 위해 이곳을 떠났다네. 그의 고생이 아무런 성과를 내지 못하기를 바랄 뿐이지.

1865년 7월 14일

브로일의 숙소에서

조르다노는 자부심과 흥분 그리고 경외심을 느꼈다. 그와 동시에 그는 카렐이 자신을 정상 공격에 데리고 가지 않을 것 같다는 모욕감도 느꼈다. 카렐은 경황이 없는 걸까? 아니면, 모든 명예를 혼자 차지하려는 걸까? 조르다노는 스스로에게 물어보았다.

22

7월 12일 저녁 체르마트에 도착한 더글러스 경은 아버지 타우그발더를 찾아갔다. 두 사람은 일단 방에 앉았다. 그리고 더글러스가 상황을 설명했다. "카렐은 발투르낭슈의 가이드들과 함께 마터호른의 반대편에 있소. 상당히 높이 올라간 모양이오. 지금 짙은 구름과 눈이 이들을 방해하고 있는 모양새이오. 등반 일정이 늦어지고 있는 것 같은데, 어쩌면 우리가 그들을 앞지를 수 있을지도 모르오."

"'어쩌면'이군요." 타우그발더가 상황을 간단명료하게 정리했다. "어떤 경우든 가이드가 한 명 더 필요합니다."

커다란 성당 앞에 있는 거무스레한 나무집이 바로 타우그발더의 집이었다. 그 집 앞에서 기다리던 윔퍼가 들어왔다.

"두 분은 이미 안면이 있으시죠?" 타우그발더가 물었다. "그렇소, 우리 둘이 함께 마터호른을 오르고자 하오." 더글러스가 대답했다.

"나 한 사람을 가이드로요?" 타우그발더는 이렇게 물은 다음 잠시 침묵을 지킨 후 이렇게 말했다. "말도 안 됩니다."

"나는 가이드가 필요치 않소." 윔퍼가 곧장 받아쳤다.

"문제가 복잡합니다. 가이드 없이 오르는 사람도 결국 모든 책임은 내게 돌아옵니다."

"나는 혼자 오르는 것을 좋아하오."

"내가 책임을 지고 있는 한 안 됩니다." 타우그발더는 윔퍼의 말을 끊고 나서, 더글러스에게 믿을 수 없다는 듯 물었다.

"이 영국 신사 분은 원래 가이드이십니까?"

"우리 두 사람 다 산을 오르는 등반가이오." 더글러스가 찬찬히 그를 달랬다. "가이드는 아니지만 도대체 그게 무슨 차이란 말이오?"

"그러면 산에서 결정을 내리는 사람은 누구입니까?" 타우그발더가 물었다.

"우리 두 사람이 결정을 내릴 거요." 윔퍼가 대답했다.

"호텔에서는 두 분이 명령을 내리겠지만, 산에서는 가이드가 결정을 내립니다." 이것이 타우그발더의 전제조건이었다.

"산에서 벌어지는 일에 대해 나도 함께 결정할 권리가 있소." 윔퍼의 말이었다.

"산에서는 가이드가 안내하고 올라갑니다. 책임도 대부분 지고요. 따라서 결정권은 가이드에게 있습니다."

타우그발더는 윔퍼가 이것저것 참견하기를 좋아하는 사람이라는 것을 알았다. 그렇지만 그가 산을 잘 오른다는 것 역시 사실이었다. 타우그발더는 스무 살이나 어린 영국 청년에게 짐꾼 취급을 받을 생각이 전혀 없었다.

"여러분께서는 다른 가이드를 찾으셔야 할 것 같습니다." 페터 타우그발더는 자기 생각을 정리했다.

"페터는 결정력이 좋은 사람이오." 더글러스 경이 윔퍼를 달랬다. "최고의 등반가이기도 하고 말이오."

"나도 그렇게 알고 있습니다." 윔퍼는 상황을 진정시키기 위해 한 발 물러나는 척했다.

그때, 마터호른을 오르고자 하는 또 한 사람이 몬테로사 호텔에 나타났다. 자일러 부부가 프런트에서 그를 맞았다. 찰스 허드슨Charles Hudson 신부였다. 그들은 두푸르슈피체* Dufourspitze를 함께 오른 이후 11년 동안 서로 알고 지내는 사이였다.

---

* 4,634m. 몬테로사Monte Rosa 산군의 최고봉. 1855년 8월 1일 스위스 국경일에 세 명의 가이드와 함께 Matthäus, Johannes Zumtaugwald, Ulrich Lauener, Christopher, James Smyth, Charles Hudson, John Birkbeck, Edward Stephenson에 의해 초등되었다.

그는 자신이 머물 방과 동행인 해도우Hadow를 위한 방 하나를 더 예약했다. "케네디 씨는 급한 일이 생겨 영국으로 돌아가야 했답니다."라며 그는 1862년 겨울 마터호른 등반에 실패한 자신의 친구를 위해 사과의 말을 전했다.

그러고 나서 허드슨은 해도우와 함께 호텔 바로 뒤에 있는 후버에 올랐다. 그곳에서 고원지대로 올라가면 마터호른을 한눈에 볼 수 있었다. 그들은 저녁식사 시간 전에 내려왔다.

그 사이에 윔퍼도 호텔 쪽으로 가고 있었는데, 담장 위에서 고객을 기다리는 가이드들 중에 놀랍게도 미셸 크로가 있었다. 미셸 크로라니…. 그는 믿을 수 없었다.

"당신을 체르마트에서 볼 줄이야 정말 상상조차 못했소." 윔퍼가 반갑게 말을 건넸다.

"샤모니에서 오랫동안 버크벡Herrn Birkbeck 씨를 기다렸지만 결국 허탕만 치고 말았죠."

"무슨 일이 있었소?"

"결국 몸이 좋지 않아 영국으로 돌아가 버렸습니다."

"그리고?"

"그 뒤에 나를 고용했던 케네디 씨마저 영국 리즈로 돌아가야만 했습니다."

“지금은? 지금은 무얼 하고 있소?” 윔퍼는 기대에 부풀어 물어보았다.

“지금은 허드슨 씨와 함께 움직이고 있습니다. 그는 동행인인 해도우 씨와 함께 마터호른을 보기 위해 지금쯤 저 위에 올라가 있을 겁니다. 그들은 회른리 능선을 자세히 보고 싶어 했습니다.” 크로는 멋쩍은 듯 이야기를 이어나갔다.

“아니, 당신은 마터호른이라는 말조차도 더 이상 듣기 싫다고 하지 않았소?”

그는 머뭇거렸다.

"그랬었죠, 아마…."

"가능하다면 지금이라도 마터호른 등반에 나서지 않겠소?"

크로는 싱긋 웃었다.

"어떻소, 당신 생각은?" 윔퍼가 재차 물었다.

"나는 이미 허드슨 씨에게 고용되어 있습니다."

"갑자기 모두 다 마터호른을 올라가기로 약속이라도 한 건가?"

허드슨도 하필 이런 때 윔퍼를 체르마트에서 만날 줄은 몰랐다. 그는 에귀 베르트의 초등을 빼앗아간 사람 아니었던가! 허드슨은 창문으로 마터호른을 바라봤다. 저녁햇살이 마터호른 북벽을 더욱 을씨년스럽게 만들었다. 그 오른쪽의 북서릉은 날카로운 면도날의 실루엣 같았다. 이탈리아인들은 지금쯤 어디에 있을까? '윔퍼와 스코틀랜드의 젊은 귀족이 내일 아침 타우그발더와 함께 회른리 능선을 향해 길을 떠나고 나면 나 따위야 무시되겠지. 언제나 그렇듯.' 그는 어느 정도 상황을 파악하고 있었다.

그날 저녁 모두 식당에 둘러앉았다. 더글러스 경, 허드슨 신부와 그의 동행인 해도우 그리고 윔퍼. 그들은 하나의 목표를 갖고 있었지만, 공통의 전략도 서로를 이어주는 아이디어도 없었다. 가장 좋은 방법은 그들 모두 각각 한 명씩의 가이드를 동반하고 출발하는 것이었다. 더글러스는 타우그발더 그리고 허드슨은 크로와 함께. 혼자인 사람은 윔퍼뿐이었다. 알머와 비너를 해고하고, 카렐과 동행하지 못하게 된 그는 외톨이였다. 그러나 아직 페터 페렌이 남아 있었다. 만약 그를 이곳으로 즉시 오게 할 수만 있다면 말이다. 페렌은 마터호른 초등의 자리에 함께 있고 싶다고 입버릇처럼 말하곤 했었다.

"페터 페렌은 관광객들과 함께 몬테로사에 있습니다." 자일러가 일러줬다.

"우리 모두 함께 오르는 것이 어떻겠습니까?" 과감한 제안을 낸 사람은 역시 윔퍼였다.

그러자 모두 의기투합했다. 다음 날 아침에 출발하기로 한 것이다.

"만세! 마터호른으로 갑시다."

"해도우의 체력은 등반을 하기에 충분한가요?" 아직 궁금한 점이 남아 있는 윔퍼가 물었다.

"충분하다마다요." 허드슨의 말이었다.

"알프스에서는 어떤 등반 경력이 있습니까?"

"해도우는 엄청나게 빠른 속도로 몽블랑을 정복했소." 허드슨이 자랑스레 대답했다.

"그러고요?"

"그와 비슷한 등반 경험도 많이 있소."

"바위에서도요?"

"바위는 거의 오르지 않았소."

"경험은 충분한가요?"

"우리와 함께 동행할 만큼은 충분하다오."

"주저할 필요가 없다는 말인가요?"

"한 치의 주저함도 필요 없소!"

이렇게 해서 해도우도 함께 등반하기로 했다. 그러나 아직 마지막 문제가 남아 있었다. 크로와 늙은 타우그발더만 가이드로 동행하는 것이 과연 충분한가가 그것이었다.

4명의 영국 등반가들 중에서 이에 이의를 제기하는 사람은 없었다. 윔퍼와 더글러스 그리고 허드슨도 스스로를 충분한 경험을 가진 등반가라고 자부하고 있었다.

"짐꾼을 몇 명 데리고 갈지는 크로와 타우그발더가 정하기로 하죠." 윔퍼가 말했다.

"그러는 것이 좋겠습니다." 타우그발더가 이에 동의했다.

1865년 7월 12일 몬테로사 호텔의 식당에서 결정된 사항은 다음과 같았다. "마터호른 초등을 위해 함께 출발한다. 여기에 두 명의 가이드와 타우그발더의 두 아들이 짐꾼으로

산기슭까지 동행한다. 증인: 호텔 주인”

7월 13일, 일행은 슈바르츠제 호숫가에 놓아둔 자일을 가져왔다. 가이드로 나선 크로와 타우그발더는 동벽을 정찰했다. 윔퍼 일행은 마터호른의 기슭에서 밤을 보냈다. 그리고 7월 14일 아침 일찍 7명의 등반대는 빠른 속도로 정상을 향해 오르기 시작했다.

23

1865년 7월 14일 정오, 몬테로사 호텔에서는 산딸기가 디저트로 제공되고 있었다. 그때 자일러가 식당으로 들어서며 사람들에게 소리쳤다.

“손님 여러분, 등반에 나선 사람들이 마터호른의 어깨춤까지 도달했습니다. 여기서 보입니다!” 사람들은 호텔 밖으로 나가 저 위쪽 마터호른 정상 부근을 바라봤다. 그러나 가이드 한 사람이 눈 위에서 움직이고 있는 검은 점이 보인다고 했을 뿐 아무것도 보이지 않았다.

윔퍼 일행이 동쪽에서 오른쪽의 북벽 날개로 접어들자 어려운 곳이 나타났다. 크로와 타우그발더는 그곳에서 등반

순서를 바꿨다. 그곳부터 선등으로 나선 크로의 뒤를 윔퍼와 더글러스, 아들 타우그발더 그리고 허드슨이 따랐다. 그리고 해도우와 아버지 페터 타우그발더가 맨 뒤를 맡았다. 계곡으로 내려가는 분기점에서 비박을 함께하고 윔퍼 일행과 헤어진 타우그발더의 둘째 아들 요제프Joseph는 이미 체르마트로 돌아와 있었다. 위에서는 윔퍼가 계속 크로의 도움을 받아가며 경사진 곳을 넘어갔다.

"이제 위험한 곳은 지났습니다." 크로는 이렇게 말하고 정상의 설원에 올라섰다.

"마터호른은 우리의 것이다!" 윔퍼가 환호했다.

그러나 그들 앞에는 발이 푹푹 빠지는 설원이 60미터나 더 남아 있었다. 윔퍼는 이탈리아인들이 4일이나 먼저 브로일에서 출발했다는 것을 알고 있었다. 설마 이미 정상에 오른 것은 아니겠지? 윔퍼는 그들이 자기보다 먼저 정상에 올랐을지 모른다는 조바심 속에 발걸음을 재촉했다. 크로도 마찬가지였다. 오르는 길은 경사가 그다지 심하지 않고 위로 올라갈수록 더 평편해졌다. 크로는 몸에서 자일을 풀었다. 윔퍼 또한 마지막으로 혼신의 힘을 다하기 위해 더글러스와 묶었던 자일을 풀었다. 크로와 윔퍼는 정상까지 엎치락뒤치락 경쟁적으로 내달리기 시작했다.

MAHONEY, DEL.

WHYMPER SC

둘 다 정상에 오르자, 아슬아슬하게 빨랐던 윔퍼가 말했다. "발자국 흔적이 없군."

그러나 마터호른 정상은 칼날 같은 능선이 100미터나 이어져 있었다. 가장 높은 지점이 반대편에 있는 것은 아닐까? 북쪽 정상이 남쪽보다 아주 조금 더 높아 보였을 뿐이지만, 어느새 윔퍼는 허겁지겁 그쪽으로 갔다. 어려운 곳은 없었다. 그는 자일 일부를 가슴에 두른 채 두 발을 넓게 벌리고 이탈리아 쪽 정상에 서서 브로일까지 이어지는 깊은 계곡을 내려다보았다. 그러자 마치 공중에 붕 떠 있는 듯한 느낌이 들었다.

구름 한 점 없이 청명한 날씨에 내려다보이는 계곡에 안개조차 없어, 날카롭게 치솟은 주변의 봉우리들이 한 폭의 그림을 연출했다. 이제 윔퍼는 확신할 수 있었다. 자신이 바로 초등자라는 것을! 모든 것이 아주 가깝게 보였다. 그가 서 있는 곳으로부터 2,400미터 아래에는 푸른 연기가 솟아나는 양치기들의 오두막이 있었고, 검은 숲과 초원, 폭포와 호수가 보였다.

"만세! 만세! 만만세!" 윔퍼는 외치고 또 외쳤다.

"그 사람들은 어디에 있을까?" 크로는 그것이 궁금했다.

윔퍼는 허리를 굽히고 바위 너머 절벽을 내려다보았다.

저 멀리 아래쪽 능선 위에 사람의 모습이 보였다. "이탈리아 사람들이 저 아래에 있소." 윔퍼가 큰 소리로 말했다. 그는 카렐을 분명히 알아볼 수 있었다. 그는 팔을 들어 모자를 하늘로 올렸다. "크로, 이리로 와봐요!"

"그들이 어디에 있어요?"

"저 아래." 윔퍼는 남쪽의 '숄더'를 가리켰다.

"아직 저 아래에 있군요." 크로가 말했다.

"크로, 저 사람들이 우리가 여기 올라와 있는 것을 봐야 하오."

두 사람은 그들의 이름을 부르고 소리 지르고 손짓을 했다. 그러자 이탈리아 사람들이 그 자리에 서서 위를 올려다 보았다.

"크로, 우리 소리가 들리나 보오."

윔퍼는 카렐을 향해 손을 흔들었다. 크로가 아무 생각 없이 돌덩어리 하나를 절벽 아래로 굴려 떨어뜨렸다. 그것을 본 윔퍼 또한 하나를 더 굴렸다. 그러자 이탈리아 사람들은 떨어지는 돌덩어리를 피하느라 허둥거렸다. 그 뒤 크로와 윔퍼는 능선의 남쪽 끝으로 돌아와 자신들을 기다리는 일행과 합류했다.

"깃대를 꽂아야지요." 크로가 막대기 하나를 눈 속에 꽂았다.

"깃발이 어디 있소?"

"여기요." 이렇게 대답한 크로는 자신의 윈드재킷을 벗어 막대기에 둘러맸다. 바람은 불지 않았다.

24

"만세! 우리가 이겼다." 브로일 사람들이 외쳤다.

"봐요. 우리 일행이 정상에 서 있어요!" 체르마트의 몬테로사 호텔에서는 이렇게 외치는 소리가 들렸다. 오후 1시 반, 시력이 좋은 가이드의 눈에 마터호른 정상 능선에 있는 한 사람의 실루엣이 보였다. 그리고 두 번째 사람에 이어 세 번째 사람이 뒤따라 올라갔다.

마터호른 양쪽 계곡의 사람들은 모두 정상 위에 점처럼 보이는 실루엣에 온 신경을 곤두세우고 있었다. 체르마트에서도 리펠제 호수 쪽에서도 발투르낭슈에서도 모든 사람들의 눈이 한곳으로 쏠렸다.

"일곱이네요." 자일러의 호텔 앞에 서 있던 몇몇 손님들은 정상에 오른 사람들의 숫자를 셌다. 그러나 누가 누구인지는 망원경으로도 알아볼 수 없었다.

"모두가 정상에 올랐습니다. 아무런 사고도 없이!" 자일러는 기뻐 어쩔 줄 몰랐다.

정상 위의 실루엣은 잠시 사라졌다가 다시 나타났다. 호텔 손님들은 다시 식당으로 돌아갔다. 그러나 타우그발더의 둘째 아들 요제프는 움직이지 않고 길가에 서서 자기 아버지와 형이 하산하는 모습을 망원경으로 들여다봤다. 그런데 얼마 지나지 않아, 하산하는 일행 밑으로 눈구름이 소용돌이치는 것이 보였다.

"눈사태다!" 그는 경고하듯 소리쳤다.

자일러가 길가로 달려 나왔다. 걱정에 가득 찬 두 사람은 북벽 쪽을 바라봤다. 그곳은 그늘에 가려 사람의 눈으로는 자세히 알 수 없었다.

"기온이 높은 여름날에는 종종 저런 일이 있다네." 자일러가 타우그발더의 아들을 위로했다.

"정상에 오른 사람들이 하산을 시작했습니다." 자일러는 호텔로 돌아가 손님들에게 알렸다.

25

경애하는 퀸티노!

어제는 아주 기분 나쁜 날이었네. 우리 일행이 아니라 영국인들이 정상에 올랐다네. 윔퍼가 불행한 카렐과 겨뤄 결국 이겼다네.

내가 이전 편지에서 전한 대로, 카렐이 등반을 시작하자 윔퍼는 마지막 몸부림으로 체르마트 쪽에서 정상으로 향했네. 하지만 우리 일행 모두가 그쪽에서 등반하는 것은 절대로 불가능하다고 여겼네. 특히 카렐이 말이지. 따라서 나도 윔퍼를 별로 개의치 않았네. 지난 11일 카렐은 산에서 작업 중이었고, 나머지 일행은 어느 정도 높이까지 올라가 그곳에 머물며 비박을 했다네. 11일에서 12일로 넘어가는 밤과 12일은 하루 종일 쉴 새 없이 눈이 내렸네. 악천후로 마터호른은 얼음과 눈으로 꽁꽁 얼어 있었지. 13일은 다행히 날씨가 좋았고, 14일인 어제는 등반하기에는 정말 완벽한 날씨였네. 그래서 13일에는 조금 지켜보다가 작업을 계속해갈 수 있었네. 카렐은 분명 어제 정상에 설 수 있었을 것이네. 정상에 아주 가까이 있었지. 150미터에서 200미터밖에 떨어져 있지 않았으니까. 그런데 오후 2시경 윔퍼와 그의 일행이 정상에 나타난 것이네. 아무도 예상치 못한 일이었지.

윔퍼는 여러 명의 스위스 가이드들에게 상당한 돈을 지불하기로 약속한 것이 틀림없네. 그리고 단지 그가 등반하는 동안 특별히 날씨가 좋았던 것뿐이네. 영국 팀의 등반 상황에 대해서는 더 이상 자세히 아는 바가 없네. 아직 아무 이야기도 퍼지지 않았지. 나는 카렐에게 윔퍼가 산을 오를 것이라는 사실을 미리 알렸네. 윔퍼가 정상 정복을 시도하고 있으니 무슨 일이 있더라도 꼭 초등에 성공해야 한다고 말이네. 시간을 허비하지 말고 루트를 뚫어 우리 없이도 정상에 올라서라는 내용이었지. 물론 그가 이 말을 전해 들었다 해도 그다지 신경을 쓰지는 않았을 것이네. 카렐은 과거와 마찬가지로 현재도 북동쪽에서의 등정은 불가능하다고 생각하고 있기 때문이네.

어제, 마터호른 정상에 선 사람들을 보고 우리 쪽 일행이라고 생각해 자네에게 여기로 오라고 전보를 보낸 것이네. 이제야 모두 뒤늦은 일이지만.

불쌍한 카렐은 윔퍼가 선수 친 것을 보고 몹시 상심해 모든 작업을 그만두고 하산해버렸네. 장비를 포함한 모든 짐을 들고 내려왔더군. 그는 오늘 아침 기력이 빠져 죽을 만큼 피곤한 모습으로 이곳에 도착했네. 그러나 화가 나 있지는 않더군. 나는 이 편지를 보내는 것과 동시에 자네에게 지금 있는 곳에 그냥 있으라는 급전을 보낼 예정이네. 이번 시도는 자네가 보고받은 그대로 완전히 실패한 싸움이었네. 모두가 최선을 다했음에도 말이지. 나 또한 큰 충격을 받았네. 그러나

등반 과정에서 잘못된 점은 바로잡아 놔야 한다고 생각하네. 어쩌면 훗날 누군가가 우리 루트로 등반에 성공할 수도 있지 않겠는가. 이렇게 하면 이탈리아 쪽에서 정상에 오를 수 있다는 것을 증명하게 되는 것이니 말일세. 카렐은 실망했지만 신념을 잃지는 않았다네. 그는 자신이 시작한 루트를 끝낼 수 있다는 희망의 끈을 놓지 않고 있네. 나는 그에게 기껏 힘들여 거의 정상까지 끌어올린 텐트와 자일 등의 장비를 도로 가지고 내려온 것을 나무랐네. 그러자 그는 모든 용기를 잃어버리고, 고용인인 내가 윔퍼 다음으로 정상을 오르려 하지

않을 것이라고 믿은 일행을 탓하더군.

우리가 입은 피해에 더해 그나마 더 이상의 조소까지 받지 않으려면 어찌 됐든 정상에 우리 깃발이라도 꽂아야 할 상황인 것 같네. 원래는 즉시 새로운 등반대를 조직할 생각이었지만 지금까지 카렐을 제외하고는 내가 믿을 수 있고 감히 마터호른에 도전할 만한 사람이 없다는 것이 발목을 잡았네. 들어갈 비용을 고려하지 않는다면 몇몇 사람 정도야 모을 수 있을 것 같고, 또 그렇게 엄청난 돈을 쓰지 않아도 될 것 같기는 하네. 물론 마터호른은 용기가 없다면 절대 성공을 확신할 수 없는 곳이네.

이번에는 적은 비용으로 다시 한 번 등반대를 꾸려볼 생각이네. 안 된다면 나도 포기해야 하지 않을까…. 카렐이 말하기를 시간을 절약하기 위해 관광객들은 포함시킬 수 없다고 하더군. 산 위의 날씨야 변덕이 심한 법이니까.

자네가 보기에도 이미 그렇듯 지금 모든 것은 엉망진창이 되어버렸네! 어제까지만 해도 모두 확신에 차 있었는데, 오늘은 갑자기 실패를 애도하고 있다니. 어제는 모두가 우리의 승리를 믿었기 때문에 환호성을 질렀지만, 오늘은 실망만이 남았네.

불쌍한 카렐! 정말 유감스러운 일이 아닐 수 없지 뭔가. 모든 노력과 시도에도 불구하고 그는 자신이 가진 동경의 희생자가 되어버렸네. 그는 윔퍼가 체르마트에서 등반을 시도하는 한 절대 정상에 오를 수 없다고 확신하고 있었네. 자신의 도움이 없이는 말이지! 이렇게 빗나간 예측이 우리 팀의 계획에 어떤 차질을 가져온 것은 아니지만, 결국 카렐은 상심에 빠질 수밖에 없었다네.

7월 15일 브로일에서

추신) 이런 일들에도 불구하고, 자네가 원한다면 아직도 이탈리아 쪽 루트로 마터호른 정상에 오르는 초등자가 될 여지가 남아 있네. 자네가 그럴 시간이 있다면 말일세! 카렐은 어쨌든 정상까지 갈 수 있을 것이라고 장담은 못 한다고 하지만, 그가 아니라 다른 사람이라면 또 어떨지 아는가. 어쩌면 내가 이틀 안에 토리노에 도착할지도 모르네.

이탈리아 쪽 마터호른 정상에서 보인 작은 점 같은 사람들은 결국 윔퍼 일행이었다. 브로일에 그 밖의 소식은 없었다. 단지 카렐이 윔퍼와 크로의 환호성을 들었을 때 그는 자신의 일행과 함께 정상에서 그리 멀리 떨어지지 않은 곳에 있었다는 것뿐이었다. 크로는 정상 아래에 있는 이탈리아 사람들을 내려다보며 "야, 이 멀리 밑에 있는 바보들아!(Ah! Les coquins, ils sont loin en bas!)"라고 외쳤다. 그런 다음 그는 이탈리아 사람들의 관심을 끌기 위해 절벽 아래로 돌덩어리를 굴렸다. 위쪽을 쳐다본 카렐은 윔퍼의 흰색 바지를 알아볼 수 있었다.

영국인들이 정상에 오른 7월 14일, 카렐은 등반을 계속할 수 없었다. 일행이 주저했기 때문이다. 그들은 불안해했다. 카렐과 마퀴냐츠 둘이서 계속 올라갈 수도 있었지만 다른 사람들은 계속 올라가 봤자 이제 아무 의미도 없는 일이라고 생각했다. 그리고 언제나처럼 등반을 함께한 모두를 안전하게 하산시켜야 한다고 믿는 카렐이 결국 돌아서고 말았다. 그가 정상에서 손짓하는 윔퍼를 봤을 때 그들은 이미 하산을 서두르고 있었다. 그러나 윔퍼는 상황을 다르게 이해했다. 승부에서 패한 카렐이 도망치듯 내려갔다고 생각한 것이다.

"하산!"

발투르낭슈에서도 카렐의 하산을 보고 도망친 것이라고 비난했다. 사람들은 그의 등반에 대해 뒤에서 수군거렸다. 수많은 등반에서 단 한 번의 사고도 내지 않고 일행을 안전하게 데리고 내려온 그의 업적은 이제 아무런 가치도 없었다. 오직 조르다노만 다르게 생각할 뿐이었다. 카렐이 조르다노의 등반을 허락하지 않았음에도 불구하고, 그는 사람들의 초조감을 그냥 스쳐 지나갈 수 없었다.

다른 사람들의 맹목적 신뢰를 받는 카렐이 어떻게 정상 바로 아래에서 등반을 포기할 수 있다는 말인가? 윔퍼가 정상에 올랐다는 것 때문에 용기를 잃은 것이었을까? 아니면, 그는 처음부터 마터호른을 오를 만한 능력이 없었던 걸까?

경쟁자가 정상에 오른 지 단 몇 시간 후에 정상에 서기 위해 계속 등반하는 것이 얼마나 명예스러운 일인지는 모르지만, 카렐은 절대 무리수를 두지 않았다. 마치 그의 유전자 속에는 산 위의 일행에 대한 걱정과 책임감이 깊이 아로새겨져 있는 것 같았다. 그가 꿈꾸었던 것은 자신의 산인 마터호른 초등이었을 뿐 그 이상도 이하도 아니었다. 그런데 이제 너무 늦어버렸다. 마터호른에 대한 영국인들의 집착이 그의 것보다 더 컸으며, 단지 행운이 윔퍼의 편이었던 것뿐이다.

카렐은 일단 등정을 다시 시도할 생각이 없었다. 초등을 위해 그는 거의 10년이나 자신의 인생을 바쳤지만, 셀라와 조르다노에 대한 의무보다는 자신이 지고 있는 책임이 더 크다고 생각했다. 셀라와 조르다노는 진부한 '승리'라는 것으로 이탈리아 국민의 자부심에 먹이를 주려 했을 뿐이다. 카렐은 애국자였지만 산에서는 그렇지 않았다. 이것은 윔퍼도 마찬가지였다. 그러나 겸손 대신 자신을 과시하려 한 욕망이 결국 승리를 만들어냈다.

이탈리아인들의 마터호른 등반은 또 다른 의미에서 카렐에게는 그다지 중요하지 않았다. 그는 조르다노와 셀라에게 마터호른 초등을 거저먹듯 넘겨주고 싶지 않았다. 이런 식의 친절은 그의 천성에 맞지 않았다. 그러나 또한 자신만의 길이 영국인들이 가는 길보다 더 힘겹다는 사실도 그는 개의치 않았다. 문제는 빼앗겨버린 마터호른 초등이었다.

그러나 산 밑의 사람들은 이해하지 못했다. "카렐이 어떻게 자신의 의무를 저버릴 수 있을까?"

이런 말에 대해 그는 "도대체 무슨 의무를 말하는 거야?" 라고 대답했다.

"이탈리아를 위해 승리할 의무!"

그렇다면 카렐은 영원히 입을 다물 터였다.

26

패배를 당한 채 하산한 카렐은 아보일에 있는 자신의 허름한 집에 틀어박혔다. 그리고 그는 다음 날이 되어서야 조르다노를 찾아갔다. 조르다노는 7월 15일 자 일기에 그날을 아주 기분 나쁜 날이라고 적었다.

"카렐이 아침 일찍 풀이 죽은 모습으로 자초지종을 보고하러 왔다. 그는 원래 오늘 정상에 오를 계획이었다. 그가 앞서 오르지 못한 마지막 수직의 벽을 통해서가 아니라, 눈이 쌓여 있는 츠무트 쪽으로 우회해서. 그러나 그는 윔퍼가 초등에 성공하자 항복하고 말았다. 나는 다른 사람들을 모아 다시 한 번 등반을 시도해 최소한 우리의 깃발이라도 꽂자고 주장했다."

조르다노는 그래도 패배로부터 이탈리아의 승리를 만들어내기 위해 모든 노력을 다했다. 처음에 카렐은 망설였다. 그리고 그와 함께 등반한 일행 모두 이런 시도를 달갑잖게 생각했다.

조르다노가 말했다. "나는 초등을 위해 많은 시간과 돈을 썼소."

그래도 그는 아무런 반응이 없었다.

"목표는 실패했지만 이 일은 여러분에게도 중요한 일이오. 바로 발투르낭슈 가이드들의 명예와 이익을 위해서 말이오!"

그럼에도 다들 묵묵부답이었다. 그러자 사제인 에메 고레가 카렐과 동행하겠다고 나섰다. 과거 신학교 학생이었던 고레가 카렐의 정상 등정을 확실히 하기 위해 결심하고 나선 것이다. 고레는 마터호른 등정을 돕는 것이 자신의 의무라고 생각했다. 그는 8년 전 카렐과 함께 마터호른 등반을 시도한 적이 있었다. 이제 두 사람은 과거에 계획했던 일을 마침내 끝내기 위해 함께 뭉칠 터였다. 여관 주인인 파브르의 일꾼 두 명 — 장 오귀스탱 메이네Jean-Augustin Meynet와 장 밥티스트 비슈Jean-Baptiste Bich — 과 짐꾼 둘도 함께하기로 했다. 조르다노 역시 함께 가기를 원했다. 그의 결심은 확고부동했다. 그러나 카렐은 이번에도 그의 요구를 받아들이지 않았다.

"외부인 한 명이 따라가게 되면 등반의 성공과 일행의 생존에 또 하나의 위험을 감수해야만 합니다."

"짐을 옮기는 것을 내가 도울 수도 있지 않나?" 조르다노는 카렐에게 애원하다시피 말했다.

"모든 일행의 생존을 보장하는 것은 내 몫입니다. 이것은 어느 누구에게도 내줄 수 없습니다."

"짐의 일부를 내가 함께 지고 갈 수도 있지 않나?"

"안 됩니다. 모든 책임은 나에게 있습니다."

조르다노는 이런 상황을 서면으로 남기고 싶어 했다. 나중에 자신의 명예를 지키기 위한 중요한 증거로서. 그러나 카렐은 이에 서명하기를 거부했다.

1865년 7월 16일. 이날은 일요일이었다. 등반대는 마치 사전공모라도 한 듯 보였다. 작은 성당 안으로 브로일의 주민들이 아침미사를 드리러 몰려 들어갔다. 카렐은 미사가 끝난 후에야 일행과 함께 산으로 향했다. 지오메인에 남은 사람은 조르다노뿐이었다.

그는 셀라에게 보내는 편지에 다음과 같은 글을 남겼다.

"나는 정말 커다란 희생을 치르고 있네. 마터호른을 오르는 대신 고원지대에서 기다려야 하다니. 카렐에게 여전히 업신여김을 당하면서 말이네. 장담하건대, 이 일은 내 인생 전체를 통틀어 지금까지 일어난 모든 비통한 일보다도 훨씬 더 고통스럽네."

오후 2시쯤 카렐 일행은 '대암탑' 아래의 비박장소에 도착했다. 감격에 젖은 에메 고레는 황홀감에 젖었다. 이 얼마나 멋진 광경이란 말인가! 다음 날 아침 등반대는 마터호른의 '숄더'에 도달했다. 고레는 급경사인 정상의 암벽을 기어 올라가자고 제안했다.

"말도 안 되네." 카렐은 그의 제안을 거절했다. 그는 분명 고레보다 지형을 더 잘 파악할 수 있었다. "우리가 수직의 능선을 서쪽 방향으로 돌아, 츠무트 능선으로 갈 때에만 희망이 있네."

"이제부터는 자네가 지휘하게."

이들이 츠무트 능선으로 가기 위해 왼쪽으로 횡단하자 정상에서 돌멩이가 떨어졌다.

"조심해!" 카렐이 외쳤다.

그러나 고레는 돌멩이에 맞고 말았다. 카렐은 주춤했다. 하지만 그것도 잠시뿐이었다. 이 등반을 보조 장비의 도움도 없이 시도하는 것이 좋을까? 사다리나 나무 막대기도 없이?

"불가능하지." 그는 혼자 중얼거렸다.

브로일 쪽 능선으로 되돌아오는 길은 힘겨웠다. 전체의 등반 과정 중에서 가장 어려웠던 부분이라고 해도 과언이 아니었다. 다른 길은 없는 걸까? 카렐은 고개를 높이 들어 위를 쳐다보았다. 바로 오른쪽으로 등반이 가능할 것 같은 길이 보였다. 그러나 가능성은 있었지만 경사가 너무 심했다. 구름 속에서 금발이 섞인 검은 머리카락이 보이는 것 같았다. 카렐은 고개를 흔들었다. 유령이 보이는 걸까? 이제 미쳐가는 걸까?

"만일 여기를 4명의 자일파티가 내려가야 한다면 상당히 힘들 거요." 카렐이 말했다.

"우리 중 두 사람은 남아 있어야 하오." 고레가 의견을 내놓았다.

"하산길을 확보해야 하오."

"나는 준비가 됐소." 고레가 말했다.

카렐과 비슈는 내려가는 능선의 왼쪽으로 넘어가 사라

져서는 조금 후 정상에 올라섰다. 영국인들이 꽂아놓은 '깃발'이 아직도 그대로 있었다. 고레에게는 이 모든 것이 한바탕의 소동처럼 보였다.

조르다노는 지오메인에서 이 등정 과정을 지켜봤다. 날씨는 말할 수 없이 좋았다. 그는 이 '성공'이 오로지 천재적인 카렐 덕분이라는 것을 알았다. 그는 일기에 이렇게 적었다.

"정상에는 구름이 짙게 끼어 있었다. 구름이 조금 걷히자 마터호른 서쪽 봉우리에 꽂혀 있는 우리의 깃발이 보였다. 영국인들의 깃발은 이제 눈 한가운데 있는 검정 수건처럼 보였다."

조르다노는 두 개의 깃발이 꽂혀 있는 정상을 스케치하고 나서 자신의 등반대 깃발 옆에 "이탈리아!"라고 써넣었다.

다음 날 정오 무렵 일행은 하산을 완료했다. 그들은 무사했지만 승리자처럼 보이지 않았다. 지오메인에서는 두 개의 깃발이 휘날리는 것이 보였다. 그럼에도 카렐은 만족스럽지 않았다. 자신의 등정은 공허한 영광에 불과했다. 카렐이 만약 산을 오르며 자기 생각만 하고 다른 사람들을 돌보지 않았다면, 그는 윔퍼보다 먼저 정상에 올랐을 것이다. 결국 다른 사람들에 대한 책임감이 그에게서 '승리'를 앗아간 것이다.

"하루 온종일 환호와 폭죽, 노랫소리가 그치지 않았다.

그러나 나만 모두의 기쁨에 동조할 수 없었다. 나는 마터호른에 올라가지 못했다. 나는 올라가도록 허락받지 못했다!"

발투르낭슈에서는 사람들이 밤늦게까지 와인을 마시며 춤을 추는 축제가 이어졌다. 그러나 카렐과 조르다노는 소란스러운 축제에서 한 발짝 비켜나 있었다. 한 사람은 실패했기 때문이고, 다른 사람은 떠날 준비를 하고 있었기 때문이다. 조르다노는 급한 일로 토리노로 가야 했다. 그는 떠나면서 셀라에게 짧은 편지를 썼다.

"지금도 나는 마터호른 등정이 가장 영광스러운 일이었다고 말하고 싶네. 지금이라도 자네가 원한다면 이탈리아 쪽에서 오르는 첫 번째 유명인사가 될 것이네. 나야 어쨌든 이미 오른 것이나 다름없으니까."

퀸티노 셀라는 마터호른을 오르기 위해 브로일로 오지 않았다. 급한 일들이 그의 발목을 붙잡았다. 7월 20일, 그는 새로운 수도 피렌체로 가서 제분업 과세에 대한 사전 정비작업을 했다. 그는 이 일로 유명세를 타기도 했지만 동시에 국민들에게는 사랑받지 못하는 인물이 됐다.

27

경쟁에서 진 조르다노는 어깨를 축 늘어뜨린 채 토리노로 돌아왔다. 그는 그곳에서야 마터호른 반대쪽에서 일어난 사고 소식을 들었다. 또한 무엇보다 그가 확실히 느낀 것은 스위스 쪽에서 이룬 마터호른 정복이 이탈리아 쪽 몬테체르비노 Monte Cervino, 마터호른 정복의 성과를 완전히 압도해 버렸다는 것이다. 완전히 그리고 영원히. 스위스 쪽의 영국인들이 이탈리아인들보다 3일 먼저 정상에 올라서가 아니라, 하산길에 일어난 사고가 세계적인 화제가 되어버렸기 때문이다. 체르마트는 이렇게 해서 하룻밤 사이에 알프스에서 가장 유명한 마을이 되었고, 발투르낭슈는 세상과 동떨어져 잊힌 오지로 남게 되었다. 만약 카렐이 윔퍼보다 정상에 먼저 올랐다면 상황이 뒤바뀌었을까? 아니다! 만약 그랬다면 알프스를 정복한 사람은 영국 신사가 아니었을 것이고, 그 정복과 실패의 이면에 있었던 야사들로 천재를 망쳐놓았을 것이다.

이 비극으로 체르마트에는 관광객들이 문전성시를 이루었다. 전에 없던 일이었다. 반면 발투르낭슈에서는 관광객이 아니라 윔퍼의 승리에 대한 시기와 질투심만 늘어날 뿐이었다. 관광객들은 파브르가 1856년 지오메인 고원지대에 세운 여관의 식사와 서비스에 대해 칭찬을 했지만, 그마저도 손님이 점점 줄어들었다. 마터호른이 손에 잡힐 정도로 가까운 곳에 있는데도 말이다. 바로 여기시 윔퍼와 틴들 교수가 등반을 시작했고, 바로 여기서 이탈리아 등반대가 성공적인 등반을 준비했었다. 그러나 그 반대쪽에서는 지금 이 모든 사실을 잊게 만들 만큼 추락 사고에 대한 이야기들을 연달아 쏟아냈다. 체르마트에서 본 마터호른은 아름다움 그 자체이자 동시에 공포와 전율이었다. 체르마트 주민들뿐만 아니라 관광객들까지도 이제 마터호른을 유명한 비극의 무대로 생각했다. 모든 사람이 이 비극의 주인공이었다. 마터호른은 어디서든지 — 마을 한복판에서도, 호텔의 창문 너머로도, 산책을 하는 길에서도 — 볼 수 있었고, 그 비극을 그대로 느낄 수 있었다. 죽은 사람들을 찾아내 장례를 치르는 일은 마을 전체를 슬픔으로 몰아넣었다. 체르마트 사람들 모두가 눈물을 흘렸고, 이와 함께 마을은 넘쳐나는 관광객들로 전례 없는 호황을 누렸다.

체르마트에서 가장 의미 있는 산인 브라이트호른*이 초등

* 4,164m. 1813년 Henry Maynard(영국 등반가), Joseph-Marie Couttet, Jean Gras,

되었을 때는 어느 누구도 관심을 가지지 않았다. 1851년 슐라긴트바이트Schlagintweit 형제가 테오둘 고개에서 3일간 지리와 기상에 대한 연구를 할 때도 관심을 가진 관광객은 단 한 명도 없었다. 그러나 1865년 7월 중순 이후 — 윔퍼는 곧바로 영국으로 돌아왔다. — 마터호른은 순식간에 전 세계에서 가장 유명한 봉우리가 됐다.

윔퍼는 숙명에 대해 이야기했다. 이 모든 것을 마치 우연이라기보다는 미리 정해진 숙명으로 만들려는 듯했다. 결국 조르다노가 눈 덮인 정상에서 본 검은 깃발은 애도의 표시가 아니었다. 그것은 단지 한 조각의 천, 크로의 재킷이었을 뿐이었다.

브로일에서 카렐은 윔퍼 일행 중 4명이 하산 도중 추락했다는 것을 알게 됐다. 윔퍼와 함께 체르마트로 방향을 바꾸었던 젊은 더글러스 경도 희생자 중 한 명이었다. 그리고 윔퍼와 함께 등반을 했던 샤모니 출신의 유명한 가이드 미셸 크로도 결국 그중 한 명이었다.

찰스 허드슨과 더글러스, 해도우에 대해 브로일 사람들은 전혀 알지 못했다. 단지 서로 처음 만난 4명의 영국 신사

Jean-Baptiste Erin, Jean-Jacques Erin에 의해 초등되었다. 지금은 3,883m까지 가는 케이블카를 이용해 2시간이면 정상에 갈 수 있다.

프랜시스 더글러스 경Lord Francis Douglas, 1847~1865

가 알프스에서 가장 어렵다는 봉우리의 초등을 위해 의기투합했다는 사실만 알고 있었을 뿐이다. 그것도 겨우 3명의 가이드만 동행하고서.

카렐은 마치 자신이 사고를 당한 듯 커다란 충격을 받았다. 그는 이 사고에 대해 책임감을 느꼈다. 브로일 사람들은 그가 이 사고를 보고 속으로는 기뻐했을 것이라 생각했지만, 실상 그는 전혀 그렇지 않았다. 연민의 정이 그를 괴롭혔다. 무엇보다 크로에 대한 슬픔이 컸다. 윔퍼에게도 분노보다는 존경심이 앞섰다. 윔퍼의 잘못이 무엇이냐는 물음에 대해 그는 자신은 윔퍼에 대해 왈가왈부할 자격이 없다고 대답했다.

"윔퍼, 이 사기꾼 같으니라고." 고레가 험한 말을 내뱉었다.

"그렇지 않소. 그가 이긴 것이오. 하지만 나도 이길 기회가 있기는 했소." 카렐이 말했다.

"하지만 당신에겐 당신이 이끄는 일행의 안전이 승리보다 중요하지 않았소?" 고레는 카렐을 위로했다.

"우린 운도 따라주지 않았소."

"그렇다면 윔퍼에겐 불행이 따랐다는 말인가요?"

"윔퍼는 성공했지만 최악의 상황이 일어난 것뿐이오."

카렐은 자신에게도 그렇게 비참한 결과가 올 수 있다는 것을 잘 알고 있었다. 그리고 바로 그것 때문에 조르다노를 데려가지 않았던 것이다. 그는 책임지고 싶지 않았다. 산을 오르는 동안의 안전은 저절로 생기는 것이 아니다. 그리고 평생 동안 그는 용돈 수준의 돈을 받고 남을 책임지는 일 따위는 한 번도 하지 않았다. 윔퍼와 마찬가지로, 카렐 또한 등반을 하며 생길 수 있는 자신의 능력에 대한 과대망상이 어떤 것인지 잘 알고 있었지만, 그는 이와 함께 책임감이라는 것을 완전히 다른 방식으로 이해했다.

시간이 지나자 사고에 대한 또 다른 이야기들이 여기저

기서 들려오기 시작했다. "7명 중 3명만 살아남았대!"

모든 것이 그저 운이었을까? 카렐은 스스로에게 물어보

았다. 아니면, 숙명? 영국 등반대가 마터호른을 오르는 데 아무런 문제가 없었음은 자명하다. 정상에 크로의 검은 재킷까지 매달아 놓지 않았던가? 하산을 하면서 — 모두 자일로 연결된 상태에서 — 해도우가 미끄러져, 그 앞에서 열아홉 살짜리 해도우의 발 디딜 자리를 만들어주던 크로를 덮쳤다. 두 사람은 균형을 잃고 북벽으로 떨어졌고, 그와 동시에 허드슨과 더글러스까지 추락하기 시작했다. 카렐은 이 사고에서 일어난 순간순간의 상황을 모두 상상할 수 있었다. 모든 순간을! 그의 머릿속에서 그려지는 그 순간들은 윔퍼가 기억하는 것보다도 더 선명했다. 아마 카렐은 윔퍼가 느꼈을 충격과 공포 또한 생생하게 느낄 수 있었을 것이다.

그런데 가장 뛰어난 가이드였던 크로가 하산길에 선두로 나선 것은 어떤 이유에서였을까? 카렐은 그것이 궁금했다. 윔퍼와 타우그발더 부자가 마터호른 북벽으로 동시에 추락하는 4명의 일행을 잡을 수 없었다는 것은 너무나 당연한 일이었다. 크로가 떨어지면서 내지른 비명 소리는 다른 사람들이 바위에 본능적으로 바싹 붙도록 만들었다. 그러나 크로가 추락하며 남긴 충격이 심해, 다른 사람들이 살아나지 못했을 것이라는 사실을 카렐은 알았다.

그러나 이런 충격에도 불구하고, 어떻게 뒤쪽의 3명은

함께 쓸려 내려가지 않고 살아남을 수 있었을까?

그것은 바로 이들 사이의 자일이 끊어졌기 때문이다. 붙잡을 곳을 찾아 양팔을 마구 휘두르는 크로가 이 바위에서 저 바위로 튕기면서 심연으로 사라지는 장면을 윔퍼는 목격했다. 아버지 타우그발더 아래에 있던 4명이 순식간에 추락해, 끝도 보이지 않는 심연 속으로 사라졌다. 그 순간을 카렐은 계속 상상해보았다. 마치 하늘에서 추락하는 기분이었을 것이다. 카렐은 살아남은 사람들이 겪을 정신적 충격도 이해했다. 그는 크로의 죽음을 추모하고, 타우그발더 부자를 애도했으며, 윔퍼의 고통도 함께 나누었다. 끔찍한 재앙으로 끝나버린 성공은 모든 패배 중에서도 최악이었다. 카렐은 이제 자신의 등반 성공이 자신과 어울리지 않는 행운처럼 느껴졌다.

소문에 의하면 젊은 더글러스 경의 시신은 발견되지 않았다고 한다. 그의 시신이 아직도 어느 바위에 걸려 있는 것은 아닐까? 추락하며 심하게 훼손됐을 더글러스 경의 시신을 카렐은 상상하고 싶지 않았다. 그의 시신은 어쩌면 북벽의 틈 어딘가에 걸려 있을 수도 있고, 마터호른 빙하 속으로 떨어졌을 수도 있다. 그렇다면 발견된 시신들은 어디에 묻히게 될까?

체르마트의 공동묘지!

마터호른의 재앙은 그 사이에 런던까지 퍼져 사람들의 입에 오르내렸다. 아이들은 아침을 먹으면서, 여자들은 미용실에서 그리고 남자들은 술집에서 참사를 전해 들었다. 충격과 공포가 전 유럽을 뒤흔들었다. 마터호른은 모든 사람들의 마음을 움직였다. 그리고 처음으로 등반가가 아닌 다른 사람들의 마음도 사로잡았다. 술집에서는 무리한 초등에 대해 격렬한 논쟁이 벌어지기도 했다. 특히 영국 신문들이 비난의 목소리를 높였다. 이와 반대로 이탈리아 신문들은 사망자들을 심연으로 떨어뜨린 바위와 결국 이들을 삼켜버린 크레바스와 협곡에 대한 기사를 실었다. 독일어권의 한 칼럼니스트는 심지어 윔퍼가 자신의 목숨을 구하기 위해 더글러스, 타우그발더와 연결된 자일을 끊어버렸다는 비방의 글을 신문에 기고하기까지 했다. 이 소식은 처음에는 편집부 내에서만 떠돌아다녔지만, 결국에는 일반인들의 사이에서까지 회자됐다.

미신에 사로잡힌 알프스 주민들은 한 치의 의심도 없이 이번 원정이 신의 축복을 받지 못했기 때문이라고 믿었다. 13일에 출발해서 금요일 날 정상에 도착하다니! 체르마트의 노인들은 심지어 이 사고가 신의 계시啓示며, 곧 마을 전체가 멸망할 것이라고 굳게 믿었다.

윔퍼에 대한 비난에 고소해하던 이탈리아 쪽에서는 우선 카렐의 명예가 회복되기를 바랐다.

"우리 쪽 사람이 영웅 아니겠어?"

"윔퍼는 당연히 책임을 져야지!"

마터호른의 반대쪽인 브로일에서 윔퍼는 아무런 변명도 하지 않았다. 그는 사고에 대한 구두보고로 모든 것을 분명하게 설명했다고 생각했다. 타우그발더 부자 또한 사고에 대해 윔퍼와 같은 내용으로 증언했다. 카렐이 보기에는 모든 것이 분명했다. 이들 셋의 이야기만으로도 사건을 종결짓기에 충분했다.

여전히 이 슬픈 사건의 충격에 빠져 있던 카렐은 생각했다. 마터호른을 혼자서라도 오를 생각만으로 여행 온 사람들을 윔퍼는 왜 셋이나 자기편으로 끌어들였을까? 이 등반대는 우연으로 급조된 집단이었다. 등반 경험이 전혀 없는 젊은이가 바위를 잡고 오르다니! 해도우라는 사람은 난생처음 알프스에 도착해 곧바로 마터호른을 올라야 했다. 산을 오르는 사람들에게 이 사건은 고대의 비극도 아니고 숙명도 아니었다. 어쩌면 등반에 대한 열정과 승리에 대한 환호가 이들의 머리를 잠시 혼란스럽게 했는지도 모른다. 이런 결과가

더글러스 로버트 해도우Douglas Robert Hadow, 1846~1865

온 것은 이번이 윔퍼의 마지막 기회였기 때문 아닐까? 윔퍼는 마터호른을 오르는 것이 얼마나 어려운 일인지 알고 있었다. 그럼에도 그는 다른 사람들을 선동해 등정에 나섰으며, 그 일행에는 4명의 관광객과 한 명의 짐꾼이 포함되어 있었다. 이 사고는 결국 카렐이 윔퍼에게 항상 부족하다고 느낀 책임감의 결과였다. 그러나 이제 그 무엇으로도 시간을 뒤로 되돌릴 수는 없었다.

이와 반대로 카렐은 가장 강력한 영국의 등반가들도 실

패한 자신만의 목표에 도달했다. 물론 그때도 여기에 관심을 갖는 사람들은 없었지만…. 조르다노, 카노니쿠스 카렐Kanonikus Carrel, 퀸티노 셀라 그리고 얼마 안 되는 이탈리아산악회 회원들만 카렐의 업적을 인정했을 뿐이다.

조르다노는 '그의 업적은 인정을 받아야 해.'라고 생각했다.

체르마트에는 아직도 비통한 기운이 감돌고 있었다. 이런 와중에 이탈리아산악회는 리옹 능선의 가장 힘든 구간에 자일을 설치하고, 더 높은 곳에 등반가들이 밤을 지낼 수 있는 대피소를 세우기로 했다. 그리고 해발 4,122미터 높이의 암벽에 있는 동굴을 더 깊이 파내 천연 대피소로 삼으려는 프로젝트가 시작됐다. 폭파작업과 벽을 세울 일정이 정해졌다. 이로써 과거 난공불락이던 마터호른은 사람들의 손아귀에 들어오게 됐다.

"카렐의 루트는 관광객들에게는 너무 힘겨울 거야." 조르다노는 이렇게 말했다. "그러니 관광 삼아 등반하려는 사람들을 위해 루트를 만들어야 해."

카렐은 영국인들이 오랜 시간 동안 서로 자일을 연결하지 않고 등반했다는 사실을 알았다. 그들은 상당히 높이 올라가서야 자일을 연결하고 북벽 쪽으로 이동했다. 윔퍼의 기록을 보면 그가 루트의 대부분은 자일이 필요치 않다고 생각했다는 것을 알 수 있다.

체르마트 주민들은 윔퍼의 초등 성공에 처음에는 열광했고, 그다음에는 호기심을 가졌으며, 마지막으로는 회의감을 품었다. 그들의 눈에 윔퍼의 승리는 동시에 패배나 마찬가지였다. 이 추락 사고를 마을의 수치로 여기는 사람까지 있었다. 그러나 여관과 호텔 주인들의 생각은 달랐다. 그들은 마치 끔찍한 소식에 굶주려 있는 언론의 힘과 대중의 어리석음을 이미 알고 있는 듯했다.

사고에 대한 소식이 체르마트에서 브로일로 계속 전해졌다. 윔퍼가 7월 12일 카렐과 언쟁을 벌인 후 체르마트로 왔으며, 이곳에서 아버지 타우그발더를 동행인으로 얻고 나서 그에게 또 한 명의 가이드를 선정해달라고 부탁했다는 이야기들이었다. 몬테로사 호텔에는 크로가 건물 앞에 앉아 있었다. 그는 찰스 허드슨이라는 성직자에게 고용되어 마터호른 정복을 위해 체르마트로 온 터였다. 윔퍼와 함께 브로일에서 건너온 프랜시스 더글러스 경도 마찬가지였다. 결국 허드슨과 해도우 그리고 더글러스와 윔퍼, 이들 넷은 몬테로사 호텔에서 만나게 된다.

이탈리아의 깃발이 마터호른 정상에 휘날리는 것을 보

고 발투르낭슈에서 환호성이 울리는 동안 체르마트에서는 하산길에 일어난 끔찍한 재앙에 대한 소식이 사람들 사이로 퍼져 나갔다. 마침내 이루어낸 초등이 아니라, 바로 일행 중 일부가 추락했다는 것이 커다란 화제였다. 그리고 갑자기 그 등반에 대한 비난이 일기 시작했다. 이는 역사상 처음 있는 일이었다. 체르마트에서는 비통과 분노, 회의가 마을 전체를 휩쓸었다. 브로일 사람들은 어찌할 바를 몰랐다.

7월 17일 마터호른의 남쪽 정상에 오른 카렐과 비슈는 3일 전에 윔퍼가 남긴 흔적을 볼 수 있었다. 그들은 하산길에 일어난 사고에 대해서 아직 아무것도 모르고 있었다. 브로일 사람들은 7월 18일이 되어서야 재앙에 대한 소식을 접했다. 그러나 체르마트에서 들려온 소식은 혼란스럽기만 했다.

카렐의 머릿속에는 지금 당장 자신이 도와줄 수 없는 윔퍼에 대한 생각이 계속 맴돌았다. 그는 윔퍼가 승리를 통해 절망의 나락으로 떨어졌다는 것을 이해했다. 마치 운명의 장난처럼. 그리고 그는 윔퍼가 이 상황에 한몫한 것은 아닐까 하고 고민했다. 밤이면 그는 꿈속에서 사고에 시달렸다. 마치 윔퍼의 공포가 자신의 것인 양. '이런 악몽 속에서 어떻게 살아가야 하나?'

28

"마터호른의 스위스 쪽은 공포 그 자체라오." 사제 고레가 말했다.

"마터호른의 북쪽도 무서울 정도로 위험한 것이 틀림없소." 브로일 사람들도 그의 의견에 동의했다.

"그러니까 브로일에서 출발하는 루트가 더 나은 선택 아니겠소?" 여관 손님 중 한 사람의 말이었다.

"윔퍼가 너무 서둘러 출발한 것이 잘못이었을까요?" 사람들은 카렐의 의견을 듣고 싶어 했다.

"아니오. 그것이 잘못된 것이 아닙니다." 카렐은 대답을 꺼렸다. "사고가 나는 데는 여러 가지 이유가 있소."

"하나만 예를 들어주십시오."

"사람 수에 비해 가이드가 너무 적었다는 점을 들 수 있겠지요."

"하지만 당신도 종종 많은 사람들과 함께 등반하지 않나요?"

"내 일행은 산에서 나고 자란 사람들이오. 그들에게 산을 오르는 것은 평지를 걷는 것이나 다를 바가 없소. 그리고 무엇보다도 그들은 내 결정을 따라줍니다." 카렐은 더 이상 말을 하지 않았다.

체르마트에서는 타우그발더 부자가 윔퍼는 아직도 충격에서 벗어나지 못했으며, 오로지 자일이 끊어졌기 때문에 자신들이 살아남은 것이라고 설명했다.

이 마을에서는 불행한 사고가 신의 복수라고 떠들어댔다.

윔퍼가 체르마트로 돌아왔을 때 그는 호텔 프런트에서 자일러와 마주쳤다. 자일러는 윔퍼를 따라 말없이 방으로 들어왔다. "무슨 일이 있었나요?"

"타우그발더 부자와 나만 돌아왔네." 그는 이렇게 말하며 충격을 가누지 못했다. 어느 누구도 윔퍼와 이야기를 나눌 수 없었다. 그리고 며칠이 지나도록 그가 입을 다물었기 때문에 많은 사람들에게 그의 하산은 마치 영웅적인 행동처럼 보였다.

"윔퍼 혼자 초등을 이루어냈다!" 사람들은 이렇게 이야기했다. "나머지 영국인 셋은 죽었다는군."

"도대체 어떻게 이 용감무쌍한 윔퍼는 불안해하는 가이드들을 저 험한 산기슭까지 데리고 내려올 수 있었을까?" 체르마트 사람들이 수군거렸다.

그러는 사이 추락사고 이후 타우그발더 부자가 거의 마비된 듯 굳어버렸다는 소문까지 나돌았다.

"그리고 이 젊은이가 그 부자를 데리고 회른리 능선을 넘어 낙농업자들 오두막까지 왔다는 거야! 게다가 체르마트까지 내려온 거지. 대단하지 않아?"

"4명의 영국인 중 오로지 윔퍼만 돌아왔다니까."

추락한 사람들의 시신이 마터호른 빙하에 널브러져 있다는 끔찍한 소문은 마터호른의 초등 소식보다 더 빨리 퍼져나갔다.

"건너편 고개에서 시신이 보인대!" 체르마트 사람들은 이렇게 수군거렸다.

그러나 윔퍼에 대한 소식은 물론 그를 본 사람조차 없었다. 그는 몬테로사 호텔의 자기 방에 틀어박혀 어떤 이야기도 꺼내지 않았다. 이 마을의 가이드들이 추락한 시신들의 상태를 살펴보아야 했다. 윔퍼는 그러기를 바랐다.

상황이 이렇게 흘러가는 가운데, 윔퍼와 비스프Visp에서 온 매코믹McCormick 신부는 아무도 몰래 시신을 묻을 계획을 세웠다. 일요일 밤 그들 몇 명은 마을을 떠나 회른리 능선에서 마터호른 빙하를 횡단해 시신들의 상태를 살피려 했다. 그러나 마을의 사제인 요제프 루덴은 이 계획을 저지했다. 체르마트의 모든 가이드는 일요일 아침미사에 의무적으로 참석해야 한다는 것이 그 이유였다. 그리하여 윔퍼는 매코믹, 로버트슨Robertson, 필포츠Phillpotts 그리고 사스페Saas Fee 출신의 가이드 프란츠 안덴마텐Franz Andenmatten, 샤모니에서 온 두 명의 가이드 — 파요와 테라 — 와 세인트니클라우스St. Niklaus 출신의 요제프 마리Joseph Marie와 알렉스 로흐마터Alex Lochmatter를 대동하고 — 체르마트 출신 없이 — 출발했다. 이 9명의 일행은 한밤중에 체르마트를 떠나 오전에 추락한 사람들의 시신이 있는 곳에 도달했다. 당시 이들 이전에 북벽 아래의 마터호른 빙하를 가본 사람은 아무도 없었다. 이들은 하얗게 질린 얼굴로 입을 굳게 다물고, 널브러진 시신 앞에 섰다. 크로와 해도우 그리고 조금 떨어진 곳에 허드슨의 시신이 있었다. 그러나 더글러스의 시신은 흔적조차 찾을 수 없었다.

얼마나 참혹한 광경이었는지! 두개골이 부서져 있는가 하면 팔다리가 떨어져 있었는데 파요는 자기 친구인 크로의 손을 알아보았다. 오래된 흉터로 보아 크로의 손이 틀림없었다. 시신들은 알몸이 거의 다 드러나 있었고, 그들이 입고 있던 옷의 찢어진 조각들이 여기저기 흩어져 있었다.

몬테로사 호텔 주인인 자일러는 수색대가 돌아오자 안

도의 한숨을 내쉬었다. 윔퍼는 다시 자기 방에 틀어박혔다.

"윔퍼가 끔찍이 고통스러워하고 있다네." 호텔 사람들은 모두 알고 있었다.

"가엾은 친구. 아직 젊은데…."

"만약 당장 여기를 떠나는 게 허용되지 않는다면, 저 친구는 결국 미쳐버릴 거야!"

이런 와중에 베르너오버란트Berner Oberland에 있던 틴들 교수는 한 가이드에게서 이런 질문을 받았다.

"혹시 틴들 교수님을 아시나요?"

"왜 그러지?"

"그가 죽었대요."

"뭐라고?"

"틴들 교수가 마터호른에서 사고를 당해 죽었대요."

이 재앙은 곧 알프스의 가장 깊은 골짜기까지 퍼졌다. 틴들은 인너트키르헨Innertkirchen에서 신문을 보고 사고소식을 알았다. 그는 마터호른에서 실종된 더글러스 경을 찾아 나서기로 마음을 먹었다. 더글러스 경의 어머니는 사랑하는 아들이 아직도 살아 있으며, 구조되기만을 기다리고 있다는 환영에 빠져 있었다. 틴들은 서둘러 체르마트로 갔다. 체르마트에는 이제 틴들 교수가 900미터의 자일을 준비해 마터호른의 정상에서 내려오며 더글러스 경의 시신을 찾으려 한다는 소문이 나돌기 시작했다. 그러나 사제 루덴이 그의 계획을 허락하지 않았다. "이미 많은 사람이 죽었소. 더 이상 사망자가 나오는 것을 원치 않소."

7월 21일, 윔퍼와 20명 정도의 가이드가 시신을 수습하기 위해 체르마트를 출발했다.

빙하에서 그들이 시신을 자루에 넣고 있을 때 위쪽 바위에서 갑자기 "쾅!" 하는 소리가 들렸다.

"낙석!" 가이드 한 명이 소리쳤다.

모두가 숨을 곳을 찾아 튀어나온 바위 밑으로 몸을 피했다. 그러나 윔퍼만은 그 자리에 그대로 있었다. 그는 눈 속에 묻힌, 죽은 자들의 장비를 계속해서 찾을 뿐이었다. 추락한 시신들의 광경도 우박처럼 떨어지는 낙석도 그를 동요시킬 수 없는 것만 같았다.

그 사이에 황당무계한 소문이 퍼져 나갔다. 이 사고가 과연 누구의 잘못인가 하는 이야기가 나오기 시작했고, 의심의 목소리가 들리기 시작했다. 사고로 사망한 자들의 장례식에는 체르마트 주민들뿐만 아니라 관광객들도 참석했으며, 사람들은 여기저기서 과연 윔퍼가 자신의 목숨을 구하기 위해 일부러 자일을 잘라버린 것은 아닌지 수군댔다. 동시에 그들은 아버지 타우그발더를 의심했다. 그가 자신의 아들을 살리기 위해 다른 사람들을 희생시킨 것은 아닐까?

"맞아, 두 사람이 법정에 섰지." 신부가 아는 척했다.

"단순히 청문회에 나간 것뿐이오." 자일러가 그의 말을 수정했다.

"그럼 조서는?"

"비밀에 붙여졌다네."

"해도우가 사고의 원인인 것은 아닐까?"

"해도우는 죽었으니 더는 진술할 수가 없네."

"타우그발더가 일을 망친 걸까요, 아니면 윔퍼의 실수일까요?" 카렐은 질문을 받았다.

"중요한 것은 누구의 잘못이냐가 아니라, 과연 누가 책임을 질 것인가이지." 이것의 그의 결론이었다.

"크로와 함께 정상으로 내달릴 때 윔퍼가 진짜 자일을 잘라버린 걸까요? 그래서 자일이 너무 짧아, 하산길에 가는 예비 자일을 쓸 수밖에 없었던 것은 아닐까요?"

"그런 가능성도 무시할 순 없지." 카렐이 말했다.

29

카렐은 사고가 난 순간을 계속 상상해보았다. 크로, 해도우, 허드슨과 더글러스가 이미 자일을 묶은 뒤 아버지 타우그발더가 하산을 하기 위해 자일을 자신의 몸에 연결하려 했을 때는 자일이 짧아 불가능했을 것이고, 따라서 그는 세 번째 자일을 사용했을 것이다. 두 번째 자일은 아들과 자신을 연결하는 데 썼기 때문이다. 그러자 윔퍼가 자일 사이로 들어왔고, 사고가 날 때 결국 이들이 서로를 묶고 있던 자일은 가늘고 약한 예비 자일이었을 것이다.

하산을 할 때 사용한 자일이 어떤 것이었느냐는 책임이 누구에게 있느냐와 연결되어 있기 때문에 상당히 중요하다. 이와 함께 3개의 자일 중에서 왜 어느 것 하나도 확보용 자일로 사용되지 않았는가 하는 문제는 더욱 더 중요하다. 그런 추락사고가 일어나면 가장 좋은 자일도 끊어져 버릴 가능성이 상당히 높다. 그리고 아버지 타우그발더가 근처의 튀어나온 바위에 자신이 걸리도록 했기 때문에 그가 함께 추락하지 않은 것은 천만다행이었다. 바로 이 때문에 하산하던 일행의

확보 자일이 끊어질 수밖에 없었음에도 불구하고, 이것이 동시에 윔퍼와 타우그발더 부자의 목숨을 살리기도 한 셈이었다. 체력과 조심성 그리고 아버지 타우그발더의 재치가 아니었다면 7명의 초등자들은 단 한 명도 살아남지 못했을 것이

다. 크로가 균형을 잃었을 때 해도우와 그 위에 있던 일행은 곧바로 그 자리에서 쓸려 내려갔다. 이런 상황에서는 팽팽하게 당겨진 자일이 계속 버틸 수는 없다. 자일에 너무 큰 충격이 가해지자 가이드는 더 이상 버티지 못하고 밀리기 시작했을 것이다. 이제 7명 모두가 함께 떨어지든가, 아니면 자일이 끊어지든가 둘 중 하나였다.

그런데 누가 하산 순서를 정했을까? 윔퍼였을까? 아니면 허드슨이었을까? 일반적으로는 가이드가 순서를 정하게 되어 있다. 경험이 많은 가이드로서 크로는 맨 마지막으로 내려가야 했다. 하산을 할 때 안전에 만전을 기하기 위해서는 맨 위에서 중심을 잡아야 하기 때문이다. 크로는 타우그발더 부자를 믿고 일행 중 실력이 가장 떨어지는 사람을 돌보는 역할을 맡았다. 실력이 가장 떨어지는 사람이 전체의 속도를 결정하기 때문이다. 모두가 해도우의 약점을 알고 있었다.

그러다 갑자기 전혀 예상치 못하게 크로가 소리를 내지르며 미끄러져 추락했다. 그것이 전부였다. 그들은 하늘에서 추락하는 것이나 다름없었다.

30

윔퍼는 처음에는 거의 말을 하지 않았지만, 나중에 그가 한 말은 자신의 행동을 정당화시키기 위한 것 그 이상도 이하도 아니었다. 그의 말에 따르면 가이드인 타우그발더 부자는 일행이 추락하자 너무 크게 놀라 그 자리에서 굳어버렸다고 한다. 어린아이들처럼 우는 그들은 너무 심하게 몸을 떨어 더 이상의 하산이 불가능했다. 오로지 두려움에 사로잡혀 있던 그들에게 일행의 운명이 고스란히 다가올 것만 같았다.

하산길에 일어난 상황을 자세히 알게 되면서 카렐에게는 의문이 생겼다. 크로가 제일 먼저 서고, 두 번째로 해도우가 내려가도록 정한 사람이 과연 윔퍼였을까?

사실, 그런 지역에서 안전하게 하산할 수 있는 사람은 가이드뿐이다. 허드슨은 윔퍼처럼 세 번째로 자일에 연결되기를 바랐을 것이며, 그 뒤로 더글러스 그리고 가장 실력 있는 페터 타우그발더가 마지막에 섰을 것이다. 카렐은 이 순서로 내려간 것이 실수였다는 사실을 알아챘다.

그러나 그는 "어느 누구도 비난 받아서는 안 된다."라고

찰스 허드슨*Charles Hudson*, 1828~1865

말했다.

순식간에 첫 추락자가 나오고, 그 뒤로 눈 깜짝할 사이에 자일에 연결된 4명이 미끄러져 내려가면서, 자일에 연결된 위쪽 사람들에게 네 번이나 충격이 가해졌다. 이런 사고는 오직 자일이 끊어져야만 더 이상의 추락을 막을 수 있다는 것을 카렐은 잘 알고 있었다.

타우그발더 또한 안전조치를 제대로 하고 있었음이 분명했다. 왜냐하면 단 몇 초 만에 벌어진 네 번의 추락에서 오는 충격을 버텨냈기 때문이다. 이런 상황에서 타우그발더는 칼이나 피켈로 자일을 끊을 수도 없었을 것이고, 사고에 대응하기 위한 어떤 조치도 취할 수 없었을 것이다. 어쩌면 머릿속으로 어떤 생각을 떠올릴 시간조차 없었을지도 모른다.

타우그발더 부자가 모든 용기를 잃고 벌벌 떨었다는 윔퍼의 이야기는 날조된 영웅담처럼 들렸다. 윔퍼가 당시 잘 알려져 있던 브로켄Brocken 현상을 묘사한 것을 보면, 그의 정신적 혼란이 잘 드러난다. 그때 리스캄 봉우리 위로 높이 솟아오른 커다란 무지개가 나타났다. 그리고 2개의 거대한 십자가가 선명하게 보였다. 그것은 마치 다른 세상에서 보낸 전언처럼 지상에서는 볼 수 없는 현상이었다.

이런 현상을 제일 먼저 본 타우그발더 부자는 이 십자가가 사고를 당한 사람들과 어떤 관계가 있는 것은 아닌지 의아하게 생각했다고 한다. 윔퍼는 이 이상한 현상이 사라지자 기쁜 마음에 다음과 같은 기록을 남겼다. "해가 바로 우리 등 뒤에서 비추고 있었다. 그때 무지개가 해의 맞은편에서 나타났다. 오후 6시 반이었다. 공기 중에 나타난 현상은 서서히 뚜렷해졌다가 갑자기 사라졌다. 옅은 안개가 저녁시간 동안 계속 넓게 퍼져 나갔다."

카렐이 아들 타우그발더와 만났을 때 그는 이 놀라운 광경에 대해 전해 들은 바가 없다고 말했다.

그러나 윔퍼보다 3일 늦게 마터호른에 오른 카렐은 반대편에서 비슷한 현상을 목격했다. “우리에게 즐거움을 선사했던 이 현상을 보았을 때 우리는 ‘숄더’ 근처에 있었다. 스위스

하늘은 밝았지만 발투르냥슈 쪽은 어두운 구름이 드리우고 있었다. 우리를 중심으로 커다란 원이 보였는데, 그 원은 무지개 색을 띠고 있었다."

카렐은 생존자 3명에 대한 청문회가 열린 후, 윔퍼가 왜 아버지 타우그발더에게 몇 가지 문제를 제기했는지 그 이유를 알 수 없었다. 타우그발더에게 자신을 변호할 수 있는 기회를 주려 했던 걸까?

'아니겠지. 윔퍼는 그저 이 재앙에 대한 모든 책임을 늙은 타우그발더에게 뒤집어씌우려 했을 거야.'라고 그는 생각했다.

그때 윔퍼는 그가 산 위에서 결정권을 가질 것이라는 기대를 받으며 등반을 떠났다는 사실을 잊고 있었다. 윔퍼의 진술에 따르면 그는 가장 뛰어난 가이드와 비교해 능력과 경험, 용기라는 측면에서 대등한 위치에 있었다. 이에 따라 그는 자기 몫의 책임을 질 의무가 있었다.

"추락한 사람들은 모두 마닐라 삼으로 된 자일이나, 그와 똑같이 질긴 두 번째 자일에 연결되어 있었다."라고 윔퍼는 설명했다. 크로와 아버지 타우그발더가 그들의 몸에 자일을 연결할 때 그는 30미터 이상 떨어져 있었다.

카렐은 의심이 들었다. 그 약한 자일이 단지 더글러스

경과 늙은 타우그발더 사이에만 사용되었을까?

그렇다면 윔퍼는 타우그발더 부자와 어떤 자일을 사용해 서로의 몸을 연결했을까? 그리고 뒤쪽에 확보용 자일로 남아 있는 것은 어떤 자일이었을까? 카렐의 눈에는 이렇게 여러 개의 자일을 사용한 것이 윔퍼의 속임수로밖에 보이지 않았다.

"가이드들에게 비난을 해서는 안 된다. 그들은 남사답게 자신의 의무를 다했다. 하지만 만약 재앙을 당한 사람들 사이를 잇고 있던 자일이 나와 타우그발더 사이의 자일만큼만 버텨줬다면 이 끔찍한 불행은 막을 수 있었을지도 모른다."

카렐은 윔퍼의 이런 말이 그저 변명에 지나지 않는다고 생각했다.

국제적인 비난에 직면한 윔퍼는 사고에 대한 모든 책임을 타우그발더 부자에게 떠넘기며 자신을 정당화했다. 게다가 윔퍼는 두 부자가 비겁하고 책임감이 없으며 돈 욕심만 많다고 몰아붙였다.

윔퍼에 따르면 그들은 사고가 난 후에 비박을 해야 했는데, 어둠 속에서도 그들은 자신들의 보수에 대해 물었다고 한다.

"우리 고용인이 추락해버렸는데 이제 누가 우리에게 보

수를 지불합니까?

"내가 주오." 윔퍼가 대답했다.

"우리를 고용한 더글러스는 언제나 후하게 보수를 쳐주었습니다만…."

"내가 정당하게 지불할 것이오."

"좋습니다. 단지 우리는 가난한 데다 돈을 받을 수 있는 기회를 놓칠 수 없기 때문에 그렇습니다." 아들 타우그발더가 이렇게 거들었다는 것이 윔퍼의 설명이었다.

"지금은 보수를 이야기하기에 좋은 시간이 아니오."라고 윔퍼가 대답했다.

"지금이 아니면 언제 합니까?"

"자네들 고용인만큼 내가 보수를 주겠다고 하지 않았소!"

가이드 두 사람은 여기에 더해 가이드 장부에 이 사실을 기입해주기를 바랐으나, 윔퍼는 거절했다. 타우그발더 부자의 신뢰에 금이 가게 하려고 그는 이런 말을 한 걸까? 그에게는 오직 한 가지, 자기가 말한 내용의 마터호른 비극만 인정받는 것이 중요했다.

모든 사람들의 의혹은 카렐의 질문들조차도 조용히 묻어버렸다. 혹시 윔퍼가 하산을 할 때 아버지 타우그발더와 자신 사이를 연결하기 위해 어느 정도의 자일을 빼놓았던 것은 아닐까? 어쨌든 더글러스 경은 앞서 내려가는 4명의 자일 파티가 상당히 곤란한 상황에 처했다는 것을 알아차려야 했다. 더글러스는 과연 앞서 내려가는 일행이 그중 한 명만 추락해도 모두 함께 쓸려 내려간다는 것을 알고 있었을까? 그렇지 않았다면, 그는 왜 윔퍼를 불러 자신을 아버지 타우그발더와 연결하고 싶다고 말했을까? 하지만 이런 가정도 가능하다. 윔퍼는 정말 타우그발더 부자 사이의 강한 자일에 자신을 연결했을지도 모른다. 이런 경우라면 윔퍼는 분명 타우그발더가 그 자신과 더글러스 사이에 약한 자일을 사용했다는 것을 알고 있었을 수밖에 없다. 그렇다면 윔퍼는 왜 약한 자일이 사용되었다는 것에 대해 나중에서야 끔찍한 일이었다는 듯한 반응을 보였을까?

그들 일행은 하산을 할 때 크로, 해도우, 허드슨, 더글러스, 타우그발더, 윔퍼 그리고 맨 뒤에 젊은 타우그발더 순서로 자일을 연결했다. 그토록 위험한 지역에서 7명이나 되는 사람들이 서로 자일로 연결되면 단점만 드러날 뿐이다. 일단 내려오는 속도가 느리다. 왜냐하면 좁은 곳에서는 한 명씩 차례로 통과해야 하기 때문이다. 여기에다 자일에 연결된 사람이 늘어날수록 각자가 갖고 있는 불안정한 느낌이 합쳐져 두려움이 증폭된다. 그리고 일행 모두가 단 한 번만 발을 헛

디뎌도 연쇄반응으로 자일파티 전체가 추락할 수 있다는 것을 알고 있기 때문에 모두의 움직임이 부자연스러워진다.

윔퍼와 크로는 일행들보다 10분 먼저 정상에 도착했다. 그리고 윔퍼는 정상에서 다른 사람들보다 더 오래 머물렀다. 그는 정상의 전경을 스케치하고 아들 타우그발더와 함께 일행에게 내려갔다가 다시 올라왔다. 초등자 모두의 이름을 종이에 적어 빈 병에 넣고서는 조금 헐렁한 돌덩어리를 벌려 그 사이에 병을 집어넣고 다시 덮어두기 위해서였다. 하산을 위해 자일을 연결할 때 윔퍼는 두 번째로 튼튼한 마닐라 삼자일에 몸을 연결했다. 크로는 혹시 내려가기 까다로운 곳이 나올 때 확보용으로 쓰기 위해 자일을 좀 남겨 갖고 있었을까? 그래서 아버지 타우그발더가 약한 60미터짜리 자일로 그 자신과 더글러스를 연결할 수밖에 없었던 걸까? 그 어떤 것도 확실치 않았다. 그러나 등반을 위해 자일을 준비하고, 자신이 일행의 지도자라고 생각했던 윔퍼는 그 어떤 사실도 공개하지 않았다. 그는 책임지기를 거부했다.

1865년 7월 17일 카렐이 남쪽 정상에 오르던 날, 윔퍼의 친구인 영국인 신부 매코믹은 런던의 『더 타임스』에 다음과 같은 글을 기고했다. "크로의 비명에 윔퍼는 놀라 공포에 떨었다. 그는 순식간에 해도우와 크로가 떨어지며 허드슨과 프랜시스 더글러스를 끌고 내려가는 것을 목격했다. 그들은 균형을 잃고 능선 저쪽으로 사라졌다. 타우그발더 부자와 윔퍼는 크로의 비명 소리에 곧바로 동료들의 추락을 막기 위해 온 힘을 다해 버텼다. 그러나 자일에 가해지는 하중이 너무 컸다. 결국 자일이 끊이지면서 크로, 헤도우, 허드슨과 더글러스 경은 거꾸로 추락했다."

훗날 아버지 타우그발더는 이 상황을 완전히 다르게 묘사했다. "더 잘 버티기 위해 나는 바위에서 등을 돌렸다. 나와 윔퍼 사이의 자일이 팽팽하지는 않았지만, 다행히도 튀어나온 바위에 감겨 있었다. 자일은 잘 버텼다."

타우그발더는 이렇게 덧붙였다. "다른 자일은 추락으로 인해 팽팽하게 당겨졌고, 결국 끊어졌다. 나는 내 몸에 감은 자일로 인해 마치 채찍으로 얻어맞는 듯한 네 번의 충격을 느꼈다. 그때 생긴 검은 피멍은 몇 주가 지나서야 없어졌다."

7월 16일 스위스의 한 신문에는 타우그발더 부자의 침착성을 칭찬하는 글이 실렸다. 그러나 윔퍼가 기고한 글은 전혀 달랐다. "우리는 크로의 비명소리를 듣고, 모든 노력을 다해 바위 뒤에서 버티며 자일을 당겼다. 우리 사이를 잇고 있던 자일이 너무나 팽팽하게 당겨지고 있었기 때문에 충격은 우리 두 사람에게 동시에 왔다. 우리는 견뎠지만, 타우그발더와 더글러스 경 사이의 자일이 한가운데서 끊어지고 말았다."

카렐은 이 부분을 읽고서 고개를 흔들었다.

이 글이 실리고 나서 젊은 타우그발더는 당시의 상황을 이렇게 말했다. "윔퍼는 너무 심하게 몸을 떨어, 한참동안 제대로 발을 내딛지도 못했다. 실제로 그는 충격 속에서 헤어 나오지 못하는 것 같았다. 그는 동벽으로 하산을 하면서도 사고를 당한 동료들을 찾아 끊임없이 여기저기를 살폈다. 그러나 아무리 찾아봐도 추락한 사람들이 보이지 않았다. 그들이 북벽 아래의 빙하로 떨어졌기 때문이다."

대중들은 곧 가장 큰 책임은 윔퍼가 아니라 두 명의 가이드에게 있다고 비난하기 시작했다. 그중 한 명은 윔퍼에게 등반을 가르친 카렐이었으며, 다른 한 명은 이 비극에서 살아남은 타우그발더였다. 발투르낭슈에서 카렐은 어느 쪽이 먼저 마터호른 초등을 이루느냐 하는 경쟁에서 지고서도 윔퍼를 변호하는 문제의 인물이 됐다.

산의 반대편인 체르마트에서는 아버지 타우그발더가 자신이 살고 있는 마을에서조차 계속 퍼지는 험담과 근거 없는 소문에 시달렸다. 그를 가이드로 고용하는 사람은 거의 없었다. 그리하여 그는 점점 더 집에 틀어박힐 뿐 밖으로 나오지 않았다.

"그가 훌륭한 가이드이긴 하지만, 나는 더 이상 그에게 나의 목숨을 맡기지 않을 것이며, 다른 사람들에게 추천도 하지 않을 것이다." 런던으로 돌아간 윔퍼는 그를 이렇게 비판했다. 그리고 그가 없었다면 지금은 살아남지도 못했을 자신의 은인에게 이런 식으로 복수했다. 크로는 죽었고, 카렐은 낙담했으며, 타우그발더는 신용을 잃었다. 이 모든 것은 윔퍼가 피켈을 사용하는 방법보다 말로 사람들을 교묘히 조종하는 방법을 더 잘 알고 있었기 때문에 벌어진 일이었다.

31

마터호른에서 일어난 사고에 대해 이렇게 서로 모순되는 보고가 나오자 등반이라는 행위에 대해 처음으로 지탄이 일어났다. 런던의 『더 타임스』는 이 사고를 사설로 다루었다. 이것은 곧 마터호른의 비극에 대해 등반가들뿐만 아니라 일반인들까지도 관심을 갖게 되었다는 사실을 의미했다.

"저널리스트는 비난과 조롱을 감수해야 하는 경우가 종종 있다. 이것은 사실이 분명하게 드러나는 경우도 마찬가지다. 우리는 청소년들과 용기 있는 사람들 그리고 진취적인 기상을 가진 사람들의 공감을 얻고자 하지만, 그들이 우리를 조롱할지 모른다. 물론 우리는 마터호른을 정복해야 한다. 그러나 한 번 생각해보자. 여태껏 인간의 접근이 불가능하다고 여겨진 봉우리를 오르기 위해, 단지 신성한 만년설을 더럽히기 위해, 한 번 올라가면 죽을지도 모르는 끝없이 높은 정상에 발을 디디기 위해 왜 영국의 고귀한 생명이 희생되어야 하는가? 영국의 영광스러운 귀족의 후계자이자 세계에서 가장 뛰어난 젊은이 한 명이 두 명의 동료 그리고 가이드 한 명과 함께 1,200미터의 심연으로 추락했다. 30미터만 돼도 사람이 사망하기에 충분한데, 그 40배의 높이였던 것이다. 운명을 함께한 두 명의 영국인들은 영국이 자랑스럽게 여길 수 있는 젊은이들이었다. 그들은 분명 지금의 시대뿐만 아니라 지금보다 더 부패했거나 더 어려운 시대였어도 한 나라의 자랑이었을 것이다. 그들은 학자였으며 신사였다. 그들은 학교와 대학에서 그리고 훌륭한 직분으로 발군의 실력을 발휘하고 있었다. 모두가 그들에게 경탄했고 그들을 사랑했다. 본지의 독자들 중 아마 많은 사람들이 체르마트를 방문했을 것이므로, 지금 이 자리에서 이미 잘 알려진 그곳에 대해 더 정확히 설명할 필요는 없을 것이다. 깊은 계곡에 서서 남쪽을 바라보면 거대한 바윗덩어리가 보이고, 눈과 얼음이 눈앞에 펼쳐지며 올림포스의 신들이 타는 말들이 뛰어노는 상상을 불러일으키는 그곳이야말로 천국으로 가는 진정한 계단이다. 그곳에 오벨리스크Obelisk와 피라미드를 합쳐 놓은 것 같은 바위가 우뚝 솟아 있다. 모든 사람들의 눈에 그 바위는 대리석과 은으로 만들어진 거대한 보석처럼 보일 것이 틀림없다. 계곡에서 바라보는 작은 인간들에게는 그 바위가 마치 세인트폴 대성당의 돔 지붕만큼이나 도달할 수 없는 곳으로 보일 것이다. 만약 선택권이 주어진다면, 우리는 체르마트의 거대한 봉우리를 올라가느니 차라리 손발을 다 써서라도 런던의 대성당을 기어 올라갈 것이다. 상공 60미터 위에 있는 것이 어떤 것인지 경험하고 싶은 사람은 그저 대성당의 꼭대기까지만 올라가도 충분하다. 마터호른은 벽의 높이가 1,200미터에 달하는 깎아지른 봉우리다. 올라가는 것도 상상이 안 되기 때문에 내려오는 길이 재앙으로 끝나버렸다는 것은 새삼 놀랄 일도 아니니다. 쉬지도 못하고 몇 시간 동안이나 힘든 등반을 하게 되면 쉴 수 있는 시간이거나 적어도 아주 잠깐 동안만이라도 안전하다는 느낌을 받을 수 있는 평편한 지역은 거의 없다. 이런 노력들은 분명 감탄할 만하다. 그러나 이런 삶이 과연 책임감 있는 삶 이상의 그 무엇이라고 할 수 있을까? 여기서 중요한 것이 무엇인가? 의무인가, 아니면 건강한 이성인가? 이런 삶이 과연 허락되는 걸까? 혹시 경멸의 대상이 될 수도 있지 않을까?

용감한 것도 분명 그 한계가 필요하다. 우리는 여기서 그치지 않고 한 발 더 나아가, 용기를 내기 위해서는 일단 위험에 몸을 내맡기는 것이라는 일반적인 생각에 이의를 제기하고자 한다. 가장 뛰어나고 사려 깊은 기사騎射는 무조건 가장 큰 장애물을 뛰어넘으려는 사람이 아니다. 영국은 장애물 경기에서 사망자가 상당히 나온다는 것을 알면서도 이익을 위해 어리고 젊은 신사들에게까지 경기에 참가하는 것을 허락했다. 영국인들은 — 특히 숙녀들은 — 고귀한 말을 묶어두거나 목이 부러지는 처참한 모습을 보고 싶어 하지 않는다. 젊고 잘생긴 남자가 골절상을 당하거나 심지어 죽은 채로 경기장에서 실려 나오는 것 또한 결코 보고 싶어 하지 않는다. 위험에 몸을 맡기는 것도 한계가 있다. 그 한계를 넘으면 우스꽝스럽거나 끔찍해지기까지 한다. 500년 전 로마에서는 귀족과 로마 교황 가문의 청년들이 과거 영광스러웠던 전투들을 재현하기 위해 원형극장에서 투우경기를 한 적이 있었다. 이에 대해 영국 역사가인 기번Edward Gibbon이 쓴 글을 보자. "모든 검투사들이 거친 소와 당당하게 마주쳤지만, 우습기 짝이 없게도 관중들은 네 발 달린 짐승의 승리를 인정할 수밖에 없었다. 그도 그럴 것이 황소는 11마리가 남은 데 비해 검투사들은 18명이 죽고 9명이 다쳤기 때문이다." 이 글을 읽은 사람들은 모두 눈살을 찌푸렸을 것이다. 거친 짐승에게 귀족이 자신의 목숨을 거는 행위는 완전히 미친 짓이기 때문이다. 이제 과거와 마찬가지로 역사가들이 조롱을 한껏 담은 기록을 남길 때가 올 것이다. 영국의 귀족들과 학자들 그리고 종교인들이 고작 허영에 들뜬 명예를 얻겠다고, 아니면 끔찍하게 죽을 것을 알면서도, 줄을 서서 알프스의 높디높은 봉우리를 향해 올라가고 있기 때문이다. 우리가 용기라는 것에 의미를 부여하기 위해서는 이성적으로 이해 가능한 한계를 정해야 한다. 더불어 우리는 이런 무리한 원정을 금지하는 것도 고려해보아야 한다. 가파른 바위를 올라가서 지구의 꼭대기에 30분쯤 서 있는 것이 도대체 무슨 의미가 있는가? 우리는 이런 오름짓의 형태를 뱃사람, 또는 풍향계나 굴뚝 청소부 등의 직업을 가진 사람들에게서 볼 수 있다. 만약 이런 직업에 종사하다가 죽음에 이르면 그것은 그냥 어쩔 수 없는 일이라 받아들일 수밖에 없다. 그것이 자신의 직업이며, 직업이란 자신의 생존을 위한 싸움이기 때문이다. 영국산악회 회원 한 사람이 자신이 추락하는 그 짧은 몇 초간 자신의 인생을 되돌아볼 수 있다면, 그가 내릴 결론은 그리 좋지 않을 것이다. 도대체 저 위에서 우리가 찾을 수 있는 것이 무엇인가? 누가 우리에게 삶이라는 선물과 그 삶을 성공적으로 살아갈 수 있는 수많은 기회를 그냥 버리도록 허락했는가? 원숭이나 고양이, 아니면 다람쥐들과 경쟁하기 위해서? 이 사회에서 지위를 갖고 있거나, 또는 그에 따른 의무를 다해야 하는 사람들에게는 용기와 이성이 필요하다. 만약 그렇지 않다면 조롱과 경멸의 대상이 될 것이다. 교회를 관리하거나 광산을 감독하는 사람이 일정한 성과를 내기 위해서는 자신의 분야를 이해하고, 자기 과제를 문제없이 해내며, 권리를 보호할 수 있는 용기를 가져야만 한다. 이런 용기가 없는 사람이라면 차라리 단순 수공업에 종사하든가, 아니면 형이상학자가 되는 것을 생각해보는 것이 낫다. 이런 사람은 공적인 책임을 지는 일에는 맞지 않다. 이런 용기는 절망적인 모험가들 사이에 끼어 몸을 던진다고 해서 얻을 수 있는 것이 아니다. 기사계급의 시대는 이미 오래전에 끝났다. 사막을 횡단하는 힘든 여행을 감행한다 해서 궁핍을 견디는 법을 배울 수 있는 것도 아니다. 이런 식이라면 결국 운명의 노예가 되고 말 것이다. 또한 스스로를 비참한 상황으로 몰아넣는 것이며, 본인이 원하든 원하지 않든 하기 싫은 일을 해야만 하는 기댈 곳 없는 상황에 놓일 것이다. 이런 사람은 고통의 절정에 이르게 될 터이고, 이런 사람을 우리는 더 이상 자신의 행동에 책임질 수 있는 존재라고 말할 수 없다.

우리가 인생을 살면서 그 마지막에 대해 생각한다면 해로운 행동은 하지 않을 것이며, 자신의 행동으로 인해 생길 수 있는 손실을 계산해볼 것이다. 역사는 우리가 용감한 행동을 할 때 오히려 조심하는 것이 지혜로운 행동이라고 가르치고 있다. 그것은 곧 위험한 일을 검토해보고, 그 행동으로 인해 생겨날 위험 부담에 대해 숙고해보아야 한다는 것을 말한다. 마치 한 팀에서 책임을 정당하게 나누기 위해 경험이 가장 많은 사람이 가장 큰 책임을 지는 것처럼 말이다.

사람들은 우리의 젊은이들이 산을 오르기 위해 스위스로 달려가는 것을 너무나 당연하게 여긴다. 이런 젊은이들은 선구자들의 뒤를 따르거나, 아니면 아직 아무도 해내지 못한 일을 이루어보고자 하는 유혹을 뿌리치지 못한다. 이런 상황이라면 영국산악회는 젊은이들을 위한 준비를 더욱 철저히 해야 한다. 사람이 어떤 과업을 끝까지 이루어내고자 한다면 당면한 문제에 전문가적으로 접근해야 한다. 영국산악회는 초보자들을 교육시켜, 그들이 체력과 지구력을 키울 수 있도록 해야 한다. 또한 등반 장비에 대한 개발을 서둘러, 장비가 부족한 상태로 등반하는 상황을 막아야 한다. 언제나 조심하고 주의해야 한다는 규정을 등반가들에게 각인시키고, 등반 중 충분한 휴식이 가능한지 검토해보아야 한다. 이런 과정에서 가장 중요한 것은 물론 책임감이다. 그리고 무엇보다 자일이 끊어지는 경우가 있어서는 안 된다. 어떤 민족이 진정한 군인정신에 어긋난다는 이유로 성능이 확인된 무기와 보호 수단을 갖추기를 거부한다면, 머지않아 과학과 기술이라는 무기를 갖춘 이웃나라와의 싸움에서 처절하게 패하고 말 것이다. 우리는 왜 등반가가 자신의 근력만을 이용해 마터호른을 정복해야 한다는 것인지 이해할 수 없다. 가능한 보조 장비를 사용한다 하더라도 마터호른을 정복하는 일에는 여전히 커다란 위험이 따를 것이다. 있는 보조 장비는 거부하지 않고 필요 이상의 위험을 무릅쓰지 않는 등반가가 무리하게 만용을 부려 오로지 명성만을 얻으려는 자보다 훨씬 더 가치 있는 사회의 일원이라는 데는 한 치의 의심도 없다. 그리고 우리는 지금 여기서 하는 말이 유족이나 생존자들의 고통을 줄여주는 데 전혀 도움이 되지 않는다는 사실도 잘 알고 있다. 우리의 이런 주장은 사고를 당한 사람들의 삶에 커다란 가치가 있다는 것을 모두에게 알리게 될 것이다. 그들은 특별한 사람들이었으며, 우리는 그들의 죽음을 그냥 아무렇지도 않게 받아들일 수도, 그럴 의향도 없다. 사람들이 지금의 경고를 새겨듣는다면 그들의 죽음은 결코 헛되지 않을 것이다."

고레 신부는 이 기사의 일부를 번역해서 카렐에게 읽어주었다. 카렐은 그저 고개를 흔들고는 고산지대의 목장으로 돌아가버렸다.

32

1865년 7월 21일 금요일. 체르마트에 있는 몽세르뱅 호텔에서 청문회가 열렸다. 제일 먼저 윔퍼 그리고 타우그발더 순으로 심문이 진행됐다. 제1차 심문에 참석했던 두 명의 가이드, 즉 프란츠 안덴마텐과 알렉스 로흐마터도 심문을 받았다. 윔퍼와 타우그발더의 진술은 세부적인 면에서는 거의 다르지 않았지만, 한 가지 중요한 점에서 결정적인 차이가 있었다. 추락한 사람들이 자일에 연결된 순서에 대한 증언이 완전히 달랐던 것이다. 타우그발더가 기억하는 내용은 윔퍼의 기억과 달랐다. 윔퍼의 주장대로라면 해도우가 미끄러지면서 크로가 함께 쓸려 내려간 것이다. 아니면 타우그발더가 기억하는 것처럼 해도우, 허드슨, 더글러스가 결국에는 가이드인 크로까지 저 심연으로 끌고 내려간 걸까?

비스프 지역의 법정 심문은 몽세르뱅 호텔에서 열렸는데, 자치위원장 요제프 안톤 클레멘츠의 주재로 법원 서기 도넛 안덴마텐과 행정관 요한 율렌이 동석했다. 이 심문에서는 비공개 조서가 작성됐다.

자치위원장 요제프 안톤 클레멘츠가 심문을 시작했다. 우선 관광객으로 온 윔퍼에게 물었는데, 그는 이름과 나이, 직업, 거주지를 밝혀야 했다.

"에드워드 윔퍼, 25세, 판각공, 런던에 거주하는 미혼입니다."

"당신은 7월 13일 마터호른 정복을 목적으로 하는 등반에 참가했습니까?"

"예."

"이 등반에 모두 몇 명이 참가했습니까?"

"체르마트를 떠날 때는 모두 8명이었습니다. 4명의 관광객과 2명의 가이드, 2명의 짐꾼으로 이루어진 일행이었습니다. 그러나 7월 14일 짐꾼으로 고용했던 타우그발더의 아들 한 명이 체르마트로 돌아갔습니다."

"4명의 관광객과 2명의 가이드 그리고 계속 남아 있던 짐꾼들의 이름은 무엇입니까?"

"찰스 허드슨 신부, 해도우, 프랜시스 더글러스 경 그리고 저까지가 관광객이었습니다. 가이드는 샤모니 출신의 미셸 크로, 체르마트 출신인 아버지 타우그발더 그리고 짐꾼은 그의 아들 타우그발더입니다."

"허드슨과 더글러스, 해도우의 거주지는 어디입니까?"

"허드슨은 영국 스킬링턴Skilington의 신부였습니다. 그러나 다른 사람들의 거주지는 알지 못합니다."

"7월 14일 몇 시에 마터호른으로 떠났습니까?"

"새벽 3시 40분에 출발했습니다."

"마터호른 정상에 오른 것은 몇 시였습니까?"

"오후 1시 40분이었습니다."

"정상에서 얼마나 오랫동안 머물렀습니까?"

"1시간입니다."

"올라간 루트를 따라 내려왔습니까?"

"정확히 같은 루트로 내려왔습니다."

"4명의 관광객과 가이드는 자일로 연결되어 있었습니까?"

"예. 순서는 다음과 같았습니다. 제일 먼저 가이드인 미셸 크로, 그 뒤로 해도우와 허드슨, 더글러스 경, 가이드인 아버지 타우그발더 그리고 그 뒤에 제가 있었고, 마지막으로 아들 타우그발더의 순서였습니다."

"그 불행한 사고는 어떻게 일어났습니까?"

"우리는 이미 말씀드린 순서대로 하산하고 있었습니다. 그러다 정상에서 100미터 정도 떨어진 곳에서 눈으로 덮인 바위가 있는 위험한 곳과 마주쳤습니다. 제가 아는 바로는 사고가 일어난 순간에 움직이고 있던 사람은 해도우 뿐이었습니다. 해도우는 누가 봐도 하산을 하는 데 어려움을 겪고 있었습니다. 미셸 크로는 안전을 위해 해도우에게 한 걸음 한 걸음 디딜 곳을 알려주고, 그 자리를 정확히 딛도록 하고 있었습니다. 저는 사고의 정확한 원인이 무엇이었는지 알지 못합니다. 다만 제 생각에는, 크로가 해도우의 발 디딜 곳을 찾아주고 나서 앞으로 나아가기 위해 자신도 모르게 몸을 돌렸던 것 같습니다. 그 순간 해도우가 미끄러지면서 크로를 덮쳤습니다. 이 두 사람의 무게에 허드슨과 더글러스 경이 끌려가기 시작했습니다. 이 일이 벌어진 짧은 순간, 위에서 있던 우리 3명에게는 발 디딜 자리를 확보할 기회가 있었습니다. 순식간에 4명이 뒤로 넘어져 잡을 곳을 찾아 양손을

미셸 크로Michel Croz, 1828~1865

버둥거리며 아래로 미끄러져 내려갔습니다. 그러고는 눈앞에서 완전히 사라졌습니다. 처음에 들린 크로의 비명 외에는 어떤 소리도 나지 않았습니다. 저와 타우그발더 부자는 더 이상의 사고 없이 올라갔던 루트를 따라 내려왔으며, 내려오는 길에 극도로 조심하면서 추락한 동료들의 흔적을 계속해서 찾았습니다. 그러나 우리가 찾을 수 있었던 것은 눈 속에 박혀 있던 2개의 피켈뿐이었습니다. 이렇게 주의를 기울이고 동료의 흔적을 찾으며 하산하는 바람에 시간이 늦어져 우리는 3,960미터에서 하룻밤을 보내고, 7월 15일 일요일 오전에 다시 산을 내려오기 시작했습니다. 우리가 체르마트에 도착한 것은 오전 10시 30분입니다."

"시신을 수습할 때 증인 혼자였습니까? 아니면 다른 사람이 있었습니까? 혼자가 아니었다면 함께 있었던 사람들의 이름은 무엇입니까?"

"저와 함께 갔던 사람은 허드슨의 친구인 매코믹 신부, 로버트슨 선생, 필포츠였습니다. 여기에 가이드도 몇 명 대동했는데, 알렉스 로흐마터, 사스페 출신인 프란츠 안덴마텐, 샤모니 출신인 프레데리크 파요Frédéric Payot 그리고 이름을 알 수 없는 또 다른 가이드가 함께 갔습니다."

"당신 일행은 희생자들을 발견했습니까?"

"3명의 시신만 발견했습니다. 허드슨, 해도우 그리고 미셸 크로의 시신이었습니다."

"당신 일행은 3명의 시신을 발견했다고 체르마트 지역 당국에 알렸습니까?

"아닙니다. 공식적으로는 알리지 않았습니다. 그러나 제가 하산해 체르마트로 돌아온 토요일 아침 당국자에게 마터호른에서 일어난 비극적인 사고에 대해 알렸으며, 그와 동시에 사고를 당한 동료 중 아직 살아 있는 사람이 있을 경우를 대비해 사고 장소로 사람들을 보낼 수 있도록 해달라고 부탁했습니다. 그는 저의 부탁을 승낙했고, 적지 않은 수의 가이드가 즉시 떠났습니다. 그들은 6시간 후에 돌아와, 시신을 발견하기는 했지만 그날 내로 시신이 있는 곳까지 가는 것은 불가능했다고 설명했습니다. 일요일 아침 가이드들은 전날 갔던 곳으로 다시 가서 시신을 수습하자고 했지만 제가 거절했습니다. 제가 개인적으로 시신을 찾기 위해 갔다 왔고, 돌아오고 나서도 꼭 공식적으로 보고할 필요가 없다고 생각했기 때문입니다. 하지만 3명의 시신이 발견됐다는 사실은 이 사고와 관련된 모든 사람들에게 알렸습니다."

"더글러스 경의 흔적은 찾을 수 없었습니까?"

"장갑을 발견했는데, 그것은 체르마트에서 제가 그에게 직접 준 것이었습니다. 그리고 그가 등반할 때 맸던 가죽 허리띠를 발견했습니다."

"지금까지의 진술에서 정정하거나 보충하고 싶은 것이 있습니까?"

"7월 14일 아침부터 짐꾼으로 우리와 동행한 타우그발더의 아들은 가이드 역할을 했다는 사실을 추가로 말씀드리고 싶습니다."

에드워드 윔퍼는 진술한 기록을 읽어보고 문제가 없다고 판단해 서명했다.

윔퍼에 이어 아버지 타우그발더에 대한 심문이 시작됐다.

"페터 타우그발더. 45세. 기혼이며 직업은 가이드, 체르마트에 거주하고 있습니다."

"당신은 7월 14일 마터호른을 등반했습니까?"

"예."

"당신은 이 등반에서 어떤 역할을 했습니까?"

"가이드였습니다."

"누가 당신을 고용했습니까?"

"더글러스 경과 윔퍼입니다."

"마터호른을 오르기 전에 더글러스 경과 함께 등반한 적이 있습니까?"

"예. 저는 가이드로서 더글러스 경과 함께 치날Zinal에서 출발해 오버가벨호른Obergabelhorn을 올랐습니다."

"마터호른을 오르기 전에 함께 가는 일행에 대해 알고 있었습니까? 그리고 누가 참가하면 안 되는지, 또 관광객의 수와 가이드의 수가 너무 차이가 난다는 사실에 대해 당신의 의견을 말한 적이 있습니까?"

"저는 함께 가는 사람이 몇 명인지 전해 들었습니다. 그

페터 타우그발더*Peter Taugwalder, 1820~1888*

리고 이의를 제기하지 않았습니다. 하지만 관광객의 수에 비해 가이드가 너무 적다는 제 의견을 말했습니다. 제 말에 윔퍼와 허드슨이 자신들의 등반 실력은 가이드와 다름이 없다고 해, 더 이상 의견을 낼 수 없었습니다."

"하산하기 전에 누가 일행에게 자일을 연결했습니까?"

"앞의 4명인 크로, 해도우, 허드슨과 더글러스 경은 크로가 자일에 연결했습니다. 그리고 또 다른 자일로 제가 저와 더글러스 경 사이를 연결했습니다."

"누가 제일 먼저 자일에 연결되었습니까?"

"크로가 누구를 제일 먼저 자일에 연결했는지는 기억이 잘 나지 않습니다."

"그때 사용된 자일의 상태는 어땠습니까?"

"새것이었고 튼튼했습니다."

"당신과 더글러스 경을 연결한 사람은 누구입니까?"

"제가 직접 했습니다."

"당신과 더글러스 경 사이를 연결하는 데 왜 다른 자일을 사용했습니까?"

"아래쪽 4명을 이은 자일로 저까지 연결하는 데 충분하지 않았기 때문입니다."

"당신과 더글러스 경 사이의 자일이 튼튼했다고 생각합니까?"

"만약 자일이 충분히 튼튼하지 않다고 생각했다면, 그 자일로 저와 더글러스 경을 연결하지는 않았을 것입니다. 그럴 경우 저뿐만 아니라 더글러스 경도 위험에 빠질 수 있기 때문입니다. 만약 자일이 너무 약하다고 느꼈다면 사용하지 않았을 것입니다."

"사고가 발생한 장소에 대해 자세히 설명하십시오."

"우리가 정상에서 200~300미터 정도 내려왔을 때 발을 딛기가 어려운 곳을 지나야 했습니다. 그곳은 오로지 미끄러운 바위로만 되어 있어서 발 디딜 곳을 찾기가 어려웠습니다. 바로 그곳에서 한 사람이 미끄러져 따라가던 사람들을 잡아당기게 되었으며 저와 더글러스 경 사이의 자일이 끊어졌고, 결국 크로까지 끌려갔습니다."

"등반을 할 때 모든 안전조치를 제대로 했다고 생각합니까?"

"당연합니다. 하지만 해도우의 등반 실력이 너무 떨어졌다는 것이 유감일 뿐입니다."

"사고는 어떻게 일어났습니까?"

"사고 경위는 방금 말씀드린 대로입니다. 덧붙이자면 윔퍼와 저 그리고 제 아들은 사고현장을 곧바로 떠나려 했지만 그러지 못하고 그 장소에 계속 머물러 있었습니다. 결국 우리는 밤을 보낼 수 있는 자리를 찾기 위해 산을 내려왔고, 그 다음 날 무사히 체르마트에 도착했습니다."

"추락 사고가 일어난 순간 자일은 팽팽하게 당겨져 있었습니까?"

"예. 그렇습니다."

"자일이 끊어진 것에 대해 어떻게 생각합니까?"

"저도 그 이유를 잘 모르겠습니다. 하지만 4명의 무게와 그들이 추락하면서 준 충격을 생각하면 아무리 튼튼한 자일이라도 끊어지고 말았을 것입니다."

"지금까지의 진술에서 정정하거나 보충하고 싶은 것이 있습니까?"

"보충하자면, 저는 더 잘 버티기 위해 바위를 등지고 돌아섰습니다. 웜퍼와 저 사이의 자일에 여유가 있었기 때문에 다행히도 저는 튀어나온 바위에 자일을 감아 저희들까지 끌려 내려가는 것을 간신히 막을 수 있었습니다."

"자일이 끊어진 후에도 4명의 일행이 추락하지 않을 가능성이 있었다고 생각합니까?"

"절대 불가능했을 것입니다."

"만약 자일이 끊어지지 않았다면 증인이 관광객들을 구할 수 있었다고 생각합니까?"

"저는 크로의 도움을 받아 관광객들을 구할 수 있었을 것이라고 확신합니다."

페터 타우그발더는 심문을 기록한 조서를 읽어보고 확인한 뒤 서명했다.

33

런던으로 아직 돌아가지 못한 윔퍼는 『더 타임스』에 난 기사를 읽고 나서, 사람들이 자신을 이해하지 못한 채 비난을 퍼붓고 있다고 생각했다. 7월 26일 그는 스위스산악회 베른지부 총무인 에드문트 폰 펠렌베르크[*]Edmund von Fellenberg에게 자신의 관점에서 본 마터호른 사고 보고서를 편지와 함께 동봉했다.

우리는 목요일 새벽 5시 35분에 출발했습니다. 그날은 정상까지 오를 계획이 아니라 텐트를 치기에 좋은 자리를 발견하면 등반을 멈추고 밤을 보낼 생각이었습니다. 등반이 오래 걸릴 경우를 대비해 우리는 3일치 식량을 갖고 출발했습니다. 11시 50분, 우리는 텐트를 치기에 적당한 장소를 발견하고 등반을 멈추었습니다. 당시 고도는 대략 3,380미터였습

---

* 1838~1902, 스위스 알프스의 개척자이자 지질학자, 스위스산악회 창립 회원. Doldenhorn(1862), Silberhorn(1863), Grosser Grünhorn(1865) 및 Lauterbrunner Breithorn(1865)을 초등했다.

니다. 크로와 타우그발더의 큰아들은 정찰을 하기 위해 산을 계속 올라갔습니다. 이렇게 하면 다음 날 아침 등반을 이어 나갈 때 시간을 절약할 수 있기 때문입니다. 저를 포함한 우리 일행은 그 자리에 남아서 텐트를 치고 밤을 보낼 준비를 했습니다. 이 작업을 모두 끝냈을 때 정찰을 하러 올라갔던 두 사람이 돌아와 정상까지 오르는 쉬운 루트를 발견했다고 승리에 찬 표정으로 말했습니다. "저희를 따라오시기만 하면 정상을 정복할 수 있는 데다 어려움 없이 텐트로 다시 돌아올 수 있을 겁니다."

이 소식에 모두 기분 좋은 마음으로 담요 속으로 들어가 잠을 청했습니다. 더글러스 경, 나 그리고 타우그발더 부자가 텐트 안에서 밤을 보냈고, 나머지는 밖에서 잠자리를 폈습니다. 우리 모두 이제야 잠들 수 있다는 생각에 기뻐했지만, 타우그발더 부자의 코 고는 소리에 잠을 설치고 말았습니다. 우리는 해가 뜨기도 훨씬 전인 아직 어두울 때 일어나 아침을 먹고, 곧 등반을 계속할 준비를 마쳤습니다. 그리고 금요일 새벽 3시 50분에 산을 올라가기 시작했습니다. 타우그발더의 셋째 아들인 프리드리히Friedrich는 같이 올라가지 않고 그 자리에 남았습니다.

등반은 그렇게 힘들지 않아 해발 3,900미터에 금방 도달했습니다. 여기서 우리는 30분 정도 휴식을 취했습니다. 그리고 등반을 계속하다가 9시 55분에 멈추어 50분 정도 쉬었습니다.

그동안 우리는 북동벽을 따라 오르고 있었고 어떤 어려움도 부딪친 적이 없었습니다. 하지만 이제, 지금까지처럼 등반을 계속할 수 없는 상황에 놓였습니다. 우리는 오른쪽으로 넘어가서 북벽으로 향했습니다. 상당한 주의를 기울이지 않고는 등반이 불가능했습니다. 정상이 얼마 남지 않은 상황에서 루트는 다시 수월해졌고 아주 단순해져서 크로와 저는 다른 사람들과 연결되어 있던 자일을 풀고 정상까지 달려갈 수 있었습니다. 우리 둘은 오후 1시 40분에 정상을 밟았고, 다른 사람들은 10분 뒤에 정상에서 우리와 합류했습니다.

정상을 정복한 등반 과정에 대한 이 첫 보고서를 윔퍼는 인터라켄Interlaken에서 작성해 호커Hawker 신부에게 건네주었다. 그리고 그는 자신의 면죄부를 바라는 듯 이탈리아산악회 총무인 리미니Rimini에게도 보냈다. 그는 지금쯤이면 카렐도 이 비극에 대해 알고 있을 것이라 생각했다. 카렐은 이제 사고에 대한 자신의 관점도 알게 될 터였다.

단 한 번만 발을 잘못 디뎌도, 한 번만 미끄러져도 심각한 사고가 날 수 있었습니다. 그렇다고 가이드들에게 잘못을 물을 수는 없었습니다. 그들은 자신의 의무를 완벽하게 해냈기 때문입니다. 그럼에도 추락한 사람들이 연결되어 있던 자일이 타우그발더와 저 사이의 자일만큼 적정 수준으로 당겨진 상태였다면, 이 모든 끔찍한 재앙은 피할 수 있었을 것이라 생각합니다.

윔퍼는 이렇게 가이드에게 잘못을 묻지 말라고 하면서도 스스로는 그 어떤 책임도 지려 하지 않았다. 알프스에서는 사고 당시 사용된 세 종류의 자일에 대한 논란이 분분했다.

제가 스케치를 하는 동안 앞선 5명이 이미 서로 자일을 연결한 상태였기 때문에 그들이 어떤 자일을 사용했는지 별로 주의를 기울이지 않았습니다. 저는 뒤늦게 그들이 그 자일을 사용하는 것이 적당하다는 결론을 내릴 수밖에 없었습니다. 사람들은 그 자일이 바위에 닳아 너덜너덜한 상태였다고 말하지만, 그것은 옳지 않습니다. 자일은 공중에서 끊어졌고, 그 이전에 손상을 입은 흔적은 전혀 없었습니다.

윔퍼가 쓴 보고서는 타우그발더에 대한 비방이 행간에 숨어 있었다. 6년 후 그가 낸 책『알프스 등반기Scrambles amongst the Alps』에서 윔퍼는 심한 비방을 퍼붓는다. "세 종류의 자일 중 그것은 오래된 데다 가장 약한 자일이었다. 내가 그 자일을 갖고 간 것은 단순히 하산을 할 때 많은 양의 자일을 바위에 감아 사용하고 그대로 놔두고 내려와야 할지 모르기 때문이었다. 타우그발더가 일행 중 일부가 추락할 수도 있다는 가능성을 알고 있었다면, 그들이 약한 자일에 연결된 것은 모두 타우그발더의 책임이다."

이것은 엄청난 비방이었다. 사고 순간의 책임은 오로지 윔퍼가 져야만 했다. 그가 자일을 준비해 왔고, 자일을 어디에 어떻게 써야 할지 결정했으며, 자일의 길이와 견고함 그리고 낡은 정도를 아는 사람은 오로지 윔퍼 한 사람뿐이었기 때문이다. 그는 자신을 대장이라고 생각하지 않은 걸까? 그리고 일행이 하산을 위해 자일을 연결하고 있을 때 그는 어디에 있었는가? 윔퍼는 자신이 정상에서 스케치를 하고 있었다고 말했다. 그러나 대장이라는 직책은 가장 큰 책임을 진다는 의미이며, 일행 전체를 감독하고 모두에 대해 주시를 해야 한다는 말이다. 윔퍼는 대장의 책임감이 무엇인지 카렐이라는 최고의 가이드를 보고 배웠으며, 스스로 카렐의 보호와 배려를 받아본 적도 있었다. 아버지 타우그발더 또한 자신에게 모든 것을 맡기는 고객의 안전을 자신의 안전보다 더 중요하게 생각할 정도로 명예를 중요하게 생각하는 사람이었다. 윔퍼는 마지막 순간에 와서 타우그발더 부자 사이에 자신을 연결했다. 누가 봐도 가장 안전한 위치였다. 아버지 타우그발더가 일행이 한꺼번에 추락한 순간에 곧바로 대응하지 못했다면, 그의 체력이 버티지 못했을 것이고, 자일이 감긴 곳의 바위 모서리가 깨져나가 그와 윔퍼 그리고 결국 그의 아들까지 함께 끌려 내려갔을 것이다.

타우그발더는 가이드로서 자신이 책임지고 있는 더글러스의 목숨을 절대 위험에 처하게 하지 않았을 것이다. 의도적이거나 소홀해서도 결코 아니었을 것이다. 만약 타우그발더에게 결정권이 있었다면 윔퍼가 아니라 자신의 고객인 더글러스를 자신과 아들 사이에 연결시켰을 것이다. 7월 23일 일요일, 페터 타우그발더에 대한 두 번째 심문이 열렸다. 그러나 왜 윔퍼가 아니라 타우그발더만 두 번씩 심문을 받아야 했을까? 그리고 왜 일요일이었을까? 윔퍼는 이미 현지를 떠난 후였지만, 그는 아버지 타우그발더에 대한 질문을 자치위원장에게 맡겨두고 갔다.

"당신의 마지막 진술 이후 새로 기억난 것이 있습니까?

무엇인가 정정하거나 보충할 것이 있습니까?" 요제프 안톤 클레멘츠가 물었다.

"없습니다. 우리가 위험한 지역에 도달하기 전, 제가 크로에게 안전을 위해 자일을 더 팽팽히 고정시켜야 한다고 말했지만, 크로가 그럴 필요가 없다고 했던 것밖에 없습니다." 타우그발더의 대답을 법원서기가 기록했다.

사치위원장은 타우그발더가 고정자일에 내해 이야기하고 있다는 것을 이해하지 못했다. 그는 전반적으로 등반용어나 등반이 어떻게 이루어지는지에 대한 지식이 부족했다.

클레멘츠가 심문을 계속 이어나갔다. "당신의 아들은 사고가 일어나는 것을 목격했습니까?"

"거의 보지 못했습니다." 아들은 이렇게 물었습니다. "아버지, 사람들이 아직 추락하지 않았어요?"

클레멘츠는 윔퍼가 적어준 다음 질문을 읽었다. "당신과 크로 사이에는 세 명의 고객과 연결되어 있었던 반면 당신과 당신 아들 사이에는 한 명만 연결되어 있었던 것은 무슨 이유입니까?"

"제일 앞에 선 사람은 가이드 크로였습니다. 그 뒤로 해도우와 자신을 가이드라 여긴 허드슨이 연결되어 있었습니다. 그리고 더글러스, 저와 윔퍼, 마지막으로 제 아들이 자일을 이었습니다. 허드슨은 가이드의 성격으로 등반하고 있었습니다. 그렇게 따지면 모든 고객들이 두 명의 가이드 사이에 연결되어 있었던 셈입니다."

"일행 안에서 허드슨이 가이드로 인정받고 있었습니까?"

"그는 스스로 말하기를 자신은 가이드가 필요 없으며, 가이드의 역할을 할 수 있다고 말했습니다."

"당신과 더글러스 경을 연결한 자일은 누가 준비했습니까?"

"고객인 관광객들이었습니다."

"당신의 아들은 등반 중 가이드의 역할을 했습니까? 아니면 단순히 짐꾼이었습니까?"

"첫날은 짐꾼이었고, 둘째 날은 가이드였습니다. 고객이었던 관광객들은 처음에 제 아들을 돌려보내려 했었습니다. 저와 크로 2명이면 가이드는 충분하다는 것이 그 이유였습니다. 아들을 가이드로 같이 데리고 가자는 제 요청에 따라 고객들은 아들을 가이드로 고용했습니다."

"7월 13일 체르마트를 떠난 것은 몇 시였습니까?"

"새벽 5시에서 6시 사이였습니다."

"밤을 보낸 장소에는 몇 시에 도착했습니까?"

"정오입니다."

"7월 14일 다시 등반을 시작한 것은 몇 시입니까?"

"대략 새벽 2시경입니다. 그 뒤에 30분 정도 등반을 멈추었습니다. 기분이 좋아진 관광객들은 환호성을 지르기도 했습니다."

"윔퍼의 설명에 따르면 해도우가 제일 먼저 미끄러지면서 크로를 끌어당겼으며, 이 두 사람의 무게에 허드슨과 더글러스가 끌려 내려갔다고 합니다. 그 사이에 윔퍼와 타우그발더 부자가 발 디딜 곳을 찾을 수 있었다고 합니다. 그리고 그 순간 자일이 끊어졌다고 합니다. 하지만 당신은 해도우가 제일 먼저 미끄러졌고, 그 다음에 허드슨, 더글러스, 마지막으로 크로가 끌려갔다고 진술했습니다. 윔퍼와 당신의 진술은 서로 일치하지 않습니다. 당신은 자신의 진술을 계속 유지하기를 원합니까?"

"윔퍼가 저보다 더 높은 곳에 있었기 때문에 그 자리에서 그가 이 불행한 사고에 대해 설명하는 것이 가능했다면 그의 진술이 저의 것보다 더 정확할 수 있습니다. 따라서 저의 진술만 옳다고 고집하지는 않겠습니다. 왜냐하면 모든 일이 순식간에 벌어졌기 때문입니다. 우리는 너무나 큰 충격을 받아, 저는 오늘까지도 사고가 어떤 순서로 일어났는지 정확히 설명할 수 없습니다."

"당신은 자신의 진술에 대해 정정하거나 보충하고 싶은 것이 있습니까?"

"다시 한 번 말하지만, 미끄러지지 않고 더 잘 버티기 위해 저는 바위를 등지고 있었습니다. 저와 윔퍼를 연결하고 있던 자일이 튀어나온 바위에 감겨 있었고, 팽팽한 상태가 아니었기 때문에 제가 계속해서 버틸 수 있었으며, 결국 3명의 목숨을 살릴 수 있었습니다. 다른 사람들이 추락하면서 제 허리춤에 감겨 있던 다른 자일에 상당한 충격이 가해졌고, 그로 인해 저는 아직도 자일을 감고 있던 자리에 통증을 느끼고 있습니다."

페터 타우그발더는 다시 한 번 자신의 진술 내용을 읽으며 확인을 한 후 조서에 서명했다.

자일이 끊어지는 과정에 대해 누군가 특별한 관심을 가진 듯 보였다. 왜 타우그발더만이 하필이면 일요일에 그것도 두 번이나 불려나가 심문을 받아야 했는지는 여전히 수수께끼로 남아 있다. 심문의 분위기가 편파적이었다는 것도 의문점으로 남았다. 체르마트는 일요일에는 어떤 행사도 하지 않는다는 불문율이 엄격하게 지켜지고 있는 마을이었기에 그 의문은 더욱 컸다.

법원 측에서 마터호른 사고에 대한 판단을 내리는 데 큰 어려움을 겪고 있는 것이 틀림없었다. 자치위원장은 이런 이유로 조서를 공개하지 않은 것이었을까? 아니면 윔퍼에게 자신만의 이야기를 빈틈없이 꾸미기 위한 시간을 주려 했던 걸까? 윔퍼는 일행 중 유일하게 살아남은 관광객이었고, 영국 산악회 회원이었다. 그는 런던으로 돌아와서 이 사건을 글과 그림으로 남기기 시작했다. 오로지 자신이 기억하는 바에 따라서, 그리고 이 재앙을 영국의 승리로 묘사하면서. 영국은 세계 최강국이었다. 윔퍼의 고국인 영국에서 처음에는 심한 비난이 쏟아졌지만, 그럼에도 그가 순수한 혈통의 영국인이라는 사실에는 변함이 없었다. 살아남은 2명의 가이드는 산간 마을에서 농사를 짓는 농부인 데다 '발도타인'이라는 방언을 사용해, 그들이 하는 말은 거의 알아들을 수도 없었다. 게다가 그들이 문자를 사용해 쓸 수 있는 단어라고는 자신의 이름뿐이었다.

몇 년이 지나고 나서야 대중에게 공개된 법원의 확정판결문을 보면 청문회가 윔퍼의 진술을 거의 그대로 따랐음을 알 수 있다.

비스프 지역의 청문회는 이 지역에 거주하는 자치위원장 요제프 안톤 클레멘츠와 법원 서기 C. 클레멘츠로 구성됐다.

청문회는 마터호른 등반 중 발생한 사고에 대한 공식적인 심문 결과, 기소 사유가 없다는 결론에 이르렀다.

확정판결문

7월 13일 새벽 5시, 일단의 사람들이 마터호른을 정복하기 위해 체르마트를 떠났다. 이들은 더글러스 경, 허드슨, 에드워드 윔퍼, 해도우 그리고 샤모니 출신의 가이드 미셸 크로, 체르마트에 거주하는 페터 타우그발더 부자로 구성되어 있었다. 이들은 13일 저녁을 산기슭에서 머물렀다. 그리고 그 다음 날 새벽 3시 40분 야영지를 떠나 오후 1시 40분 마터호른 정상에 올랐다. 이들은 올라간 길을 그대로 따라 내려왔다. 하산을 할 때 자일을 묶은 순서는 다음과 같았다. 제일 앞에 가이드인 크로, 그 뒤를 따라 해도우, 허드슨, 더글러스 경, 아버지 타우그발더, 윔퍼 그리고 제일 마지막으로 아들인 타우그발더가 내려왔다. 정상에서 약 100미터를 내려온 지점에서 이들은 바위가 온통 눈으로 뒤덮여 발을 딛기가 어려운 곳과 맞닥뜨렸다. 이 위험한 지역을 기어 내려오는 도중 해도우가 미끄러지면서 크로를 끌어당겨 두 사람이 함께 추락했다. 이 두 사람의 무게는 허드슨을 끌어당겼고, 그 뒤 더글러스 경까지 함께 끌려갔다. 이 사고가 일어난 순간 뒤에서 따라오던 사람들은 다행히 발을 단단히 디뎌 함께 끌려가지 않을 수 있었다. 그러나 이렇게 됨으로써 더글러스경과 타우그발더 사이를 잇고 있던 자일이 팽팽해져 결국 끊어졌다. 살아남은 세 명은 극도의 주의를 기울이며 산을 내려와 14일에서 15일로 넘어가는 밤을 4,000미터쯤에서 보내고, 별다른 사고 없이 7월 15일 토요일 10시 30분에 체르마트에 도착했다.

판결

1. 위와 같은 사실에 근거하면 어느 누구도 범죄와 관련됐다고 판단되지 아니한다.
2. 사고의 원인을 제공한 자는 해도우다. 따라서 이 경우 어느 누구도 잘못이나 범죄를 저지른 기소 대상이 되지 아니한다.
3. 이에 심문절차를 끝내며, 기소 사유가 있지 아니하므로 지금까지의 비용은 국가가 부담한다.

34

어떤 비극적 사건이 하나의 스캔들이 되고, 그 스캔들이 범죄가 되는 것은 아주 간단하다. 1865년 7월 31일 인터라켄의 작가인 알프레드 마이스너Alfred Meißner는 빈의 신문『디 노이에 프라이에 프레세di Neue Freie Presse』에 기사를 보냈다. 그리고 이 기사는 1865년 8월 4일 자의 1면에 실린다.

마이스너는 마터호른 초등 당시 마치 자신이 그곳에 있었던 것처럼 글을 풀어나갔다. 실제로 그의 이야기는 소문을 근거로 하고 있을 뿐이었다. 그가 쓴 기사의 서문은 단순히 사람들에게 회자되는 이야기에 대한 변명으로 이루어져 있었다.

나는 기분이 좋아 호텔로 돌아왔다. 호텔에는 체르마트에서 온 관광객들이 이미 많이 모여 있었다. 나는 그들의 이야기를 들으며 진지해질 수밖에 없었다. 소름 끼치는 마터호른의 재앙은 여전히 사람들의 화젯거리였다. 내가 들은 이야기를

이제 나의 입장에서 정리한다.

마이스너는 사고의 전말에 대해 아는 바가 거의 없었다. 그는 등반의 안전기술에 대해서도 전혀 알지 못했다. 더욱이 마터호른에서 일어난 사고는 윤리적 스캔들을 만들기에 적합한 소재가 아니었다. 그럼에도 그는 이 기사로 스캔들에 불을 붙였다.

자일에 연결된 사람들이 미끄러지면서 엄청나게 빠른 속도로 추락했다. 그러나 마지막 세 사람이었던 타우그발더와 윔퍼 그리고 타우그발더의 아들은 미끄러지던 발을 멈추고, 피켈을 이용해 딸려 내려가지 않기 위해 사력을 다했다. 아버지 타우그발더는 침착함을 잃지 않았다. 튀어나온 바위에 자신의 무릎을 대고 버티면서 손목에 자일을 두 번 감았다. 이로 인해 타우그발더의 아들은 더 이상 딸려 내려가지 않을 수 있었다. 그 사이 앞의 4명은 허공에 매달려 두 팔다리로 잡을 곳을 찾아 버둥거렸다. 이들은 더 밑으로 미끄러져 내려가 남아 있는 세 사람의 눈에서 완전히 사라졌다. 매달려 있는 4명이 자신들의 팔다리를 마구 흔들어대는 동안 그 무게를 감당하며 버티고 있었던 사람은 아버지 타우그발더였다. 그러나 그의 노력에도 불구하고 그의 손목에 감긴 자일은 점점 살을 파고 들어갔고, 바위 너머로 사라져 버린 4명은 거꾸로 매달린 몸을 바로 세우지 못해 다시 기어 올라올 수가 없었다. 타우그발더는 힘이 빠져갔다. 자일이 감겨 있는 팔의 고통을 더 이상 참을 수 없게 되자 그는 아마도 "매달려 있는 사람들의 무게로 우리 모두 딸려 내려갈 겁니다. 우린 이제 죽었습니다!"라고 말했을지 모른다. 그 순간 자일이 끊어졌다. 어쩌면 타우그발더가 몸 뒤쪽에 지니고 있던 칼이 삐져나와 자일을 끊어버렸을지도 모른다. 순간 앞에 매달려 있던 일행이 나락으로 떨어지기 시작했다. 떨어지는 모습을 본 것은 두 사람뿐이었다. 그들은 이때 바위로 떨어졌다가 다시 튕겨 나와 추락을 계속했다. 결국 그들이 멈춘 곳은 추락 지점에서 1,200미터나 떨어진 빙하였다. 나머지 세 사람은 살아남았다. 그들은 끔찍한 하산길을 계속 이어나갔다. 저녁 무렵 세 사람은 아직 눈이 쌓여 있는 곳이기는 했지만 그래도 안전한 장소까지 겨우 내려와 밤 동안 쉴 수 있었다. 윔퍼는 그 몸서리치도록 끔찍했던 하루 동안 단 한 마디도 하지 않았다.

그가 자신이 보고 경험한 것에 대해 할 말을 잃어버린 것도 놀랄 일은 아니다. 그 최악의 순간에 자기 자신을 보호하려는 본능은 인간의 권리일 수 있다. 또한 자일을 자른 것은 이미 죽음에 몸을 반도 넘게 담그고 있는 사람과 자신을 분리시키는 행위였는지도 모른다. 그리고 이 행위의 대가로 그는 자신의 목숨을 살렸다. 어찌 됐든 이 행동은 끔찍한 것이었으며, 자신의 양심에 비추어 볼 때 한 사람을 거의 미치게 만들 수도 있었다고 생각한다. 이제 사람들은 체르마트에서 시신을 발견했다. — 이 시신들은 너무나 많이 훼손되어 있어서 마을로 수습해 내려가기가 꺼려질 정도였다고 한다. — 다음 날 11시경 살아남은 사람들은 체르마트에 도착했다. 시신에 대한 조사가 이루어졌고, 사지가 절단 난 시신이 공개됐다. 수습을 위해 체르마트에 왔던 영국의 한 성직자는 허드슨 신부의 가방에서 성경을 꺼내 죽은 사람들을 위해 시편 90편을 읽으며 기도를 올렸다. 그리고 시신들은 바로 그 자리에 묻혔다. 젊은 더글러스의 시신은 찾을 수 없었다.

지금 회자되는 것처럼 자일이 끊어진 것이 우연이 아니었다 해도, 윔퍼는 할 말이 많을 것이다. "도대체 왜들 이러시오? 내겐 선택의 여지가 없었소. 나는 그저 전쟁터에서 최고의 지휘관이 취했을 법한 행동을 했을 뿐이오. 나는 우리 모두를 함께 죽음으로 끌고 가려는 사람들을 포기했소. 그럼으로써 내 목숨뿐만 아니라 두 사람의 목숨을 더 살렸소. 나는 아버지에게 아들을, 아들에게는 아버지를 선물했소. 도대체 뭐가 문제란 말이오? 내가 아니었다면 우리 일행 7명이 모두 다 빙하에 시신으로 누워 있었을 거요."

윔퍼는 런던으로 가는 길에 인터라켄에 들렀다. 윔퍼를 전부터 알고 있던 사람들은 그가 심히 불안정하고 정신적으로 황폐해진 상태라고 느꼈다.

살아남은 세 사람 중 두 가이드 편을 들고 있는 스위스 언론은 자일을 고의로 잘랐다는 사실을 부인하고, 우연히 끊어졌다는 가설을 계속 고집할 것이다. 사실이 무엇이었든 간에 눈과 얼음을 배경으로 펼쳐진 이 비극은 인간이 판단을 내릴 수 있는 사건이 아니다.

이 기사가 일으킨 파장은 상당했다. 여러 신문이 이 기사를 그대로 옮겨 실으면서 수많은 사람들이 논쟁을 벌였다. 카렐 또한 이 기사를 읽었다. 그가 이 기사에서 동의할 수 있는 부분이라고는 마지막 문장뿐이었다. 스위스 언론이 표명하는 것처럼 윔퍼는 자일을 일부러 끊었다는 이야기에 반대 입장을 분명히 했다. 윔퍼의 보고서나 타우그발더 부자의 진술을 바탕으로 했을 때 당시 상황에서 칼로 자일을 끊는 것이 절대 불가능했다는 사실을 알 수 있었기 때문이다.

그렇다면 윔퍼는 왜 이런 비난에 대해 그저 침묵으로 일관했던 걸까? 그가 마이스너나 다른 사람들의 비난에 대해 알지 못한다고 생각할 수는 없었다. 그는 이 모든 비난에 대해 전혀 대응하지 않았는데, 그의 이런 전략은 성공적이었다. 신문에 서로 기사를 내며 싸움을 펼치거나 명예훼손으로 마이스너에게 형사소송을 거는 대신, 그는 6년 후에 펴낸 자신의 책 『알프스 등반기』에서 자신에 대한 모든 비난을 뒤집어엎었다. 타우그발더에게 죄를 뒤집어씌우기 위해서는 우선 자신을 변호할 필요가 있었다. "아버지 타우그발더는 자신이 하지도 않은 일로 인해 기소를 당해야 했다. 그는 계속해서 부인했지만 체르마트의 동료들이나 이웃들은 그가 더글러스 경과 연결된 자일을 잘라 목숨을 건졌다고 주장하는 것을 멈추지 않았다. 나는 이런 파렴치한 책임전가에 대해 사고가 일어난 그 짧은 순간에 자일을 끊을 수는 없다고 대답했다."

그러나 부분적으로는 윔퍼가 공격을 시작한다.

"그럼에도 끊어진 자일이 우리가 갖고 있던 것 중 가장 오래되고 약한 자일이라는 데서 의심의 여지가 남는다. 왜냐하면 앞서가던 4명 중 어느 누구도 그런 자일을 골랐을 리가 없기 때문이다. 사용도 안 한 더 강한 자일이 충분히 남아 있었으니까. 만약 타우그발더가 사고가 날 것을 염려했다면, 그 상황에서 약한 자일을 사용해 이득을 볼 사람은 타우그발더 본인밖에 없다. 심문을 통해서 그에 관한 이런 의문에 만족스러운 대답을 들을 수 있다면 좋을 것이다."

여기서 문제가 되는 것은 자일이 저절로 끊어진 것인가, 아니면 누군가 잘라버린 것인가이다. 만약 자일을 고의적으로 자른 것이라면 과연 누가 그랬을까? 왜 자른 걸까? 도시의 시민들에게 이 문제는 윤리적인 것이지만 카렐에게는 과연 그렇게 할 수 있는지가 중요했다. 사고가 일어난 상황에서 자일이 끊어지기도 전에 완전히 자르는 것은 불가능한 일이다. 칼을 사용해도 그렇고 피켈로 내려쳐서도 불가능하다. 사람들은 악의가 담긴 상상력을 발휘해 윔퍼나 타우그발더에게 책임을 묻거나, 아니면 두 사람 모두에게 스스로를 보호하기 위해 자일을 잘랐다는 누명을 씌웠다. 사실 두 사람 모두 결백했다. 하지만 윔퍼에게는 이제 평생 동안 자신의 책임을 줄이고, 그만큼 타우그발더에게 책임을 전가하는 일이 남아 있었다. 카렐은 윔퍼의 이런 행위를 절대 용서할 수 없었다.

타우그발더는 이런 공격을 방어할 수 없었기에 부당한 일을 당하고서도 침묵을 지킬 수밖에 없었다. 그렇다고 누군가에게 도움을 청하는 일 또한 그의 자존심에 어긋나는 일이었다.

35

귀족계급의 수많은 청년들, 산업계급의 돈 많은 자녀들 그리고 성직자들이 윔퍼가 살던 시대에 등반에 열광했다는 사실은 주목할 만하다. 성직자들은 특히 산의 아름다움과 함께 자연의 힘에 감동했다. 산꼭대기에 올라가면 하나님과 더 가까워진다고 느껴서일까? 아니면 침묵하는 산이 조용한 훈계자로서 죽음 이후의 삶을 일깨워주는 걸까? 죽음에서 자극을 받은 삶이 과연 이성적이라 할 수 있을까 하는 대중의 질문에 이들은 대답하지 않았다. 이런 행위가 허용되는 것 자체가 죄가 아니냐는 윤리적 차원에 대한 설명은 윔퍼도 피하고 있었다. 그에게는 윤리보다 영웅주의가 더 필요했다.

그럼에도 영국으로 돌아온 윔퍼를 맞은 것은 같은 고향 사람들의 비난이었다. 마터호른을 '정복'하고 영국산악회에서 영웅으로 환영받는다는 그의 꿈은 현실이 되지 못했다. 유일하게 살아남은 그는 쏟아지는 비난의 한가운데 서 있었다. 윔퍼가 마터호른을 초등한 것은 맞다. 그러나 영국에서 절정의 인기를 구가하던 더글러스 경은 추락한 채 돌아오지 못했다. 일행의 절반이 그와 함께 나락으로 떨어졌다. 이 재앙이 일어난 것은 누구의 책임인가? 여기에 대한 설명을 요구하는 것은 여러 신문의 논설뿐만이 아니었다. 모든 책임을 타우그발더에게 전가하고 추락의 원인도 해도우에게 넘겨버린 마터호른 정복자는 대중으로부터 사면을 받지 못했다. 한 신문의 투고란에 글을 써서 윔퍼를 변호했던 성직자 리처드 글러버Richard Glover에게 그는 때늦은 답장을 보낸다. 이 편지에서 윔퍼의 딜레마가 여실히 드러난다.

존경하는 글러버 신부님,

보내주신 편지는 친구 한 명이 영국산악회에서 발견해 7월 31일 제게 전달해주었습니다. 이렇게 답장이 늦어 죄송합니다. 변명을 하자면 제게 온 편지가 끝을 모르고 쌓여가는 중이기 때문입니다. 누구나 한 번쯤은 현세의 소망이라는 것이 얼마나 무의미한가에 대해 이야기합니다. 저는 5년이라는 시간 동안 마터호른에 대해 꿈꾸며, 수많은 노력과 시간을 들인 결과 결국 마터호른 정복에 성공했습니다. 그러나 제가 이룬 성과에 대한 축하는 모두 재가 되어 날아가 버리고, 커다란 기쁨에 대한 기대는 오로지 고통만 가져왔습니다. 이 일은 제가 절대 잊지 못할 교훈이 될 것입니다.

신부님께서 쓰신 독자투고는 신문에 실린 후에 읽어보았습니다. 그리고 제 의견을 뒷받침해주신 것을 무척 감사히 생각하고 있습니다. 그렇지만 신부님께서 언급하신 더글러스 경에 대한 대목은 바로잡아야 할 필요가 있습니다. 저는 지금까지 더글러스 경보다 더 많은 가능성을 보여준 등반가를 만난 적이 없습니다. 다른 때에 다른 곳에서 그를 만났다면 우리는 안전이 완벽하게 확보된 상태에서 등반을 할 수 있었을 것입니다. 삶이란 얼마나 많은 우연의 조합으로 이루어지는지요! 저는 작년에 올해와 같은 루트로 등반하기 위해 체르마트에 갔었습니다. 하지만 사업상의 이유로 시도도 해보지 못하고 체르마트를 떠나야 했습니다. 그 당시 중간에 이런 일만 없었더라면 작년에 이미 마터호른 초등에 성공했을지도 모릅니다. 그러므로 당연히 이 불행한 재앙에 대해 불평할 일도 없었겠지요. 하다못해 만약 12일 저녁식사를 단 30분만이라도 일찍 시작했었더라면 저는 허드슨과 해도우를 만나지 못했을 터이고, 이 사고를 피할 수 있었을 것입니다. 개인적으로 말씀드리자면, 해도우와 함께 등반하도록 허락한 것을 제외하고 제 책임은 없다고 생각합니다. 그러나 어떤 일이 벌어질지 미리 알았다 하더라도 아마 저는 해도우와 함께 등반했을 것입니다.

에드워드 윔퍼

체르마트에서 이미 로버트슨 선생은 윔퍼에게 그 어떠한 논쟁이나 언론에도 휘말리지 말고 그냥 피하라는 충고를 한 바 있었다. 윔퍼는 8월 27일 자 편지에서 — 그때는 스캔들이 이미 범죄가 되어버린 후였는데 — 로버트슨 선생에게 이렇게 불만을 토로한다.

제가 런던까지 오는 길에 뻔뻔스럽고 염치없는 인간들의 끈질긴 접근을 얼마나 피해야 했는지 상상도 못 하실 것입니다. 저는 정말 가능하기만 하다면 우리가 체르마트에서 했던 결정을 따랐을 것입니다. 하지만 그렇게 하지 않았습니다. 말도 안 되는 소문과 글로 발표된 그 수많은 헛소리들은 저로 하여금 어쩔 수 없이 항변을 하도록 만들었습니다. 윌스 Wills에게서 온 두 번의 편지는 제게 답장을 요구했습니다. 저는 『더 타임스』의 편집장에게서 온 두 번의 편지와 어느 정도 저명한 인사들에게서 온 수많은 편지들을 받고 나서, 대응을 하지 않기로 한 저의 결정을 포기할 수밖에 없었습니다.

36

"영국산악회 회장님에게서 다급한 요구를 받고 난 이후, 편집장님께서도 마터호른 사고에 대한 보고서를 써달라는 요청을 하셨기에, 저는 이제 침묵을 깨고 ― 신문에 게재되는 것을 전제로 ― 사고 당시와 그 전후에 벌어진 일에 대해 담담하게 글을 써서 보내드립니다." 윔퍼가 『더 타임스』의 편집장에게 보낸 편지는 이렇게 시작된다. 이 내용은 8월 8일 자 신문에 실렸는데, 윔퍼가 마터호른 사고를 자세히 서술한 것은 이것이 처음이었다. 물론 철저히 자신의 관점에서.

7월 12일 수요일 아침, 더글러스 경과 나는 체르마트에서 가이드를 구하기 위해 테오둘 고개를 넘었다. 우리는 북벽의 설원을 넘은 뒤 푸르겐 빙하를 가로질러 슈바르츠제 호숫가

에 있는 작은 성당에 나의 텐트와 자일 그리고 다른 장비들을 보관해 놓았다. 그러고 나서 우리는 체르마트로 내려와 페터 타우그발더를 고용하고 그에게 다른 가이드의 선발권을 위임했다. 시간이 지나 저녁이 되자 찰스 허드슨 신부가 그의 동행인인 해도우와 함께 우리가 머물던 호텔로 들어왔다. 그리고 서로 대화를 나누는 동안 나는 다음 날 아침 마터호른 정복을 시도할 것이라고 이야기했다. 더글러스 경은 두 팀이 같은 목적으로 하나의 산을 오르는 것은 별로 바람직한 일이 아니라고 말했다. 나도 그렇게 생각했다. 그래서 나는 허드슨 신부에게 우리와 함께 등반하는 것이 어떻겠느냐는 의향을 물었는데, 그가 우리의 제안을 받아들였다. 나는 해도우 씨 또한 우리 일행에 받아들이기 전에 그가 알프스에서 어떤 등반을 했는지 물었다. 그리고 내가 기억하는 바에 따르면, 허드슨은 "해도우는 몽블랑을 다른 사람들보다 더 빠르게 올라갔습니다."라고 대답했다. 그리고 우리가 알지 못하는 여러 답사를 열거하면서, 다른 질문에 대한 대답으로 그는 이렇게 말했다. "나는 해도우 씨가 우리와 동행하기에 충분하다고 생각합니다." 이렇게 일류 등반가의 보증이 있는 만큼 해도우는 다른 조건 없이 우리 일행에 합류하게 됐다. 이어서 우리들은 가이드 문제에 대해 논의했다. 해도우와 허드슨은 미셸 크로라는 가이드와 움직이고 있었는데, 허드슨은 페터 타우그발더까지 함께 간다면 더 이상의 가이드는 필요 없을 것이라는 의견을 제시했다. 우리는 이 문제에 대해 당사자인 두 가이드에게 의견을 물어보았고, 두 사람은 여기에 어떤 반대도 하지 않았다.

우리는 목요일 새벽 5시 35분에 체르마트를 떠났다. 타우그발더의 부탁으로 그의 두 아들이 짐꾼으로 동행했다. 그들은 우리 모두가 3일 동안 먹을 수 있는 식량을 져 날랐다. 루트가 생각보다 어려울 경우를 대비한 것이었다. 슈바르츠제 호숫가의 작은 성당에 충분한 양 이상의 자일을 미리 준비해 놓았기에 체르마트에서는 자일을 챙기지 않았다. 사람들이 나에게 허드슨이 체르마트로 가져온 와이어 로프를 왜 챙겨가지 않았는지에 대해 계속해서 묻는데, 그것은 나도 잘 모르겠다. 허드슨은 와이어 로프에 대해 한 번도 언급한 적이 없었고, 나도 실제로 본 적이 없었다. 결국 등반을 하는 동안 사용된 자일은 모두 내가 준비한 것이다. 우리가 가진 자일은 세 종류로 우선 60미터 길이의 산악회 자일이 있었고, 두 번째의 40미터 자일은 내 생각에 의하면 첫 번째 자일보다 더 강했다. 그리고 세 번째 자일은 60미터가 넘는 길이에 첫 번째 자일보다 더 약하고 가벼웠다.

우리가 체르마트를 떠날 때는 마터호른을 정복할 생각이었다. 여기저기서 주장하는 것처럼 그저 탐색을 하거나 정찰을 하려는 목적이 아니었다. 우리는 오랜 경험에 따라 가장 험난한 산을 정복할 때 필요하다고 생각되는 모든 것을 준비한 다음 등반을 시작했다. 하지만 우리는 첫째 날에 높은 곳까지 올라가려는 생각이 없었다. 텐트를 치기에 적당한 장소를 찾으면 등반을 멈출 계획이었다. 따라서 우리가 여유 있게 산을 오르다가 슈바르츠제 호수를 떠난 것이 8시 20분이었다. 그리고 중간중간 충분한 휴식을 취하면서 산기슭에 도착했다. 그때가 11시 20분이었다. 우리는 왼쪽으로 방향을 틀어 북동벽을 오르기 시작했다. 12시가 되기 전 우리 일행은 이미 3,350미터 고도에 도달했고, 텐트를 치기에 적당한 장소를 발견했다. 그러나 크로와 타우그발더의 큰아들은 여기서 멈추지 않고 더 위쪽의 지형을 살피기 위해 계속 산을 올랐다. 이렇게 정찰을 하면 다음 날 등반을 할 때 시간을 절약할 수 있기 때문이다. 남아 있던 나머지 사람들은 텐트를 치기 위해 자리를 평편하게 골랐다. 그리고 이 작업이 거의 끝나갈 무렵 두 사람이 돌아왔다. 이들은 도착하자마자 들뜬 표정으로 모든 것이 좋아 보인다고 보고했다. 그러면서 만약 우리가 자신들과 함께 산을 올라가면 바로 그날 정상을 정복하고 나서 다시 텐트로 돌아올 수 있을 것이라고 확신에 찬 표정으로 말했다. 나는 해가 비치는 동안 스케치를 하면서 나머지 시간을 보냈고, 다른 사람들은 햇볕을 쬐면서 앉아 쉬었다. 해가 지는 모습을 보자 다음 날의 날씨가 더없이 좋을 것이라는 예감이 들었다. 우리는 밤을 보낼 준비를 하기 위해 텐트로 돌아왔다. 허드슨은 차를 끓였고, 나는 커피를 내렸다. 그 후 우리는 잠자리에 들었다. 타우그발더 부자와 더글러스 경 그리고 나는 텐트 안에서 잤는데, 나머지 사람들은 밖에서 자는 것을 더 좋아했다. 밤이 깊도록 우리의 웃음소리와 가이드들이 부르는 노랫소리가 산에 울려 퍼졌다. 야영을 하는 우리는 즐거웠다. 나는 재앙이 아니라 정상에 오르는 꿈을 꾸었다.

14일 새벽 우리는 출발 준비가 되자마자 동이 트기도 훨씬 전에 길을 나섰다. 타우그발더의 둘째 아들은 야영지에 그대로 남기로 했다. 6시 20분, 우리는 3,900미터 고도에 도달해 그곳에서 30분간 휴식을 취했다. 그 후에는 쉬지 않고 9시 55분까지 등반을 계속했다. 그러고 나서 약 4,300미터에 도달했을 때 50분 동안 휴식을 취했다. 그때까지 우리는 별 어려움 없이 북동벽을 기어올랐다. 올라가는 내내 대부분의 구간에서는 자일조차 필요하지 않았으며, 허드슨과 내가 앞서

거니 뒤서거니 등반을 이어갔다. 그러다가 체르마트 쪽에서 보면 수직이 아니면 오버행으로 보이는 지점에 도달했는데, 이쪽 벽으로는 더 이상 계속 올라갈 수 없게 됐다. 그리하여 우리는 의논을 한 다음 오른쪽인 북벽 쪽으로 넘어갔다. 그리고 길을 다시 나서기 전 일렬로 가고 있던 순서를 바꾸었다. 이제 크로가 선두에 서고 내가 그 뒤를 따랐으며, 허드슨이 세 번째에 섰고 맨 마지막으로 해도우와 아버지 타우그발더가 섰다. 이렇게 조정한 것은 루트가 상당히 까다롭고 주의를 요했기 때문이다.

도대체 더글러스 경과 타우그발더의 큰아들은 어디에 있었던 걸까? 윔퍼가 흥분한 상태에서 이들을 언급하는 것을 잊은 걸까? 하지만 이들도 분명 함께 산을 오르고 있었을 것이다.

어떤 곳에서는 손으로 잡을 곳이 거의 없었기 때문에 등반 기술이 좋은 사람이 선두에 서야 했다. 그럼에도 어느 정도의 수준을 가진 등반가라면 이런 루트는 충분히 오를 수 있을 터였다. 우리는 젊은 해도우가 이런 식의 등반에 전혀 익숙하지 않아, 계속해서 도움을 필요로 한다는 사실을 깨달았다. 하지만 어느 누구도 그가 내려가야 한다고 주장하지 않았다. 우리는 그를 정상까지 데리고 갈 수밖에 없었다. 여기서 짚고 넘어가야 하는 것은 해도우가 겪는 어려움이 피로하거나 용기가 없었기 때문이 아니라 단순히 그의 등반경험 부족에서 온 것이라는 사실이다. 내 뒤를 따라오던 허드슨은 이곳뿐만 아니라 루트 전체를 오르면서 조금의 도움도 필요로 하지 않았다. 가끔씩 크로가 나에게 손을 내밀어주거나 나를 위로 당겨줄 때면 나도 허드슨을 돕기 위해 몸을 돌렸지만, 그는 나의 도움을 한사코 거절했다. 정상까지 가면서 정말로 어려웠던 곳은 그리 길지 않아 100미터도 되지 않았고, 그 이후에는 경사가 점점 낮아져서 결국 크로와 나는 우리 일행과 연결된 자일을 풀고 정상까지 달려갔다. 우리 두 사람은 오후 1시 40분에 정상에 도착했고, 나머지 사람들은 10분 정도 늦게 정상을 밟았다.

사람들은 정상에 섰을 당시 우리 일행의 신체적 상태를 궁금해하지만, 어느 누구도 지친 기색을 보이지 않았다. 또한 누군가로부터 피곤하다고 생각할 만한 말도 듣지 못했다. 내가 크로에게 피곤하지 않느냐는 질문을 하자, 그가 크게 웃었던 것이 아직도 기억에 생생하다. 우리가 등반을 한 시간은 모두 10시간도 되지 않았고, 그 사이에 2시간이나 휴식을 취했기 때문이다. 어떤 말이었는지는 잘 기억이 나지 않지만 위험을 암시하는 언급이 크로의 입에서 나왔다. 하지만 그것은 거의 지나가는 말로, 분명 아무 의미도 없었을 것이다. 그는 우리가 정상까지 아주 천천히 올라왔다는 나의 말에 이렇게 대답했을 뿐이다. "예. 맞습니다. 가능하다면 함께 온 다른 사람들 말고 선생님과 또 다른 가이드, 이렇게 셋이서 하산하고 싶습니다."

우리는 정상에서 1시간 동안 머물렀다. 그동안 허드슨과 나는 — 이미 하루 종일 그래왔듯이 — 어떻게 하면 가장 안전하게 다시 내려갈 수 있는지에 대해 논의했다. 우리 두 사람이 합의한 바에 따르면 실력이 가장 좋은 크로가 선두에 서고, 해도우가 그 뒤에 두 번째로 따라가는 것이 최고의 방법이었다. 가이드나 마찬가지로 절대 미끄러지는 경우가 없는 허드슨은 세 번째로 가기를 원했고, 그 다음이 더글러스 경, 그 뒤를 아버지 타우그발더가 따르는 순이었다. 나는 허드슨에게 바위의 튀어나온 모서리에 자일을 감아 확보용으로 쓰자고 제안했다. 추가적인 안전조치로서 만약의 경우 바위에 매달릴 수 있도록 하기 위한 것이었다. 우리 일행은 이미 논의한 순서대로 정렬을 하고 있었고, 그 사이 나는 정상에서 스케치를 마쳤다. 다른 사람들이 내가 자일에 연결하기를 기다리는 동안, 우리의 이름을 담은 병을 정상에 남겨두는 것을 깜빡했다는 것을 누군가가 지적했다. 사람들이 나에게 이 일을 부탁했는데, 내가 정상에 다녀오는 동안 그들은 이미 내려가고 있었다. 내가 일행을 따라잡았을 때 그들은 어려운 곳을 막 지나려 하고 있었다. 나는 곧 타우그발더의 아들과 자일을 이은 다음 따라 내려갔다. 하산에는 최대한 주의를 기울였다. 언제나 한 명이 어느 정도를 내려가 안선을 확보하면 그다음 사람이 따라 내려가는 방식이었다. 서로간의 간격은 아마 6~7미터 정도였을 것이다. 하지만 여분의 자일을 바위에 묶어두지 않은 채였고, 그 뒤로도 이에 대한 언급은 없었다. 이 안전조치는 오로지 해도우를 염두에 둔 것인데 생각뿐이었다.

이미 언급한 것처럼, 나는 처음에는 우리 일행들과 자일로 연결되지 않은 상태에서 다른 사람들을 따라가고 있었다. 하지만 그대로 하산한 지 15분 정도 지났을 때 더글러스 경이 나에게 아버지 타우그발더와 자일을 같이 묶도록 얘기했다. 이미 말한 바와 같이, 그는 자신이 미끄러졌을 때 타우그발더가 버텨줄 수 없을까 봐 두려워하고 있었다. 이 일이 있고 나서 채 10분도 지나지 않아 사고가 일어났으니, 내가 타우그발더와 자일을 연결함으로써 그가 목숨을 건졌다는 것은 너무나 분명하다.

내 기억에 의하면 사고가 일어난 그 순간에 움직인 사람은 없었다. 확신할 수는 없지만, 그것은 타우그발더 부자도 마찬가지였을 것이다. 왜냐하면 선두에서 가던 두 사람이 큰 바위에 가려 잘 보이지 않았기 때문이다. 불쌍한 크로는 피켈을 옆에 놓고 해도우의 안전을 위해 그의 다리를 잡고, 발 양쪽이 제대로 된 곳에 자리 잡도록 도와주었다. 이 두 사람의 어깨가 움직이는 모습을 보고 나는 크로가 해도우의 양발을 제대로 딛게 해주고 나서 자신도 한 발에서 두 발 정도 내려가기 위해 몸을 막 돌린 것으로 판단했다. 바로 그때 해도우가 미끄러지면서 크로를 덮쳤다. 나는 크로가 내지르는 비명 소리를 들었다. 그리고 크로와 해도우가 추락하는 것을 목격했다. 몇 초 지나지 않아 허드슨이 서 있던 자리에서 딸려 내려가기 시작했고, 그 뒤 곧바로 더글러스 경도 같은 상황을 면치 못했다. 이 모든 일은 아주 순식간에 일어났다. 크로의 비명을 듣자마자 타우그발더와 나는 가능한 한 바위에 몸을 지탱해 버티기 시작했다. 우리 두 사람 사이의 자일이 팽팽하게 당겨졌다. 자일에 전해진 충격은 마치 우리 둘이 한 몸인 듯 동시에 느낄 수 있었다. 우리는 버틸 수 있었지만, 타우그발더와 더글러스 경 사이의 자일이 중간에서 끊어져

나갔다. 2~3초 동안 우리는 동료들이 바위에 등을 댄 채 아래로 미끄러져 내려가며 어딘가 잡을 곳을 찾으려고 팔다리를 허우적거리는 모습을 목격했다. 그들은 여기저기 바위에 부딪히며 한 사람씩 눈앞에서 사라져 결국에는 마터호른 빙하로 자유낙하 했다. 1,200미터가 넘는 높이를 추락한 것이다. 자일이 끊어진 바로 그 순간부터 우리가 그들을 돕는 것은 불가능했다.

자일이 끊어진 바로 그 순간부터 윔퍼의 삶은 영원히 바뀌었다. 그러나 자일에 몸을 연결하던 그때 그는 성공에 도취되어 있었다. 드디어 마터호른을 정복했다! 이렇게 꿈같은 기분에 들떠 있던 그는 크로의 비명 소리에 순간 정신을 차렸다. 하늘에 머물러 있던 그의 시선은 곧장 심연으로 향했고, 추락하는 동료들과 함께 무無의 세계에 이르렀다. 사고가 발생한 것은 한순간이었다. 그는 마치 자신이 추락하는 듯한 느낌을 받았다. 바로 그 순간이 그의 트라우마가 됐다.

우리는 30분간 한 발자국도 움직이지 못한 채 그 자리에 석고처럼 굳어 있었다. 두 가이드는 너무 놀라 몸이 마비된 채 아이처럼 울면서 마치 우리에게도 같은 운명이 닥쳐오기라도 한 듯 떨었다. 안전한 장소로 산을 내려왔을 때 나는 끊어진 자일에 대해 두 사람에게 물었다. 그리고 정말 소스라치게 놀랍게도 끊어진 자일이 세 종류 중 가장 약한 것이라는 사실을 알게 됐다. 우리 일행이 서로 자일을 연결하고 있을 때 나는 여전히 스케치를 하던 중이어서 그들이 어떤 자일을 사용하는지 알 수 없었다. 그리고 이제 와서야 그들이 그 약한 자일로도 충분하다고 생각했다는 결론을 내리게 됐다. 사람들은 자일이 끊어진 원인이 바위와의 마찰이라고 주장하지만 사실은 그렇지 않다. 그 자일은 어떤 곳에도 닿지 않고 공중에서 끊어졌으며, 끊어진 자일의 끝을 보아도 끊어지기 전 그 어떤 손상을 입은 흔적이 없었다.

나는 2시간이 넘도록 내려오는 내내 나도 이제 곧 추락할 것이라고 생각했다. 그도 그럴 것이 가이드인 타우그발더 부자가 다른 사람에게 도움을 줄 수 있는 상태가 아니었을 뿐만 아니라, 두 사람 중 한 명이 언제 미끄러질지도 알 수 없는 상황이었기 때문이다. 나는 산을 내려가는 도중, 종종 걸음을 멈추고 재앙을 당한 동료들의 흔적을 찾아보려 했다. 물론 이것은 헛된 노력에 불과했다. 그래서 저녁이 되자 우리가 아직도 3,900미터에 있다는 사실에 놀랄 수밖에 없었다. 결국 우리는 토요일 아침 10시 30분에야 체르마트에 도착했다.

나는 마을에 도착하자마자 그 지역 당국자에게 연락을 취해 4명의 동료들이 추락해 있을 것이라고 생각되는 장소까지 최대한 많은 사람들을 올려 보내달라고 부탁했다. 몇몇 사람들이 산을 올라갔는데 6시간 만에 돌아와, 시신을 보기는 했지만 그날 내로 시신이 있는 곳까지 갈 수는 없었다고 보고했다. 이들은 일요일 저녁에 출발해 월요일 아침 동이 트기 전까지 추락한 사람들을 수습해 오자고 제안했지만, 나와 매코믹 신부는 한시도 시간을 버리고 싶지 않아 일요일 아침에 출발하기로 했다. 일요일 아침미사에 참석하지 않을 경우 마을에서 쫓겨날지도 모르는 체르마트의 가이드들은 우리와 동행하지 못했다. 하지만 로버트슨 선생과 필포츠 씨는 그들의 가이드인 프란츠 안덴마텐이 우리와 동행하도록 허락해주었고, 풀러Puller 씨는 로흐마터 형제를 보내주었다. 그리고 샤모니 출신인 파요와 테라 또한 우리와 동행하기로 했다. 나는 그들과 함께 일요일 새벽 2시 마터호른으로 향했다. 우리는 목요일 아침 등반했던 루트로 산을 올라 회른리 능선을 넘었다. 그리고 오른쪽으로 방향을 틀어 능선을 내려갔다가 다시 마터호른 빙하까지 올라갔다. 8시 30분 빙하에 도착한 우리는 나의 동료들이 보이는 곳까지 갔다. 우리는 그들을 보자마자 더 이상 희망이 없다는 사실을 깨달았다. 우리는 더 가까이 다가갔다. 그들은 추락한 순서대로 놓여 있었다. 앞쪽에 크로가, 그 바로 옆에 해도우, 그리고 허드슨의 시신은 거리를 두고 뒤쪽에 떨어져 있었다. 오직 더글러스 경의 시신만이 전혀 보이지 않았다. 그리고 놀랍게도 이 세 사람을 잇고 있던 자일은 산악회의 튼튼한 것이었다. 결국 세 자일 중 가장 약한 것이 아버지 타우그발더와 더글러스 경 사이를 잇고 있었던 것이다.

매코믹 신부님께서 보낸 편지로 이미 그 뒤에 일어난 일은 알고 계시리라 믿습니다만, 덧붙이자면 이렇습니다.

시신을 수습하라는 발리스 당국의 명령으로 사고가 난 지 나흘 후 21명의 가이드가 이 참담한 작업에 착수했다. 모든 영국인들은 이 용감한 사람들에게 감사해야 할 것이다. 이들이 한 일은 결코 쉽지도 않았을 뿐더러 커다란 위험을 감수한 것이었기 때문이다. 하지만 이들 또한 더글러스 경의 시신은 찾지 못했다. 아마도 더 높은 곳의 어느 바위틈에 걸려 있는 듯했다. 나만큼 진심으로 그를 잃은 슬픔에 애도하는 사람도 없을 것이다. 그는 비록 어린 나이였지만 훌륭한 등반가였고, 마터호른을 오르는 동안에도 하루 종일 누구의 도움도 필요로 하지 않았으며, 단 한 번의 실수도 하지 않았다. 그는 나와 만나기 불과 며칠 전 가펠호른 정상에 올랐었다. 내 생각에 그 산은 마터호른보다 훨씬 더 정복하기 어려운 산이다.

나는 당국에서 명령한 조사를 받기 위해 7월 22일까지 체르마트에 남았다. 먼저 내가 심문을 받았는데, 나는 체르마트를 떠나기 전 아버지 타우그발더에게 묻고 싶은 질문들을 청문회에 넘겨주었다. 왜냐하면 내가 발견한 그들의 자일에 대한 문제점을 전혀 받아들일 수 없었기 때문이다. 내가 듣기로, 타우그발더는 내가 체르마트를 채 떠나기도 전의 심문에서 이 질문을 받고 그에 대한 대답을 했다는데, 나는 그 심문에 참석하는 것이 허락되지 않았다. 또한 타우그발더는 서면으로 답변을 보내주기로 약속했는데, 나는 아직 아무것도 받지 못했다.

바로 이것이 슬픈 이야기의 끝입니다. 단 한 번 미끄러지고, 단 한 번 발을 잘못 디딘 것이 바로 이 끔찍한 비극의 원인입니다. 그렇지만 추락한 동료들 사이의 자일이 나와 타우그발더를 연결했던 자일만큼만 팽팽했더라면 이런 사고는 나지 않았을 것입니다. 자일이란 제대로만 사용한다면 안전을 확실히 확보해줍니다. 자일로 연결된 두 사람이 서로의 거리를 좁혀 자일이 밑으로 처지면 자일에 연결된 사람들 전체가 위험에 빠지게 됩니다. 이런 경우 단 한 사람만 미끄러져도 다른 사람들이 잡아당기기 전에 이미 상당한 충격이 생겨 전체가 줄줄이 끌려가기 때문입니다. 하지만 자일이 팽팽한 상태에서는 이런 일이 실제로 발생할 가능성은 거의 없습니다.

여전히 존경하는 마음을 담아,

에드워드 윔퍼

8월 7일 헤이슬미어Haslemere에서

이 글은 마치 용서를 구하는 것처럼 들리지만, 사고를 자기에게 유리하도록 꾸미려는 시도였다. 그리고 이 시도는 보기 좋게 성공했다. 윔퍼는 이런 방식으로 자기에게 떨어진 모든 책임을 회피하면서 타우그발더 부자에게 잘못을 떠넘기려 했다. 이 글의 몇몇 구절은 심지어 신뢰성이 떨어지기까지 한다. 만약 아버지 타우그발더가 사고가 난 이후 침착성을 잃고 하산하는 길을 제대로 확보해주지 않았다면, 너무 놀라 얼이 빠져 있었을 것이 분명한 윔퍼는 하산이 불가능했을 것이다. 타우그발더 부자는 이미 산을 오를 때부터 하산길 안전 확보에 한계가 있을 가능성을 알고 있었다. 크로는 분명 선두로 내려가서는 안 되는 상황이었다. 하지만 그 외에 크로가 자신의 고용주를 산 밑까지 안전하게 데리고 내려올 방법이 과연 있었을까? 그것도 등반의 초보자인 해도우를.

37

그 당시 젊은이였던 큰아들 페터 타우그발더는 50년 후인 일흔다섯이 되어서야 자신의 관점에서 본 마터호른 초등을 언급했다. 그러나 이미 저세상 사람이 된 자신의 아버지가 감수해야 했던 부당함을 되돌리기에는 너무 늦은 시점이었다. 큰아들은 자신의 이야기를 테오필 레너Theophil Lehner에게 들려주었고, 그는 이 이야기를 생생하면서도 이해하기 쉽도록 기록으로 남겼다.

그때의 일이 마치 어제였던 것처럼 아직도 생생하게 기억난다. 그 끔찍한 재앙이 내게 남긴 충격이 너무나 강해 나는 아마도 살아 있는 동안 그 사고를 절대 잊을 수 없을 것이다. 7월 초, 청년이었던 더글러스 경은 체르마트로 와서 나의 아

버지와 함께 여러 번 힘든 등반을 했다. 그중에서도 손에 꼽을 만한 것은 오버가벨호른의 초등이었다. 더글러스 경은 여기에 만족하지 않고 마터호른 정복까지 노렸다. 7월 10일인가 11일에 샤모니 출신의 가이드 미셸 크로가 영국인 해도우와 허드슨을 대동하고 몬테로사 호텔에 모습을 드러냈다. 그들의 여행 목적은 마터호른 정복이었다. 그 한가운데에 윔퍼가 있었다. 이에 더글러스 경과 그의 가이드인 나의 아버지는 그들과 함께 가기로 했다.

그 당시 나는 처음 콧수염이 날 정도로 어렸다. 그렇지만 넘지 못할 바위가 없으며, 아무리 경사진 빙하도 지나갈 수 있다고 느낄 정도로 용기가 넘쳤다. 나는 막 열여섯의 나이에 아버지와 함께 3명의 영국 대학생들을 데리고 몬테로사 정상에 섰다. 아버지는 이 산의 날씨를 우려해 내가 따라가는 것을 원치 않으셨다. 왜냐하면 몬테로사는 살을 에는 추위로 악명이 높았기 때문이다. 많은 가이드들이 계속해서 발가락에 동상을 입곤 했었다. 하지만 나는 같이 가고 싶다고 아버지에게 고집을 부렸다. 왜냐하면 그 3명의 대학생들에게 몬테로사를 정복하라고 부추긴 사람이 바로 나였기 때문이다. 따라서 그들은 곧 나의 고객이기도 했다. 나는 만약 아버지가 가지 않는다면 다른 가이드를 고용하겠다고 말했다. 결국 나는 같이 가게 되어, 들뜬 마음만으로도 이미 정상에 간 것이나 다름없었다.

이야기를 되돌리자면, 1865년의 나는 더 이상 등반의 초보자가 아니었다. 그때까지 브라이트호른뿐 아니라 다른 여러 봉우리의 등정에도 참가했었다. 그리하여 나는 아버지에게 나도 마터호른에 데려가달라고 부탁했다. 아버지의 계획은 다른 가이드 2명을 더 고용하고 자일파티를 둘로 구성하는 것이었지만, 허드슨은 이 계획을 마음에 들어 하지 않았다. 그는 오만하게도 자신과 자신의 동행인의 실력이 가이드보다 뛰어나다고 생각했다.

7월 13일 아침 일찍 우리는 필요한 만큼의 식량을 몬테로사 호텔로 가져갔고, 6시경 모두가 마터호른을 향해 출발했다. 날씨는 등반을 하기에 안성맞춤이었다. 눈이라고는 찾아볼 수 없는 마터호른이 우리를 미소로 반기고 있었다. 우리는 회른리 능선에서 점심을 먹었다. 전망은 아주 좋았다. 높은 봉우리들이 우리 주변을 둘러싸고 있었다. 나의 심장은 기쁨으로 뛰었고, 다음날 아침에 대한 기대로 부풀어 올랐다. 마터호른 기슭에 도착하자 우리는 텐트를 치고 야영을 했다. 나는 크로와 함께 조금 더 높이 지금의 '옛 대피소'가 있는 곳까지 올라갔다. 올라가는 길은 전혀 어렵지 않았다. 우리는 동료들에게 돌아와 위로 올라가는 루트가 쉽다는 기쁜 소식을 전했다. 우리는 이 기쁜 소식을 그 사이에 동료들이 끓여 놓은 수프를 먹으며 함께 즐겼다. 그리고 나는 어린아이처럼 깊은 잠에 빠졌다.

자는 동안 나는 마터호른 정상에 서서 저 아래 마을까지 들리도록 환호성을 지르는 꿈을 꾸었다. 그러다 어느 순간 돌아보니 나는 정상에 혼자 서 있었다. 아무리 둘러보아도 다른 사람은 보이지 않았다. 나는 두려움에 떨며 잠에서 깨어났다. 시간을 보니 새벽 2시쯤이었다. 그때 다른 사람들도 일어나기 시작했다. 우리는 차를 끓여 마시고 나서 정상 정복에 나섰다. 우리는 곧 서로를 자일로 연결했는데, 크로가 선두였고, 그 뒤로 허드슨, 윔퍼, 해도우 그리고 나의 아버지, 더글러스 경 그리고 마지막으로 내가 따라갔다. 새벽 3시쯤 동이 트기 시작하자 곧 동쪽 하늘 전체가 황금빛으로 물들었다. 하늘에는 구름 한 점 없었다. 유일하게 들리는 소리는 7명의 발자국 소리와 피켈이 바위에 부딪치는 소리뿐이었다.

우리는 전날 오후 크로와 내가 미리 정찰해둔 루트를 따라 올라갔다. 모든 것이 순조롭게 흘러갔다. 지금의 '옛 대피소'가 있는 장소까지는 그랬다. 여기서부터 등반의 난이도가 높아졌지만, 모두 기분 좋은 상태를 유지하며 상당히 빠른 속도로 높은 곳까지 올라갈 수 있었다. 지금의 '솔베이 비박산장*Solvay Refugium'이 있는 지점에서 50미터를 더 가서 우리는 휴식을 취하며 체력을 보충하기 위해 간식을 먹었다. 그리고 등반을 계속했다. 그러나 내 앞에 가고 있던 더글러스 경은 한 발 한 발 딛는 것을 힘겨워했다. 게다가 자주 미끄러졌다. 그래서 나는 올라가는 내내 나의 손으로 직접 그의 다리를 잡아 발을 딛게 해주어야 했다. 이윽고 루트 중 가장 힘든 곳을 눈앞에 두게 됐다. 우리는 그곳을 어떻게 헤쳐 나갈지 의견을 나누었다. 그 구간을 넘어가면 다시 길이 쉬워진다는 것은 모두가 알고 있었다. 결국 크로는 북벽 쪽으로 넘어가기로 결정을 내렸다. 그쪽으로는 눈이 거의 쌓여 있지 않았다. 발밑은 수직으로 거의 1,800미터여서 어느 누구도 입을 열지 않았다. 얼마나 위험한 곳을 가고 있는지 모두가 알고 있었기 때문이다.

단 한 번만 잘못된 곳을 잡거나, 단 한 번만 발을 잘못 디뎌도 우리는 저 아래 빙하 위로 추락해 온몸이 산산 조각나게 될 터였다. 젊고 민첩한 나는 마치 고양이처럼 날쌔게 산을 올랐다. 그래서 다른 사람들을 관찰하고 더글러스 경의 발 디

---

* Solvayhütte. 회른리능 4,003m에 있으며 1917년 완성되어 스위스산악회(SAC)에서 운영한다. 벨기에의 화학자이자 기업가인 어네스트 솔베이Ernest Solvay의 이름을 땄다.

딛 곳을 찾아줄 시간이 있었다. 그는 그다지 훌륭한 등반가가 아니었다. 그럼에도 우리는 계속해서 천천히 앞으로 나아갔다. 그리고 드디어 오후 2시경 정상에 도달했다.

우리는 정상에 그리 오래 머물지 않았다. 정상에 선 내 마음은 하늘을 날아갈 듯했다. 그 후 우리는 다시 하산 준비에 들어갔다. 그때 윔퍼는 더글러스 경과 자리를 바꾸어 이제 내 바로 앞에 서게 됐다. 크로는 여전히 제일 앞에서 우리를 이끌었다. 어느 정도 내려와, 우리는 북벽 쪽으로 넘어갔다. 우리는 단단히 주의를 기울이며 아주 느린 속도로 움직였다. 하산이 산을 오르는 것보다 훨씬 더 어려웠기 때문이다. 이윽고 크로는 자기 뒤를 따라오는 세 사람과 함께 북벽을 기어 내려가기 시작했다. 그때 아버지는 앞에서 내려가는 일행의 안전을 확보하기 위해 튀어나온 바위에 자일을 감았다. 그런데 갑자기 앞서가던 네 사람이 시야에서 사라졌다. 모든 일이 번개처럼 빠르게 일어났다. 어느 누구도 소리조차 내지 못했다. 그들은 순식간에 심연으로 사라져 버렸다.

살아남은 우리의 기분이 과연 어땠을지 누가 상상이나 할 수 있을까? 우리는 너무나 큰 충격을 받아 한참 동안 움직일 수조차 없었다. 그리고 가까스로 하산을 계속할 수 있었다. 하지만 윔퍼는 너무 심하게 몸을 떨어 혼자서는 제대로 발을 디딜 수 있는 상태가 아니었다. 따라서 앞장서 가던 아버지는 자주 되돌아서서 윔퍼의 발을 제대로 된 자리에 딛게 해 주어야 했다. 그리고 우리는 휴식을 위해, 내려가던 도중 여러 번 쉬어야 했다. 결국 우리는 완전히 지쳐버린 상태로 봉우리의 어깨처럼 튀어나온 부근까지 내려왔다. 우리는 무엇인가를 조금이라도 먹으려 했지만 단 한 입도 삼키기가 어려웠다. 그리고 마치 자일로 목을 졸라맨 것처럼 고통을 느꼈다. 4명의 동료가 저 아래 차가운 빙하 위에 추락해 있다는 사실을 알고 있는 상태에서는 당연한 일이었다. 자리를 바꾸지만 않았더라면 지금 무사히 살아남은 사람은 윔퍼가 아니라 더글러스 경이었을 것이다. 그는 분명 우리에게 더 잘 해주고 더 많은 보수를 주는 고용인이었다. 그 윔퍼라는 작자보다는…. 그 사람은 우리가 자신의 목숨을 건져주었음에도 불구하고 우리와 끊임없이 거리를 두었다. 우리가 없었더라면 윔퍼 또한 죽음을 면치 못했을 것이라는 사실은 의심할 바가 없었다. 그럼에도 그는 나중에 마치 스스로가 영웅인 것처럼 나서며 헛소문을 퍼뜨렸다. 어쨌든 나는 윔퍼가 하늘에서 보았다고 주장하는 십자가를 본 적이 없다. 그리고 그는 우리가 한 말을 절대 알아들었을 리가 없다. 윔퍼는 독일어를 한 마디도 하지 못했다. 아버지는 체르마트에서 사용하는 독일어 사투리만 썼는데, 그가 도대체 어떻게 우리 부자간의 대화를 재구성할 수 있단 말인가?

어쨌든 다시 하산 당시로 돌아가보자. 우리는 배낭을 메고서 아주 힘들고 느리게 움직여 사람이 앉을 만한, 눈이 쌓여 있지 않은 곳에 도착했다. 그리고 앉은 자세 그대로 밤을 보냈다. 동이 틀 무렵에는 — 평소 이때쯤에는 온화한 기온이 계속되는 것이 보통인데도 — 날이 상당히 추웠다. 주위를 알아볼 수 있을 정도로 밝아지자 우리는 곧장 하산을 이어나갔다. 내려오면서 큰 어려움은 없었다. 다시 움직이기 시작하니 몸에서 열이 났다. 그리고 빠른 속도로 원래의 민첩함을 되찾았다. 우리가 체르마트에 도착했을 때는 오후 3시가 지나고 있었다.

우리는 몬테로사 호텔을 제일 먼저 찾아갔다. 이 호텔의 주인 자일러 씨에게 하산 도중 일어난 비극적인 결과에 대해 이야기하자, 추락한 동료들을 수습하기 위한 조치가 즉시 이루어졌다. 이날이 토요일이었고, 추락한 사람들은 이미 죽었다는 것이 분명해 보여 한밤중에 길을 나설 필요가 없었다. 수색대는 해가 떠오를 때까지 기다리다가 출발했다. 하지만 나는 따라갈 수 없었다. 여전히 엄청난 충격에서 벗어나지 못하고 있었기 때문이다. 아버지도 마찬가지였다.

수색대는 빙하 위에 놓여 있는 동료들의 시신을 발견했다. 우리가 예측했던 그 장소였다. 그 자리에는 더글러스 경의 시신만 없었다. 그중에서도 크로의 시신이 가장 많이 훼손되어 있었다. 추락 당시 입었던 옷은 거의 모두 벗겨지고 없었다. 며칠 후 체르마트의 작은 성당에서 치러진 이들의 장례식에는 마을사람들이 모두 참석했다.

그 후 나는 마터호른을 100번도 넘게 올라갔다. 그리고 매번 추락한 동료들을 생각하지 않을 수 없었다. 나의 아버지와 윔퍼는 동료들을 따라 오래전에 영면에 들었다. 이제 곧 나에게도 죽음의 천사가 찾아올 것이다.

38

마터호른 정상에 서기 위해 카렐이 오른 루트는 윔퍼의 루트보다 훨씬 더 어려웠다. 그럼에도 발투르낭슈 사람들은 향후 관광객들이 힘들기는 해도 더 안전한 카렐의 루트를 선호할 것이라고 생각했다. 가난한 알프스 주민들은 부수입이 필요했다. 따라서 아오스타의 사제는 주민들에게 부수입을 가져다주는 관광객들에게 큰 관심을 갖고 있었다. 그는 더 많은 관광객들을 유치하기 위해 리옹 능선의 중간지점에 대피소를 짓자고 제안했다. 이탈리아산악회는 이 제안을 받아들였고, 4,100미터 지점에 천연동굴이 있다는 것을 알고 있는 카렐이 대피소 건설을 지휘했다. 이 작은 대피소는 1865년 가을에 이미 관광객을 맞을 준비를 끝냈다.

그러나 실제로 이곳에 관광객이 발을 들여놓은 것은 그로부터 2년이 지난 1867년 8월이었다. 발투르낭슈에서 카렐, 비슈, 메이네를 동반하고 마터호른을 찾은 플로렌스 크로퍼드 그로브*Florence Crauford Grove가 그 첫 주인공이었다. 이들 일행은 이탈리아산악회에서 지은 작은 대피소에서 밤을 보내고 마지막 탑이 있는 곳까지 올라가, 거기서 츠무트 능선 쪽으로 가로질러 갔다. 이는 카렐이 마터호른 초등 당시 올랐던 루트 그대로였다. 이 루트는 어려웠고, 중간중간 몹시 위험하기까지 했다. 등반에 천재적인 재능을 갖고 있는 카렐만이 이 루트를 발견할 수 있었고, 이 지역 지형에 익숙한 알프스 주민들만이 관광객을 이끌고 이 루트를 오를 수 있었다.

발투르낭슈 주민들은 그로브가 마터호른 등반 루트로

* 1838~1902, 당대 영국 최고의 등반가이자 작가. 영국산악회 회장으로 엘부르즈를 등반했다. 저서로『서리 내린 코카서스The Frosty Caucasus』(1874)가 있다.

스위스가 아니라 이탈리아 쪽을 선택한 것을 기뻐했다. 하지만 장 앙투안 카렐이 마터호른의 가이드 시장을 마치 독점하고 있는 것처럼 보이는 것을 모두가 환영한 것은 아니었다. 이런 불만을 갖고 있던 몇몇은 그로브가 등반을 하고 간 지 한 달 후, 자신들만의 루트를 만들기 위해 산을 올랐다. 이들은 마퀴냐츠 형제 셋과 세자르 카렐, 장 밥티스트 카렐Jean Baptiste Carrel 그리고 그의 딸이었다. 9월 12일 이들은 동굴의 대피소까지 올라가 그곳에서 밤을 보냈다. 다음 날 아침, 한 명을 제외한 모두가 다시 산을 오르기 시작해 1862년 베넨과 틴들 교수가 실패한 곳을 넘어가는 데 성공했다. 이제 이들 앞에는 정상을 향한 수직의 거대한 암벽뿐이었다. 장 앙투안 카렐과 그로브는 이 암벽을 왼쪽으로 돌아 츠무트 능선 쪽으로 방향을 잡았지만, 요제프와 페터 마퀴냐츠는 이 암벽을 직접 오르기 시작했다. 이들이 도대체 어떻게 올랐는지는 지금까지도 수수께끼로 남아 있다. 이들은 사다리와 나무 막대기로 무장한 채 놀라운 기술을 발휘해 이 암벽을 오르는 데 성공했다. 이들이 발견한 루트는 장 앙투안 카렐의 루트보다 더 짧았고 덜 위험했다. 시간이 지나 이 암벽에 고정자일과 줄사다리가 설치된 이후 이 루트는 브로일에서 마터호른을 오르는 노멀 루트가 됐다.

마터호른의 동쪽에 대피소가 세워졌다. 해발 3,818미터 지점이었다. 체르마트의 호텔 경영자 자일러와 스위스산악회가 비용을 대 만든 대피소였다. 세인트니클라우스 마을 출신의 가이드인 크누벨이 공사를 지휘했다. 그리고 나중에 능선이 시작되는 곳에 회른리 산장이 추가로 건설됐다. 이후 1868년에 같은 마을 출신인 페터 크누벨Peter Knubel과 요제프 마리 로흐마터Joseph Maria Lochmatter는 줄리어스 마셜 엘리엇* Julius Marshall Elliott을 이끌고 스위스 루트를 통해 정상에 도달

* 1841~1869. 1869년 7월 26일 체르마트 가이드 프란츠 비너와 함께 로프 없이 슈렉호른Schreckhorn(4,078m)을 등반하다 추락 사망했다. 슈렉호른은 1883년 북서릉이, 1902년 남서릉이 초등되었다.

했다. 이것은 윔퍼 루트를 이용한 두 번째 등정이었다.

하지만 카렐과 리옹 능선의 조합은 사람을 더욱 끌어당기는 특별한 매력을 발휘했다. 예를 들어, 플로렌스 크로퍼드 그로브의 경우 카렐과 등반을 한 뒤 최고의 경의를 담아 그를 평가했다. "놀라울 정도로 용감한 그는 용의주도하고 신중하게 고객을 안내한다. 나는 이 점을 상당히 높게 평가한다. 그는 사고가 날 수 있는 가능성을 배제하기 위해 모든 노력을 다한다."

관광객들의 이런 평가와는 달리 마을에서는 카렐에 대한 시기심이 자라고 있었다. 1868년 마터호른 등정에 성공한 존 틴들 교수가 먼저 마퀴냐츠 형제 중 2명을 가이드로 고용했다. 이들은 브로일에서 체르마트로의 횡단등반에 처음으로 성공했다. "마퀴냐츠 형제는 훌륭한 동반자로서 위험에 처해도 침착했으며, 체력이 필요한 곳에서는 강인함을 보여주었다." 교수는 형제의 가이드 수첩에 이렇게 적어 넣었다. 며칠 후 프랑수아 티올리François Thioly와 호일러Hoiler는 반대 방향에서 마터호른을 넘었다. 1868년에는 펠리체 조르다노가 그토록 오르고 싶어 했던 마터호른 정상에 발을 디뎠다. 그와 동행한 사람들은 장 앙투안 카렐과 장 자크 마퀴냐츠, 즉 계곡에서 가장 뛰어난 가이드 두 사람이었다. 조르다노는

1866년 7월 말 카렐, 비슈, 메이네와 함께 산 중턱까지 올라 일주일 동안 지형을 관찰한 적이 있었다. 당시 카렐은 정상을 공격하는 것에 반대했었다. 그러나 2년 후 조르다노는 같은 계곡 출신이면서 경쟁관계에 있는 두 가이드의 도움으로 카렐과 윔퍼의 루트를 연결시키는 데 성공했다.

마터호른을 오르는 양쪽의 루트에는 그 사이에 안전장치가 많이 설치되어, 1871년에는 여성인 루시 워커*Lucy Walker가 처음으로 마터호른 정상을 밟았다. 그리고 1876년부터는 가이드를 동반하지 않은 등정이 이어졌다. 마터호른 초등 12년 후인 1877년, 그 사이에 이미 쉰이 된 퀸티노 셀라는 아들들을 데리고 산에 올랐다. 가이드는 당연히 장 앙투안 카렐이었다. 고정자일은 이들에게 거의 재앙이 될 뻔했지만 카렐의 본능적인 반응으로 1865년과 같은 사고를 막을 수 있었다. 선두로 올라가던 카렐이 고정자일이 제대로 설치되어 있는지 확인하고 있을 때 그들은 전부 자일로 연결되어 있었다. 카렐은 우선 자일을 옆에 두고 맨손으로 바위를 기어오

---

* 1836~1916, 케나다 등반가. 1871년 라이벌인 미국 여성 등반가 Meta Brevoort가 마터호른 등반을 계획하고 있다는 사실을 알고 서둘러 8월 22일에 흰색 드레스를 입고 여성으로는 처음으로 마터호른에 올라 명성을 얻었다. 같은 해 아이거를 네 번째로 올랐다. 총 98회의 원정등반을 했고, 1909년 설립된 여성산악회Ladies' Alpine Club의 회원이 되었고, 2대 여성산악회 회장을 역임하는 등 여성 등반의 선구자로 명성을 얻었다.

르기 시작했다. 그러다 그의 발 한쪽이 순간적으로 미끄러졌다. 그는 추락하지 않기 위해 옆에 있던 고정자일을 잡았다. 그러나 이 자일도 끊어져 버렸다. 일순간 그는 마치 공중에 매달려 있는 듯했다. 결국 그는 5미터가량 추락했고, 그 사이 고양이와 같은 재빠른 몸동작으로 다시 바위에 매달렸다. 그는 발을 단단하게 딛고 작게 튀어나온 바위 위에 서는 데 성공했다. 놀린 셀라는 카렐과 연결된 자일을 당겼다.

셀라 팀의 두 번째 고객은 안토니오 카스타네리*Antonio Castagneri였다. 그는 가이드인 옌싱Jensing과 함께 등반하고 있었다. 안토니오는 자신의 가이드가 고정자일이 끊어지고 없는 짧은 구간을 오르려 애를 썼지만 계속 실패하는 모습을 지켜봤다. 이때 카렐은 잠깐 숨을 돌리고 나서 옌싱을 끌어올렸다. 카렐의 집중력, 고양이와 같은 날쌘 등반 기술, 특히 그의 책임감은 이제 모두에게 전설이 됐다. 셀라는 카렐의 이런 모습에 무척이나 감동을 받았다. "장 앙투안은 마치 마터호른과 같다. 이런 종류의 아름다움을 나는 이해할 수 없을 것이다. 이전에는 산과 그 매력을 내가 잘 알고 있다고 생각했다. 그러나 마터호른을 오르고 보니 나는 아무것도 아는 것이 없다고 시인할 수밖에 없었다. 마터호른은 다른 산과

* 1845~1890, 이탈리아 산악가이드. 1890년 몽블랑 등반 중 실종되었다.

완전히 다른 유일무이한 존재였다. 다른 어떤 산보다도 장엄한 그 모습이란! 사람들이 나를 욕하고 싶다면 하고 싶은 만큼 해도 좋다. 마터호른을 다시 오를 수 있는 기회가 왔으니 나는 마터호른을 두 번째로 오르는 것이다. 물론 여기에는 어느 정도의 위험이 뒤따른다. 단 한 발만 미끄러져도 1,000미터 넘게 공중제비를 돌며 추락하게 된다. 이보다 더 멋지게 삶을 마감하는 방법이 또 있을까? 단지 후회하는 것은 내 아들들을 데리고 왔다는 것이다. 나는 이미 50년이라는 인생을 살았으니 내가 죽는다 해도 이탈리아가 특별히 손실을 입을 것은 없다. 하지만 내 아들들처럼 젊고 힘찬 청년들을 잃는 것은 유감이라 하지 않을 수 없기 때문이다."

마터호른 등반을 두 번이나 중도에서 포기해야 했던 유명한 사진작가 비토리오 셀라Vittorio Sella가 드디어 1882년 마터호른 정상에 올랐다. 계절은 한겨울이었다.

1865년의 재앙이 있은 후 등반금지 명령은 내려지지 않았다. 오히려 그 반대로 영국 정부는 자국 등반가들과 윔퍼를 자랑스럽게 여겼다. 회른리 능선은 이제 모든 유명한 등반가들이 의무적으로 거쳐 가야 하는 루트가 됐고, 마터호른의 신화가 됐으며, 윔퍼는 전설이 됐다. 그리고 앨버트 프레더릭 머메리Albert Frederick Mummery가 가이드 없는 등반을 주창하게 되면서, 펜들베리Pendlebury 형제*는 1872년 몬테로사 동벽을 올랐다. 스포츠 등반이 일반화된 것이다. 이제 가장 어렵고 위험한 루트로 여겨지는 곳은 얼음과 바위가 뒤섞인 몬테로사 동벽이었다. 기술적인 어려움과 눈사태나 낙석과 같은 위험 때문에 모든 등반가들이 그 루트를 두려워하기도 했지만, 동시에 등반에 반드시 성공하고야 말겠다는 열망에 불타오르기도 했다.

1872년에 발행된 『알프스의 메아리Echo des Alpes』라는 잡지를 보면 알 수 있듯, 그 당시 체르마트에는 일종의 유물 전시가 이루어지고 있었다. "체르마트를 떠나기 전, 우리는 자일러 씨와 작별인사를 나누며 이렇게 부탁했다. '1865년 당시 조난자들의 물건들 중 발견된 것 좀 보여주세요.' 그는 그 물건들을 보관하고 있었다. 우리가 처음으로 본 것은 아버지 타우그발더와 더글러스 경 사이를 잇는 데 사용된 자일이었다. 자일에는 혈흔이 여전히 남아 있었다. 그 자일은 특이하게 짜여 있었는데, 거친 노끈과 비슷하며 두께는 새끼손가락 정도였다. 자일이 끊어진 곳은 마치 붓 끝처럼 되어 있었다. 이는 곧 피켈로 자일을 잘라낸 것이 아니라는 의미였다. 두

---

* 리처드 펜들베리Richard Pendlebury(1847~1902, 영국의 수학자이자, 음악가, 애서가, 등산가)와 윌리엄 펜들베리William Pendlebury

번째로 본 물건은 신발 한 짝이었다. 심하게 닳아 있었는데, 밑창이 닳은 모습을 보고 더글러스 경의 신발이라는 것을 알아볼 수 있었다. 그의 시신은 아직도 발견되지 않았는데…. 발꿈치 안쪽에 덧댄 면 조각은 당시 더글러스가 몇 주 동안이나 고생하고 있던 상처의 통증을 줄이기 위한 것이었다."

이렇게 윔퍼 일행의 이야기가 계속해서 회자되는 가운데 카렐은 잊혀갔다.

1879년 9월 3일 머메리는 처음으로 츠무트 능선을 통해 마터호른 등정에 성공했다. 그리고 1880년 7월 16일 그는 푸르겐 능선을 통한 등반을 시도했다. 물론 이 루트로의 등정 성공은 그가 처음이었다.

39

해가 갈수록 마터호른을 등정하는 사람들이 많아졌다. 브로일 방향보다는 체르마트에서 올라가는 사람이 더 많았다. 1871년에는 윔퍼의 책이 등장했다. 근대적인 체험 보고서이고 잘 쓰였으며 직접 만든 목판화로 삽화를 곁들인 책이었다. 이 책은 현재까지 마터호른 초등에 대한 사람들의 이미

지를 결정짓고 있다. 윔퍼가 자신을 변호하고 앙갚음을 하기 위해 쓴 이 책은 처음 읽으면 모험담을 이야기하는 것처럼 느껴진다. 하지만 사실은 기존의 적의를 더 깊게 만들며, 새로운 비난을 부채질하는 내용일 뿐이다. 윔퍼는 타우그발더 부자를 좋아하지 않았고, 타우그발더 부자 또한 윔퍼에 대한 감정이 좋지 않았다. 이 사실은 체르마트에서 이미 모르는 사람이 없었다. 그렇다면 누가 윔퍼를 좋아했을까? 어찌 됐든 체르마트에는 그런 사람이 아무도 없었다. 그럼에도 윔퍼는 이 지역에 파벌과 경쟁의식을 불러일으키는 데 성공했다. 말재주와 사고에 대한 작위적 해석을 퍼트린 덕분이었다. 늙은 타우그발더는 이런 상황에 정신적인 고통을 받고 우울증에 빠져 윔퍼가 자신의 성공에 빛나는 동안 점점 더 스스로를 고립시켰다. 윔퍼는 매년 자신이 승리를 거둔 제국인 알프스로 돌아와 체르마트와 샤모니, 발투르낭슈를 돌아다녔다.

페터 타우그발더의 명성은 1865년까지는 아무런 흠집이 없었다. 사고의 충격이 채 가시지 않은 마터호른 초등 2달 후에만 해도, 독일에서 가장 영향력 있는 등반가이며 훗날 빌헬름2세Kaiser Wihelm II의 조언자가 되는 파울 귀스펠트Paul Güßfeldt가 25세의 나이로 타우그발더에게 찾아와 마터호른 등반을 제의할 정도였다. 윔퍼의 루트로. 당시 귀스펠트의 기록은 이렇다. "타우그발더는 한 번 정상에 서본 경험이 있다. 그는 이 루트를 잘 알고 있을 것이 분명하고, 나는 그에게 보상도 넉넉히 할 생각이다. 하지만 그는 내 제안을 듣자마자 소스라치게 놀라면서 나를 말리려 사고 당시 자일로 입은 상처를 보여주기까지 했다."

타우그발더의 이런 반응에도 귀스펠트는 이들 부자를 설득하는 데 성공했다. 이들은 체르마트 방향에서가 아니라 이탈리아 쪽, 즉 브로일에서 출발할 준비를 마쳤다. 등반은 귀스펠트에게 너무 힘들었다. 결국 수직의 암벽 아래에서 두 손을 든 그는 실망만 잔뜩 하고 하산을 지시했다. "휴식을 잠깐씩밖에 하지 못한 채 21시간의 행군을 한 후에야 우리는 밤 11시경 브로일에 도착할 수 있었다. 비싼 돈을 들여 쟁취한 실패였다."

자연과학자이자 영국산악회 초대회장인 존 볼 또한 페터 타우그발더에 대한 칭찬의 목소리를 높였다. "페터 타우그발더는 내가 알고 있는 많은 가이드들보다 더 뛰어나다. 그는 일류의 전문 등반가이며 체력이 좋고 의지력이 높으며 가끔 완고할 때도 있다." 타우그발더는 가이드로 활약하는 동안 알프스에서 경험이 가장 많은 사람이었으며, 체르마트에서 가장 성공한 사람이었다. 많은 기록이 이를 뒷받침한다. 터켓[*]Francis Fox Tuckett이 그를 고용한 기록이 남아 있고, 1862년에는 이미 케네디의 가이드로 마터호른 동벽을 오른 적도 있다. 마터호른에서 사고가 일어나기 며칠 전만 해도, 그는 치날에서 출발해 오버가벨호른 등정에 성공했다. 더글러스 경도 이런 기록을 남겼다. "페터 타우그발더는 자기 일에 능숙한 일류 가이드이다." 페터 페렌을 제외하면 그는 오랜 시간 동안 체르마트에서 유일하게 마터호른 정복 가능성이 높은 가이드였다.

그러나 마터호른 가이드로서의 타우그발더의 경력은 윔퍼의 음흉한 험담에 희생됐다. 예를 들어보자. 1867년 마터호른을 오르겠다고 관광객 한 명이 브로일로 찾아왔다. 그는 다음과 같이 기록했다. "타우그발더 부자는 이곳에 있었고, 나와 함께 체르마트에서 출발해 등반할 준비가 되어 있었다." 그런데 이 관광객의 눈에 산에서 내려오는 마퀴냐츠가 들어왔다. 이 관광객은 다음과 같이 적고는 타우그발더 부자를 해고했다. "마터호른을 넘어가려는 생각이기에 이탈리아

---

* 1834~1913, 영국 등반가. 영국산악회 부회장(1866~1868)과 영국 왕립지리학회 연구원을 지냈다. 269개의 봉우리를 올라 알피니즘의 황금시대 주인공 가운데 한 명이었으며 1865년 이탈리아 돌로미테 지역을 최초로 탐사한 돌로미테의 개척자이다.

쪽 출신의 가이드를 선택하는 것이 더 좋을 것 같다.”

재앙과 같은 사고가 일어난 후에 체르마트 쪽 가이드들이 마터호른 등반을 피한 것은 어찌 보면 당연한 일이었다. 타우그발더의 아들은 7년이 흐른 후에야 사고가 났던 지점으로 돌아올 수 있었다. 그의 고객은 펜들베리 형제와 찰스 테일러Charles Taylor였다. 이들이 사스페 출신의 가이드인 페르디난드 임셍Ferdinand Imseng과 함께 알프스에서 가장 높은 암벽인 몬테로사 동벽 등반을 막 끝내고 난 후였다. 이제 존경의 표현으로 '마터호른의 페터'라고 불리는 타우그발더의 큰아들은 1872년 7월 24일에서 25일, 체르마트에서 출발해 마터호른 정상을 지나 브로일까지 이틀이 걸린 횡단 등반에 성공했다.

타우그발더 부자와 페렌은 이미 1869년 R. B. 하스코트Heathcote와 함께 브로일에서 출발해 '호루Horu'의 정상을 공격했었다. 등반 도중 정상에 도착하기도 전에 번개가 일행에게 내려쳤지만 이들은 모두 살아남았다.

늙어가는 아버지 페터 타우그발더는 고객을 기다리는 데 점점 더 많은 시간을 보내야 했다. 그리고 이런 와중에 그는 다른 동료들이 고객들을 데리고 피켈과 자일을 챙겨 등반에 나서는 모습을 지켜봐야 했다. 그를 고용하는 관광객은 이제 없었다. 그리고 그 자신 또한 더 이상 고객을 기대하지 않았다. 그는 자신이 불필요한 존재라고 느꼈다. 곧 그는 집에 틀어박혔다. 그는 집에 머무르면서 파이프 담배를 피우고 와인을 마시며 더 심한 우울증에 빠져들어 갔다. 어느 누구도 그가 실제로 무엇을 생각하는지 알 수 없었다.

그러나 결국 그날이 왔다. 타우그발더의 아내는 그에게 깨끗한 셔츠 몇 벌과 양말 그리고 음식을 싸주었다. 어스름한 어둠이 깔린 부엌 한쪽에 언제나 그렇듯 입을 꾹 다문 타우그발더가 서 있었다. 그의 시선은 하나밖에 없는 창문을 넘어 먼 곳을 향하고 있었다. 깊은 침묵이 흐르는 가운데 아무도 소리 내어 울지 않았다. 아내는 이미 체념한 듯 한숨을 쉬었다. 그녀를 위해서도 이 길이 최선이었다. 타우그발더는 가족 한 명 한 명에게 손을 내밀었다. 아무 말 없이. 그리고 배낭을 메고 문밖으로 나섰다.

그가 미국에서 체르마트로 다시 돌아온 것은 몇 년이 지난 후였다. 그 사이에 그는 말수가 더욱 적어졌다. 그가 미국에서 무엇을 했는지 아는 사람은 아무도 없었다. 13년 전인 1867년 그의 둘째 아들 요제프는 슈바르츠제 호수에서 익사했다. 그는 마터호른 초등 당시 윔퍼의 짐을 브로일에서 슈바르츠제 호숫가의 작은 성당으로 옮긴 당사자였다. 당시 열

다섯 살이었던 타우그발더의 셋째 아들 프리드리히는 첫 번째 비박장소까지 짐꾼으로 동행했으며, 아버지와 함께 미국으로 건너가 돌아오지 않았다. 타우그발더는 윔퍼의 목숨을 구해주었지만, 윔퍼의 타우그발더에 대한 저주는 이들을 모두 고향에서 떠나게 만들었다.

체르마트 주민들의 마을 공동체가 슈바르츠제 호텔을 지을 때 타우그발더는 건설에 참가했다. 그는 노동현장에서 일꾼으로 일하며 간간이 혼자 산속을 걷곤 했다. 건강하기만 했던 그에게 폐렴이라는 병이 덮쳐 왔을 때도 그는 일을 계속하며 전혀 치료를 받으려 하지 않았다. 그리고 어느 날 그는 혼자 산속에 남았다. 삶을 마감하기 위해서였다. 사람들은 나중에 그의 시신을 마리아 성당 옆 눈 속에서 발견했다. 그곳은 그가 '호루'로 동계등반에 나서기 전 케네디와 함께 추운 밤을 비박으로 지새운 장소였다. 그는 평생 동안 경외심을 품고 살았던 산을 바라보며 죽었다. 윔퍼가 그의 명예를 앗아가 버렸고, 주변 사람들도 그를 더 이상 인정하지 않았다. 결국 자존심까지 상한 그는 계속 살아갈 힘을 잃어버리고 말았다.

이렇게 해서 타우그발더는 죽고 윔퍼는 유명해졌다. 타우그발더의 죽음과 함께 카렐도 산악계에서 점점 잊히면서 이제 윔퍼는 더 이상 경쟁자들을 두려워할 필요가 없었다. 그는 가이드 없이 등반할 수 있는 능력도 되지 않았고 과학적 조사를 위한 기기들을 다룰 줄도 몰랐지만 등반가이자 연구자로서 이름을 빛내길 원했다. 그에게 산이란 명예를 위한 발판일 뿐이었다. 타우그발더의 큰아들은 관광객을 이끌고 마터호른을 125번이나 올랐다. 그는 바바라 찰스베르거와 결혼해 6명의 자식을 두었다. 그는 한 편의 드라마 같았던 마터호른 초등에 대해 얼마나 많이 반복해서 이야기했는지…. 하지만 그는 자기 아버지처럼 절망하지 않았다. 그는 가끔 호기심 넘치는 질문들을 받곤 했지만 자주 냉소나 조롱과 마주치기도 했다. 낙석에 무릎을 크게 다친 것은 그의 나이 57세 때였다. 이로써 그의 가이드 경력은 끝이 났다. 그리고 마터호른에서 벌어진 사고에 대한 질문을 받는 것도 더 이상 견디지 못했다. '마터호른의 페터'는 자신을 정당화할 필요가 없었다. 그는 가이드로서 커다란 업적을 남겼다. 시간이 흐르면서 마을의 주민들은 1865년에 벌어진 비극의 전모를 다 알게 됐다. 그는 또한 윔퍼에 대한 분노를 유머로 날려 보낼 줄도 아는 사람이었다.

40

에드워드 윔퍼는 엄격한 계급사회인 빅토리아 시대에 성장했다. 따라서 귀족이 아니었던 그는 알프스에서 성과를 이루어내 유명해졌음에도 불구하고 열등감에서 벗어나지 못했다. 그는 그토록 바라던 영국산악회 회원이 되었지만, 이튼스쿨이나 옥스퍼드 또는 케임브리지에서 교육을 받은 것은 아니었다. 학위가 없는 그는 돈을 벌기 위해 일을 해야 했다.

이렇게 해서 그는 명예욕에 집착하게 됐다. 알프스에서 그가 도전할 산은 더 이상 없었다. 유럽에서 가장 높은 봉우리인 몽블랑? 그런 산은 그의 목표가 아니었다. 이미 몇백 명이 다녀간 봉우리에 그는 관심이 없었다. 그럼에도 세월이 꽤 흐른 후인 1893년 그는 프레데리크 파요Frédéric Payot와 함께 몽블랑에 올라 정상에서 하룻밤을 보냈다. 히말라야에 있다는 지구에서 가장 높은 산을 오르려 했지만, 재정상 불가능하다는 사실을 깨달은 윔퍼는 신대륙에서 가장 높은 산으로 시선을 돌렸다. 그리고 적도에 위치한 안데스산맥 원정계획을 세우기 시작했다.

카렐도 윔퍼와 마찬가지로 등반과 관련해 제대로 공부한 적은 없었다. 하지만 그는 윔퍼보다 훨씬 더 능력 있는 등반가였다. 그런데 어째서 윔퍼의 명성만 계속 높아져 가는 걸까?

윔퍼는 운명의 해인 1865년 이후 체르마트로 계속 돌아왔다. 그는 몬테로사 호텔까지 내려와 노예처럼 부려먹을 수 있는 아랫사람을 찾곤 했다. 그는 이제 눈 전문가로 인정받기 위해 노력했다. 과학자로서의 변신을 꾀한 것이다. 영국의 관광객들은 자신들과 윔퍼의 '사회적 지위'가 다름에도 불구하고 그에게 경탄을 금치 못했다. 그의 책이 날개 돋친 듯이 팔려 나가면서 그를 얕잡아 보던 시선이 어느새 사라져 버렸다. 다만 영국산악회에서 가장 유명한 몇몇 등반가들만이 갑자기 출세한 윔퍼를 여전히 회의적인 시각으로 바라보았을 뿐이다. 윔퍼는 드 소쉬르나 제임스 포브스James Forbes, 티켓처럼 등반에서 이룬 업적을 학문적으로 인정받고자 했다. 가이드는 그의 조수에 불과했다.

윔퍼는 눈이 얼음의 형태로 변화하는 것을 연구 주제로 삼았다. 그의 목표는 빙하를 연구해 사회적으로 인정받는 것이었다. 그는 가이드를 하찮게 대하는 것과 마찬가지로 자신의 조수에게 겸손과 복종을 요구했다. 텐트를 옮기는 뤼크 메이네처럼 조용히 따라오는 사람은 칭찬했지만, 뛰어난 능력을 가진 자는 평가절하했다. 그렇지만 윔퍼가 기대하는 노예 같은 조수 역할을 누구나 반긴 것은 아니었다. 카렐처럼. 카렐은 윔퍼의 가이드로서 산에서 일어나는 모든 일에 책임을 질 용의는 있었지만, 이 건방진 영국인의 변덕을 받아줄 생각은 전혀 없었다. 이렇게 윔퍼는 가이드들에게 점점 신뢰를 잃어갔지만, 그렇다고 해서 영국산악회에서의 명성이 영향을 받은 것은 아니었다. 그는 타우그발더에게 말도 안 되는 비방을 일삼았다. 그러나 이런 언행이 그에게 해가 되는 것은 아니었다. 타우그발더의 비참한 죽음 또한 윔퍼의 잘못 때문이라고 하는 사람은 아무도 없었다. 어느 누구도 윔퍼의 끈기와 말재주, 특히 등반경험을 감히 의심하려 들지 않았다.

윔퍼는 1867년의 첫 번째 북극 탐험 이후 다시 한 번 북극지방의 그린란드 서쪽으로 발을 옮겼다. 빙하 층에 대한 연구를 하기 위해서였다. 그러나 5년 만의 두 번째 방문인 이번에도 그는 아무런 결과를 얻지 못했다. 그의 원래 목적은 북극점을 발견하는 것이었지만, 이누이트족 중 누구도 그에게 북극점이 어디인지 안내해주지 못했다. 결국 그는 이 목표를 포기할 수밖에 없었다. 그가 마음속으로 품고 있던 그다음 주제인 원주민의 생활환경에 대한 연구 또한 아무 결과도 내지 못했다.

윔퍼가 유명세를 타며 성공하게 된 것은 목판화를 곁들인 그의 책이 잘 팔렸기 때문이다. 그는 자신의 글솜씨와 목판화 스케치를 결합해 책을 냈다. 이 두 가지 재능으로 그는 근대적이면서도 동시에 대중적인 예술을 탄생시킬 수 있었다. 사람들은『알프스 등반기』를 읽으며 자유와 모험이라는 꿈에 대리만족을 느꼈다. 이것이 바로 윔퍼의 저서가 크게 성공한 이유였다. 이렇게 해서 엄청나진 않지만 어느 정도 부유해진 윔퍼는 드디어 경제적으로 구애받지 않는 몸이 됐다.

그러나 그의 이런 성공에도 불구하고, 그 사이 사진가들이 고봉을 점령하기 시작했다. 존 러스킨John Ruskin은 1850년 이미 등반 사진 전문가로서의 가능성을 시험했었는데, 그의 모티브는 마터호른이었다. 허드슨 또한 자신의 등반 모습을 사진의 도움을 빌려 기록으로 남겼다. 이 사진이라는 예술 형태가 자신의 목판화를 앞서 나갈까 봐 걱정한 윔퍼는 이제 사진작가 행세를 하기 시작했다. 그는 1874년 마터호른 정상에 다시 올랐다. 이번에는 정복이 목적이 아니라 사진학적인 목표를 갖고 오른 것이다. 당시 그와 동행한 가이드는 장 앙투안 카렐과 장 밥티스트 비슈였다.

윔퍼와 가이드 사이의 긴장관계는(그는 여전히 가이드

를 자주 갈아치웠다.) 카렐과의 관계까지 어렵게 만들었다. 카렐과 함께 등반하며 나쁜 경험을 겪은 적이 전혀 없었는데도 불구하고 그랬다. 카렐은 윔퍼에게 절대 모욕감을 주지 않았다. 오히려 그 반대로 그는 오랜 시간 동안 윔퍼를 변호해왔었다. 하지만 카렐이 아니라 윔퍼가 마터호른 정복자가 되어, 마터호른은 마침내 그의 산이 되고 말았다. 이에 따라 몬테로사 호텔에는 '윔퍼가 묵었던 방'이 등장했고 체르마트에서는 윔퍼가 사용했던 접시가 인기를 끌었다. 이렇게 윔퍼와 체르마트는 떼려야 뗄 수 없는 하나의 존재가 됐다. 1865년, 재앙의 해에 윔퍼를 계곡까지 무사히 데리고 내려왔던 페터 타우그발더는 죽음으로 침묵을 지켰으며, 그의 아들은 사람들 사이에서 잊히지는 않았지만 카를 하엔젤*Carl Haensel의 책 『마터호른을 향한 투쟁Struggle for the Matterhorn』에서 각주에나 등장하는 존재가 됐다.

윔퍼의 책은 판을 거듭할수록 추가적인 내용이 계속 첨가됐다. 윔퍼는 실제로는 그저 별 볼 일 없는 이기주의자에 불과했지만, 자신의 책으로 명성을 쌓아나갔다. 그가 정상을 눈앞에 두고 크로보다 먼저 도착하기 위해 자신의 자일을 풀

* 1889~1968, 독일의 변호사이자 작가. 1928년 발간한 『마터호른을 향한 투쟁』이 가장 성공한 책이다.

어버린 것은 분명했다. 오직 1등이 되기 위해서!

41

1879년 윔퍼는 에콰도르 원정을 위해 장 앙투안 카렐을 고용하고, 그에게 두 번째 가이드를 선택하도록 했다. 그가 고른 가이드는 루이 카렐Louis Carrel이었다. 이 두 사람의 가이드가 윔퍼를 안데스산맥까지 동반할 터였다. 윔퍼는 가이드 본연의 책임을 제외하고 전략적인 물자수송을 맡기는 데 어려움을 겪었다. 그 산의 자연환경이야 가이드가 훨씬 더 잘 알고 있을 테지만, 산의 역사에 대해서는 윔퍼가 더 잘 알고 있었다. 알렉산더 폰 훔볼트Alexander von Humboldt는 1802년 학자로서 침보라소Chimborazo를 오르며 비록 정상에 닿지는 못했지만, 5,600미터 고도까지 올랐다. 이 높이까지 오른 것은 당시로서는 사뭇 의미가 컸다. 그는 이 산을 오르면서 출발점으로 산의 동남쪽에 위치한 칼피Calpi 마을을 선택했다. 그러고는 소규모 등반이므로 하루면 정상에 갔다가 다시 마을까지 돌아올 수 있을 것으로 생각했다. 하지만 급경사와 암벽, 파편처럼 흩어진 빙하만이 걸림돌이 아니었다. 여기에 더해 올라갈수록 희박해지는 공기의 농도까지 이겨내야 했다. 결국 훔볼트 박사의 원정대는 고산병으로 고생하다 내려올 수밖에 없었다. 훔볼트 박사는 이런 기록을 남겼다. “나는 평생 동안 신을 제외하고는 세계에서 가장 높은 곳까지 도달한 사람이라고 착각하며 살아왔다. 그러나 이제 나는 웨브Webb 일행이 인도의 산을 탐험하며 어떤 발견을 했는지 질투의 눈으로 바라보게 됐다. 그럼에도 나는 미국에서 내가 이룬 성과가 영국인들에게 큰 영향을 미쳤다고 생각한다. 이제는 영국인들이 지난 150년 동안 신경 써오지 않았던 눈 덮인 산맥에 관심을 기울이게 되었기 때문이다.”

1802년 당시 침보라소의 남면은 도전이 불가능한 곳이었다. 훔볼트는 북면이 다른 쪽에 비해 훨씬 더 완만해 오르기 쉽다는 사실을 몰랐기 때문에 계속 남면으로 등반을 감행했다. 결국 훔볼트 일행은 현대적인 개념으로 보면 바로 ‘등반’이 시작되는 곳에서 발길을 멈추어야 했다. 바위와 눈으로 인한 어려움이 갑자기 상상할 수 없을 정도의 난이도로 치솟았기 때문이다.

19세기 말경, 침보라소에서는 여섯 번 정도의 등정 시도가 있었다. 이런 시도는 모든 방향에서 이루어졌다. 남면, 동면, 북면까지. 그러나 1880년이 되어서야 윔퍼가 2명의 가

WHYMPER

이드를 대동하고 처음으로 정상에 오르는 데 성공했다. 이들이 정상에 오른 날은 1월 4일이었다. 그리고 같은 해의 7월 3일, 윔퍼는 북서릉을 통해 두 번째로 정상을 밟았다. 세월이 지남에 따라, 그는 모든 것에 의심을 품는 성격을 갖게 됐다. 그의 이런 성격은 이번에도 여지없이 발휘되어 과야킬Guayaquil에 주재하는 영국 영사에게 에콰도르의 가이드인 하비에르 캄파나Javier Campaña와 자신이 두 번이나 침보라소를 정복했다는 것을 공식적인 기록으로 남기도록 요구했다. 하지만 그의 이런 노력에도 에콰도르에서 그의 성공을 믿는 사람은 아무도 없었다. 침보라소 초등의 영예는 결국 정치인인 시몬 볼리바르Simón Bolívar에게 돌아갔다. 물론 이 이야기를 진지하게 받아들이는 사람은 아무도 없었다.

윔퍼는 첫 원정 당시 우선 남서쪽에서 정상을 공격했다. 다른 곳은 알아보지 않았다. 그가 이 루트를 선택한 이유는 훔볼트도 이 루트를 따라 올라갔으리라 짐작했기 때문이다. 사촌 간인 장 앙투안과 루이는 등반 루트에 대한 결정을 내리는 역할을 했고, 윔퍼는 이들의 결정에 대해 한 마디의 토도 달지 않고 받아들였다. 윔퍼의 원정대는 에콰도르에 거주하는 영국인인 페링Perring과 3명의 짐꾼을 포함해 모두 7명이었다. 원정대는 탁월한 장비를 갖고 있었다. 유럽에서 가져온 식량과 윔퍼 텐트, 모피 침낭까지 무엇 하나 빠지는 것이 없었다. 여기에 연구를 위한 측량기기와 등반에 필요한 장비들까지 있었다. 침보라소 서쪽에 위치한 토토리야스Totorillas의 탐보Tambo에서 출발하면 세 개의 가파른 계곡이 산으로 나 있다. 윔퍼가 "카렐의 작은 골짜기"라고 이름붙인 이 세 번째 계곡에서 원정대는 남서릉 방향으로 계속 올라갔나. 이들은 1캠프를 4,000미터쯤 되는 계곡에 쳤다. 그리고 2캠프는 5,000미터의 능선 위에 쳤다. 이들은 모두 하루 동안 고산병으로 심하게 고생했다. 두통과 구토, 무기력증이 동반됐다. 3캠프는 5,100미터에 쳤다. 현지의 짐꾼들은 아래쪽 캠프로 하산했고, 페링은 3캠프를 지키기 위해 그곳에 남았다. 나머지 2명의 가이드와 윔퍼는 1월 3일, 카렐이 이미 정찰을 끝낸 루트를 통해 5,900미터까지 진출했다. 이들 셋은 능선의 가장 꼭대기에 도달했다. 바로 그때 눈 폭풍이 몰려오며 땅과 하늘을 구별할 수 없는 화이트아웃 현상이 발생했다. 윔퍼는 오로지 마터호른 정복을 시도하며 배웠던 스승 카렐을 믿고 따랐기에 이 카오스의 세계에서 살아남을 수 있었다. 장 앙투안은 6천 미터급인 이 산에서도 모든 것을 실수 없이 제대로 해냈다.

다음 날 아침, 이들은 가파른 빙하를 지그재그로 힘겹게 걸어 서봉 끝까지 오를 수 있었다. 당시 장 앙투안은 수은기압계 상자를 지고 있었는데, 이것은 등반에 방해가 됐다. 이들은 네 발로 기듯이 해 3시간 만에 서봉에 도달할 수 있었다. 하지만 이들은 정상에 오른 후에야 동봉이 더 높다는 것을 알았다. 결국 이들은 계속 눈을 파헤치며 앞으로 나아가 드디어 이 산의 가장 높은 정상에 섰다. 해발고도 6,262미터였다. 이들이 정상에 영국 국기를 꽂고 나자 일몰까지 1시간 반이 남아 있었다. 하산을 하기에는 턱없이 모자란 시간이었다. 다져지지 않은 깊은 눈은 하산길을 더욱 어렵게 만들었다. 적도의 해는 이미 지고 주변은 어두웠다. 얼마 지나지 않

아 다져진 눈이 나타났다. 이들 셋은 이제 살아남기 위해 걸었다. 한 치 앞도 보이지 않는 어둠 속에서 고생에 고생을 거듭하며 하산을 시작한 지 16시간 만인 다음 날 아침 9시 이들은 캠프로 돌아올 수 있었다.

윔퍼는 더는 미답봉 초등을 자신의 과제로 생각하지 않았다. 이제 그는 영국에 명예와 지식을 선사하려는 목표를 세웠다. 최고의 가이드 실력을 따라갈 수는 없었지만 여전히 신체적 조건이 좋은 윔퍼는 가이드로 하여금 길을 안내하고 책임을 지도록 했다. 이제 그도 전통적 의미의 등반가가 된 것이다. 마터호른 등반 당시에는 그럴 준비가 되어 있지 않았었다. 이런 이유로 윔퍼는 가장 높은 캠프에서 혼자 이틀을 더 머물며 이끼와 암석, 식물의 표본을 채집하고 가능한 모든 것을 측정했다. 하지만 안개가 끼어 정확하게 작업하는 것이 힘들었다. 결과적으로 그가 침보라소에서 얻은 견본들은 정확도가 떨어지고, 눈의 연구에도 전혀 새로운 것이 없었으며, 학문적 성과는 거의 없다시피 했다. 그럼에도 거대한 빙하, 눈 폭풍을 맞고 있는 텐트를 스케치한 작품은 언제나처럼 인상 깊었다.

윔퍼는 반년 후인 1880년 7월 3일 침보라소 정상에 다시 올랐다. 이번에는 등반하기에 가장 좋은 계절이었다. 이미 반년 동안 안데스의 고산에 익숙해져 있어서 그는 고산병을 걱정할 필요도 없었다.

윔퍼는 북서릉에 텐트를 쳤다. 이번에도 카렐이 루트를 정찰하는 역할을 맡았다. 7월 3일 이른 새벽 윔퍼 일행은 4,800미터의 베이스캠프를 출발해 정상으로 향했다. 이들이 정상에 도착한 것은 오후 1시 20분이었다. 침보라소 동봉이었다. 이때 처음으로 에콰도르인들도 침보라소 정상을 밟았다. 유럽인들의 지휘 아래 마침내 고국의 산을 정복한 것이다.

이번 등반에서는 눈이 거의 휘날리지 않아 오르기가 수

월했다. 그러나 마냥 쉬웠던 것은 아니다. 완전히 다른 종류의 위험이 도사리고 있었기 때문이다. 이들이 등반을 하는 동안 코토팍시 화산Volcán Cotopaxi이 폭발했다. 산을 오르는 도중에 북동쪽에서 부는 바람에 검은 구름이 밀려왔다. 정상에는 화산재가 너무 많이 떨어지고 있어 바로 옆의 서쪽 정상조차 시야에 잡히지 않았다. 윔퍼 일행은 수은기압계 측정이 끝나자마자 바로 하산을 시작해야 했다. 루트는 이미 비처럼 내리는 재로 온통 회색 천지였다.

결국 이번에도 윔퍼는 고산의 자연현상 연구에 기여한 것이 아무것도 없었다. 그가 수집해 온 암석, 식물과 곤충의 견본은 다른 연구자들의 결과를 조금 보충해주는 역할밖에 하지 못했다. 윔퍼는 여전히 산에서 책임을 진다는 것이 어떤 것인지 깨닫지 못했다. 그는 모든 책임을 완전히 카렐에게 맡겼다. 윔퍼는 그저 빅토리아시대의 정복자라는 이상에 빠져 있었다. 그에게는 오로지 타인의 시선만이 중요할 뿐이었다.

가이드가 없었다면 불가능했을 안데스 원정 이후 카렐과 윔퍼는 완전히 다른 길을 걷기 시작했다. 윔퍼는 카렐이 왜 자신에게 책임감을 갖고 있는지 이해하지 못했다. 타우그발더 또한 윔퍼에게 같은 느낌을 받았었다. 카렐과 타우그발

에드워드 윔퍼Edward Whymper, 1840~1911

더는 언제나 돌봐줘야 하는 철없는 아이를 — 비록 겉으로는 성인인 척했지만 — 본 것이나 다름없었다.

윔퍼는 나이가 들면서 삐뚤어지고 불평이 많고 말수가 적은 사람으로 변해갔다. 그는 늦게 결혼했는데 가정생활을 유지하지 못하고 결국 이혼했다. 그 결혼에서 태어난 그의 딸 에설 윔퍼Ethel Whymper는 1930년 마터호른을 넘어 체르마트에서 브로일로 건너갔다. 만년晩年을 샤모니에서 보낸 윔퍼는 체르마트에서 돌아오자마자 앓아누웠다. 그는 호텔 방에서 꼼짝도 하지 않고 의사의 진료도 거부하다 죽었다. 1911년 9월 16일, 그의 나이 일흔한 살 때였다.

42

마터호른이 초등된 지 25년이 지난 1890년 8월 21일 이탈리아산악회의 토리노 지부 회원인 레오네 시니갈리아*Leone Sinigaglia는 쿠르마예에서 마터호른을 오르기 위해 두 명의 가이드를 고용했다. 그중 한 명이 바로 그 사이에 늙은 장 앙

* 1868~1944, 유대인 출신의 이탈리아 작곡가. 문학과 등산에 심취했던 천재 작곡가였으나 제2차 세계대전 중 유대인의 홀로코스트 희생자가 되었다.

투안 카렐이었다. 그는 몽블랑에 올랐다가 막 돌아온 참이었다. 다른 한 명은 발투르낭슈 출신의 카를로 고레Carlo Gorret였다. 시니갈리아의 계획은 이 둘의 도움을 받아 마터호른을 넘어가는 것이었다. 이 등반을 이끌게 된 카렐은 다른 가이드들에게서 들은 정보를 통해 그때가 마터호른을 오르기에는 가장 좋은 조건이라는 것을 알고 있었다. 마른 바위와 단단하게 다져진 눈 그리고 화창한 날씨까지.

8월 22일 저녁 이들은 브로일에 도착했다. 계곡은 초록색으로 물들어 있었고, 날씨는 적당히 따뜻했으며, 밝은 저녁하늘과 대비되는 마터호른은 검게 솟아 있었다. 바람 한 점 없었다. 풀을 뜯는 가축의 목에 걸린 방울소리가 청명하게 울렸다. 산에는 눈의 흔적도 거의 없었다. 카렐은 30년 전 바로 이곳에서 윔퍼와 함께 등반했던 순간을 떠올렸다.

새벽 2시 15분 세 사람은 길을 나섰다. 별빛 아래로 마터호른이 보였다. 어둠 속에 보이는 그 산의 윤곽이 왠지 으스스하게 느껴졌다. 시니갈리아의 야심찬 계획은 등반을 시작한 당일 이탈리아 쪽 능선을 따라 바로 정상까지 올라갔다가 스위스 쪽으로 하산해 회른리 산장에 도착하는 것이었다. 그러나 카렐은 등반에 걸릴 시간을 더 걱정했다. 등반을 하면서 동작 하나하나에 주의를 기울인 그는 무엇보다도 자신을 고용한 시니갈리아에게 부담이 되지 않는 선을 지키려 했다. 그는 갑자기 닥쳐올 날씨의 변화를 예감이라도 한 것이었을까? 그는 사뭇 차가운 새벽 공기를 마시며 한 자리에 필요 이상으로 오래 서 있곤 했다. 그러면서 그는 정상을 쳐다봤다.

시니갈리아와 고레는 카렐이 피곤해 보인다고 생각했다. 카렐은 콜 뒤 리옹까지 앞장섰지만 속도가 느렸고, 마치 몸을 질질 끌듯 동작이 굼떴나. 등반이 일상인 그에게 오늘은 산을 오르는 일이 평소보다 훨씬 더 힘들어 보였다. 거기에 습한 공기가 사람의 몸을 짓누르는 것만 같았다. 해가 나고부터는 남벽 쪽에서 짙은 안개가 스멀스멀 올라왔다. 안개는 마치 지하세계를 가득 메운 연기처럼 느껴졌다. 10시 30분, 이들이 그란 토레Gran-Torre 대피소에 도착하자 몇몇 가이드들이 산을 내려갈 준비를 하고 있었다. 그들은 고정자일을 보수해 놓았노라고 말했다. 그리고 "즐거운 등반하세요!"라는 인사말을 남겼다.

카렐은 정상 도전을 다음 날로 미루기로 했다.

나머지 두 사람은 그의 지시를 군말 없이 따랐다. 여기저기서 어두운 구름이 점점 더 커지고 있었기 때문이기도 했다. 이들은 좁은 문을 통해 대피소 안으로 들어갔다.

카렐은 자리를 잡고 누워 몇 시간 정도 잠을 잤다. 그가 잠에서 깨어났을 때 그의 귀에 가장 먼저 들어온 것은 대피소 지붕을 뒤흔드는 바람소리였다. 카렐은 걱정에 잠겼다. 그의 움직임은 산만했다. 그리고 입가의 하얀 수염은 마치 무엇인가를 설명하려는 듯 위아래로 움직였다. 그러나 실제로 그의 입에서는 아무 소리도 나오지 않았다. 으스스함 속으로 두려움이 밀려 들어왔다. 휘몰아치는 눈을 피할 수는 있었지만, 허름한 대피소가 틈새로 파고드는 황소바람까지 막아주진 않았다. 거센 바람은 문을 흔들어댔고, 계곡이 보이는 두 개의 창문은 눈으로 얼어붙어 밖을 전혀 볼 수 없었다.

이 어둠 속에서 카렐은 낡은 모직 옷을 입은 몸을 구부려 손으로 벽을 더듬거리며 걸어갔다. 그리고 아주 작은 틈새만큼 문을 살짝 열었다. 그러자 얼음조각과 눈송이들이 소용돌이치며 등골이 오싹해지는 소리와 함께 대피소 안으로 파고들어 왔다. 카렐은 문을 힘껏 밀어 다시 닫았다. 그가 두 번째로 문을 열었을 때 시니갈리아와 고레는 마터호른 쪽으로 향한 벽면에 웅크리고 앉아 있었다. 카렐이 이번에는 밖을 내다볼 수 있을 정도로 문을 열었다. 그러나 그의 눈에는 아무것도 보이지 않았다. 바위도 눈보라도 구분할 수 없었다. 마치 사방이 절벽인 것처럼.

“땅도… 하늘도 사라지고 없네.” 나머지 두 사람은 카렐이 이렇게 중얼거리는 소리를 들었다. 그는 양손으로 문을 밀어 닫고 나서, 다시 자리에 누워 아무 말도 하지 않았다. 40시간이 흘렀다. 감옥 같은 대피소에 갇힌 이들은 아래쪽에서 구조하러 올지도 모른다는 희망조차 가질 수 없었다. 카렐은 침보라소의 캠프에서도, 언젠가 한 번 윔퍼와 함께한 마터호른에서도, 몽블랑에서도 눈 폭풍에 갇혀 오도 가도 못하는 이런 상황을 경험한 적이 있었다. 시니갈리아는 자신이 처한 상황이 마치 『신곡』의 얼음 지옥과 같다고 느꼈다. 추위와 허기, 갈증, 두려움 등 모든 것이 그를 고통스럽게 했다.

8월 25일 아침 그들에게는 하산 외에 다른 선택의 여지가 없었다. 이제는 먹을 것도 땔감으로 쓸 나무도 바닥나고 없었다. 그나마 몇 개 없던 의자도 이미 장작으로 써버렸기 때문에 눈을 녹일 방법도 없었다. 바람만 조금 잦아들었을 뿐 눈 폭풍이 몰아치는 날씨는 변함이 없었다.

카렐은 무엇을 할 수 있고, 무엇을 해야 하는지 알고 있었다. 그리고 특히 이런 상황에서 자신의 역할이 무엇인지는 너무나 잘 알고 있었다. 그는 자신의 고객을 안전하게 지켜내야 했다. 아니, 지켜낼 터였다. 정말 어쩔 수 없는 상황이 발생하면 고객만이라도 살려낼 터였다. 하산을 하기 위해 모두 일어섰다. 하산길은 고통 그 자체였다. 입고 있는 옷은 눈과 추위로 얼어붙고, 입안은 바싹 타들어가고, 피까지 얼어 버린 듯했다.

아침 9시, 세 사람은 이제 더 이상 머무를 수 없는 대피소를 떠났다. 고레가 비틀거리며 얼어붙은 길을 앞장섰다. 바위 위의 눈이 녹아 미끄러운 곳에서 고레가 넘어졌다. 그는 몇 번의 버둥거림 끝에 팽팽하게 당겨진 자일에 의지해 허리까지 쌓인 눈 위로 다시 올라섰다. 그는 이런 상황에서 하산하는 것이 익숙하지 않은 듯 어찌할 바를 몰랐다. 카렐은 그의 처지를 충분히 이해했다. 카렐은 가파른 길을 따라 콜 뒤 리옹까지 내려가는 도중에 많은 어려움과 위험이 따른다는 것을 잘 알고 있었다. 앞으로 가야 할 길은 험난하기만 할 터였다. 자일은 딱딱하게 얼어붙고, 바위 위에는 눈과 얼음이 덮여 있으며, 사방이 낭떠러지였다. 이런 위험한 하산길에선 카렐이 맨 마지막으로 내려가며 자일로 서로를 잇고 있는 일행의 안전을 책임졌다. 앞서가는 두 사람은 그의 지시를 따랐다.

이들이 하산하는 순서는 언제나 변함이 없었다. 우선 젊은 고레가 제일 먼저 내려가고, 중간에 시니갈리아 그리고 카렐이 마지막이었다. 세 사람이 무사히 콜 뒤 리옹까지 도착할 수 있었던 것은 모두 카렐의 본능 덕분이었다. 여기에

차분하게 판단한 고레가 도움이 됐다. 습기와 땀으로 축축해진 이들의 옷에선 곰팡이 냄새가 났다. 콜 뒤 리옹에 도착한 이들은 끊임없이 몸을 떨며 거친 숨을 몰아쉬었고, 아무런 감각도 느끼지 못할 정도로 손과 발이 마비되어 움직이는 것조차 힘들어했다.

카렐은 저 아래 남쪽 사면의 그늘에서 눈 폭풍을 피할 수 있기를 바랐다. 하지만 그는 이미 너무 지친 데다 저체온 증상까지 보였다. 하산길 내내 제대로 잡을 곳을 찾고, 아래쪽 낭떠러지를 바라보느라 그의 눈은 마치 멀어버린 듯했다. 그때 갑자기 눈 폭풍이 다시 세차게 몰아치기 시작했다. 지금까지보다 두세 배나 큰 세기였다. 콜 뒤 리옹에서 내려가는 길은 바라만 봐도 소름이 끼쳤다. 눈이 무릎 높이까지 쌓여 있었다. 실제로 체감하는 추위는 상상을 초월했다. 세 사람은 눈보라에 거의 질식할 것만 같았다. 떠밀려 추락할지도 모른다는 두려움이 들 정도로 사방에서 마구 불어대는 바람은 너무나 강했다. 그리고 정면에서 불어오는 눈보라는 수염과 눈썹 그리고 입에 달라붙어 얼음이 됐다. 눈에 젖어 얼어붙은 옷은 마치 방패 같았고, 신발도 젖은 지 오래됐으며, 손은 얼음처럼 굳어 쓸 수가 없었다. 장갑 한쪽을 잃어버린 고레는 얼어버린 맨손을 구부릴 수 없어 아무것도 잡지 못하고 그저 더듬기만 했다. 바람과 추위는 카렐도 피할 수 없었다. 그의 얼굴은 더 늙고 불안해 보였다. 앞을 보기 위해 눈썹에 매달린 고드름을 떼어내야 했는데, 수염에 달라붙은 고드름은 점점 더 길어졌다. 카렐은 고레에게 지시를 내리기 위해 한 손으로 얼굴을 쓸어내렸다.

"아래로 가!" 그가 쉰 목소리로 외쳤다.

"어떻게요?"

"곧장 내려가."

"잡아줘요!"

"무슨 일이야?"

"자일을 계속 풀어주세요."

"5미터밖에 안 남았어!"

"그만. 나 떨어져요!"

"알았어…. 오, 안 돼!"

"멈췄어요."

시니갈리아는 두 사람의 대화를 한 마디도 알아들을 수 없었다. 하얀 눈 위에 발자국을 남기며 앞으로 나아가는 고레와 위에서 지시를 내리는 카렐의 대화는 마치 비밀의 언어 같았다. 그들의 대화가 처음엔 짐승 소리처럼 들리더니 나중엔 괴성과 신음으로 변했다. 시니갈리아는 그들이 주고받는 신호도 이해할 수 없었다. 그러나 그는 두 사람을 믿었다. 눈 폭풍 속에서 대화를 한다는 것은 불가능했다. 이미 몇 시간 전부터 앞을 구분할 수도 없었다.

"이제 어떻게 하지?" 시니갈리아가 물었다.

"살아남아야죠!" 고레가 소리쳤다.

모든 미래가 지금 이 순간에 달려 있는 상황에서 두 가이드는 도대체 어떻게 해야 할까.

카렐은 놀라울 정도로 하산길을 잘 이끌었다. 망설임도 전혀 없이. 겉으로 보기엔 지치지 않는 끈기와 기술을 발휘했다. 나머지 두 사람이 카렐 자신의 불안감을 눈치채는 일은 절대 없어야 했다. 그는 시니갈리아에게 용기를 불어넣어 주고 그의 어깨를 토닥거려주었다. 시니갈리아는 대피소에서 보았던 지친 늙은이가 어떻게 이토록 뛰어난 가이드로 변신할 수 있는지 알 수 없었지만, 카렐의 이런 변화로 살아남을 수 있다는 용기를 얻었다. 고레는 최선을 다해 카렐을 도왔다. 자기 혼자서는 계곡까지 내려가는 길을 찾을 수 없다는 것을 잘 알고 있었기 때문이다. 카렐은 입 밖으로 실망스러운 말을 내뱉지 않았다. 그는 방향을 지시하는 짧은 말만 할 뿐 투덜대지도 않았다.

상대방을 재촉하지 않는 그의 행동은 자발적이고 단호

했다. 쭈그려 앉는 법도 없고 멈추는 일도 없었으며, 더 이상 주저하지도 않았다. 그러면 곧 죽음일 테니까.

"아래로 가!"

밤 11시가 되자 카렐은 처음으로 흔들리기 시작했다. 바짝 말라, 죽을 듯 피곤한 그의 몸이 부르르 떨었다. 눈은 여전히 심하게 내리고 있었다. 가슴에 둔한 충격 같은 것을 느낀 카렐은 거의 숨을 쉴 수 없었다. 그의 심장이 잠깐 멈추기라도 한 걸까? 카렐은 자신의 신체가 한계에 다다랐다는 것을 알고 있었다. 체력이 급속도로 떨어져 이제는 주저앉아야 할 지경이었다. 몸은 이미 반이 얼어버렸고, 양손은 느낌조차 없었으며, 자일은 나뭇가지처럼 딱딱했다. 이런 상황에서도 카렐은 아래로 가는 마지막 바위를 넘을 때까지 시니갈리아의 안전을 지켰다. 그는 더 이상 아무것도 느끼지 못했다. 그저 자신의 손이 자일을 잡고 있다는 것뿐. 그것이 그에게 주어진 일이었다. 그러나 그의 심장은? 그렇다. 문제는 바로 심장이었다. 그의 심장은 불규칙하게 뛰고 있었다. 고원지대가 시작되는 풀밭이 바로 눈앞에 있었다. 조금만 더 가면, 50미터도 남지 않은 거리에 더 이상 눈이 없는 곳이 기다리고 있었다.

카렐은 그냥 이렇게 계속 쭈그려 앉아 있고 싶었다. 이렇게 쉬면서 잠이 들었으면 좋겠다고 생각했다. 최소한 오늘 밤만이라도. 하지만 고레가 방향을 잘못 잡으면 어떻게 하냐는 걱정이 들었다. 고레가 소리를 질러, 절벽 아래로 떨어지기 직전에 그를 살린 것이 대체 몇 번이었던가? 날씨는 변함없이 고약했다. 그는 여기서 죽을 수 없었다. 아직은 아니었다. 고레가 길을 제대로 가고 있는지에 대한 걱정이 카렐을 계속 흔들어 깨웠다. 둘이서만 가다가 길을 잃어 한밤중에 둘 다 추락한다는 것은 생각할 수도 없는 일이었다. 위로는 하늘도 더 이상 보이지 않았고, 반대편에서 산을 올라오는 사람도 없었다. 구조대는 계곡에나 가야 있을 터였다. 폭풍을 뚫고 길을 따라 계속해서 내려가는 수밖에 없었다. 그는 정확하게 3일 전에 올라왔던 그 길을 느낌으로 찾아냈다. 세 사람은 바위틈에서 잠시 쉬면서 코냑을 한 모금씩 마셨다.

그리고 계속 아래로 또 아래로 내려갔다. 그러다 마지막 설사면을 건너가는 도중에 갑자기 카렐이 멈춰 섰다. 시니갈리아에게 이어진 자일이 팽팽하게 당겨졌다. '카렐이 왜 이렇게 천천히 오지?'라고 시니갈리아는 생각했다. 그는 주변을 둘러보았다. 카렐은 보이지 않았다. 소리도 들리지 않았다. 그는 바위 뒤에 있었다. 무릎의 힘이 빠진 그는 결국 눈 속으로 고꾸라졌다.

"무슨 일이예요?" 고레가 외쳤다.

"아무것도 아니다." 카렐은 기어들어 가는 목소리로 대답했다.

"자일이 왜 이렇게 팽팽해요?"

"별일 아니야."

카렐은 천천히 일어서서 주변을 둘러보았다. 그는 자신이 어디에 있는지, 무엇을 할 수 있는지 알고 있었다. 그는 힘겹게 발걸음을 옮겼다. 여전히 자일을 움켜쥔 채. 앞서가던 두 사람은 이미 초록색 풀밭으로 들어선 걸까? 그는 다시 멈춰 서서 앞을 바라봤다.

"우린 다 내려왔어요." 고레의 소리가 들렸다.

카렐은 더는 아무 말도 하지 않았다. 그에게서는 더 이상 아무 소리도 들리지 않았다. 그러나 고레와 시니갈리아는 여전히 카렐이 풀어주는 자일을 따라 내려가고 있었다. 이들의 흔적을 따라 그는 기어가다시피 했다. 그리고 문득 다시 일어섰다. 그는 아직도 고객의 삶과 죽음을 자신의 어깨에 짊어지고 있었다. 고레는 벌써 풀밭을 건너가고 있었다. 자일은 더 이상 필요하지 않았다.

카렐은 초록색 풀밭이 바로 눈앞에서 기다리는 설사면의 마지막까지 내려왔다. 그리고 그는 눈앞이 까맣게 멀어지는 것을 느꼈다. 그는 몸을 지탱하지 못하고 다시 주저앉았다. 보이지 않는 길을 찾으려는 노력과 추위 그리고 다른 사람들을 안전하게 지키려는 마음으로, 그는 무척 피곤했다. 마지막까지 놓지 못한 책임의 무게가 그에게는 너무 무거웠다. 이제 구조대가 눈앞에 있었다. 고레도 이를 알고 있었다. 고레는 계속해서 한 걸음 한 걸음 아래로 앞으로 나아갔다. 시니갈리아는 그의 뒤를 따라갔다. 그런데 카렐은? 고레가 자기 뒤로 자일이 팽팽하게 당겨지자 발걸음을 멈췄다. 시니갈리아는 무슨 일인지 알 수 없었다. 두 사람은 잠시 기다렸다가 카렐을 불렀다. 그러나 아무런 대답도 들려오지 않았다. 그가 가까이 다가오는 모습도 볼 수 없었다.

"장 앙투안!" 고레가 허공 속으로 그의 이름을 불렀다.

아무런 반응이 없었다.

"내려오세요!"

시니갈리아도 더 이상 자일을 지탱할 수 없으니 내려오라고 소리쳤다. 하지만 역시 아무런 대답이 없었다. 걱정이 된 고레는 뒤로 돌아가 보았다. 그때서야 카렐의 목소리가 들렸다. "나는 더 이상 안 되겠어…."

카렐의 모습은 여전히 어디에서도 찾을 수 없었다. 고레가 자일을 따라 위로 올라가 보았다. 시니갈리아도 뒤따랐다.

두 사람은 카렐을 발견했다. 온몸이 얼음에 뒤덮인 채 힘이 다 빠진 듯 바위 위에 배를 대고 엎드려, 그는 이제 죽음을 기다리고 있었다. 계속해서 산을 내려가는 것은 고사하고 일어설 수도 없는 카렐은 그럼에도 불구하고 만족스러워 보였다.

"됐어." 그의 말은 이 한마디뿐이었다. "나중에 내 시신을 거두어주게."

고레와 시니갈리아는 축 늘어진 그의 몸을 끌어 평편한 곳으로 옮겼다. 고레는 카렐에게 무엇인가를 물어보려 했지만 아무 말도 입 밖으로 낼 수 없었다.

"도대체 왜 이러는 거예요?" 시니갈리아가 물었다.

고레는 그저 아무것도 보이지 않는 하늘을 뚫어지게 쳐다보았다.

"죽어가는 것 같다." 시니갈리아가 속삭였다.

"우리는 이제 곧 아래에 도착할 거예요." 고레가 카렐에게 말했다.

"내가 지금 어디에 있지?" 카렐이 물었다.

하얗게 변한 카렐의 손은 얼음장처럼 차가웠다. 숨은 가늘었고 몸은 미동도 하지 않았다.

고레는 죽어가는 카렐의 입에 마지막 남은 백포도주를

흘려 넣어주었다. 그리고 유일하게 남아 있던 식량인 코냑까지도. 카렐은 신음소리를 내며 몸을 돌리려 했다.

"자네들은 아래에 있는 거로군."

그는 음절을 또박또박 끊어가며 이 말을 불쑥 내뱉었다. 그러고는 눈 위로 쓰러졌다.

고레는 그를 일으키려고 얼굴에 눈을 문질러 정신을 차리게 하려 했지만, 아무 소용이 없었다. 카렐은 다시 한 번 짧은 신음소리를 냈지만 더 이상 아무 말도 하지 못했다. 그를 들어 올리는 것은 불가능했다. 카렐의 몸은 뻣뻣하게 굳어 전혀 움직이지 않았다. 고레는 그의 머리를 받치고 귓가에 바짝 엎드려 기도를 원하는지 물었다.

"감사하고 싶네."

"신에게요?"

"힘을 주셔서."

"의무를 다할 수 있도록." 그가 마저 하지 못한 말을 고레가 채워 넣었다.

"그래."

시니갈리아는 두 사람의 대화를 거의 이해할 수 없었다. 하지만 이것만은 알고 있었다. 카렐의 본능이 없었더라면 그는 지금 이미 죽었을 것이라는 사실을.

카렐은 숨을 깊게 내쉬었다. 그의 육체가 비워지는 마지막 숨소리였다. 고레는 카렐의 머리를 내려놓았다. 눈 위에 누워 있는 카렐의 텅 빈 눈은 구름 사이로 달이 보이는 하늘을 향하고 있었다.

"일어나세요!" 고레가 잠들려 하는 시니갈리아를 깨웠다. 이대로라면 얼어 죽을 것이 분명했다.

이제 서둘러야 했다. 두 사람은 자신들의 목숨을 구해준, 카렐과 연결된 자일을 잘라내고 하산을 계속했다. 자신이 책임지고 있는 사람의 죽음은 절대 허락하지 않았던 카렐의 시신을 뒤에 남겨둔 채.

고레와 시니갈리아는 새벽녘까지 걸었다. 계속 움직여야만 몸이 얼어붙는 것을 막을 수 있었다. 브로일에 도착하면 구조해줄 사람들이 있을 것이라는 기대를 갖고 그들은 지오메인에 있는 여관으로 향했다. 새벽 5시. 그들은 먹지도 쉬지도 못한 채 20시간을 걸어 산을 내려왔다. 여관 주인은 깨어 있었다. 그리고 마을사람들이 소식이 없는 자신들을 걱정했다는 말을 전해주었다.

이 집에서 저 집으로 카렐의 사망 소식이 전해지면서 사람들은 깊은 슬픔에 잠겼다. 발투르낭슈 출신 가이드인 알레산드로 페시옹, 엘리아 페시옹, 비토리오 마퀴냐츠와 근처의 목동 세 명이 길을 나섰다. 두 명의 스위스 출신 가이드는 시신을 옮기는 도중에 합류했다. 카렐의 시신을 수습해 하산하는 동안 점점 더 많은 사람들이 몰려들었다.

마을에서는 구조대가 내려오는 것을 망원경으로 지켜봤다. 카렐의 시신을 운구하는 사람들은 마치 하늘에서 내려오는 듯 보였다.

카렐의 영웅적인 죽음에 관한 이야기는 빠른 속도로 퍼져 나갔고, 그가 있었기에 살아남은 시니갈리아는 공식 추도문을 발표했다.

"카렐은 자신의 산이었던 마터호른에서 우리들을 구하기 위해 혼신의 힘을 다한 뒤 성스러운 죽음을 맞이했다. 휘몰아치는 눈 폭풍 속에서의 악조건들과 20시간 동안이나 끊임없이 싸우다가, 자신이 보호해야 할 사람들이 위험에서 벗어난 것을 알고 나서야 그는 눈을 감았다. 나는 깊이 감사하는 마음으로 영원히 그를 기억할 것이다."

사람들은 그의 시신을 지오메인에 있는 성당으로 옮겨 3일 동안 애도했다. 그리고 그달 29일 카렐의 시신은 발투르낭슈로 옮겨져 마을 공동묘지에 묻혔다. 그의 산이었던 마터호른이 파란 하늘 아래에 조각상처럼 우뚝 솟아 있는 곳에….

글을 쓰고 나서

지구에 마터호른처럼 독특한 산은 없다. 이 산은 어느 쪽에서든 사람의 접근을 거부한다. 수천 년 전부터 이 산을 호루Horu라고 부르며, 이 산과 함께 살아온 발리스 사람들은 어떤 생각을 했을까? 아마도 산사태나 눈사태가 일어나 목초지를 덮쳤을 때 그들은 생존의 위협을 느꼈을 것이다. 그들은 또한 능선에서 피어나는 안개를 보며 날씨의 변화를 예상하고 산에 가까이 다가가는 일을 피했을 것이다.

이 독특한 산에 처음으로 붙은 이름은 몽실비우스Mons Silvius였다. 몽세르뱅Mont Cervin이란 이름은 스위스의 철학자이자 지리학자인 오라스 베네딕트 드 소쉬르의 문서에 처음 등장한다. 1854년 지리적 관점에서 본 『알프스의 지리학』을 출판한 슐라긴트바이트Schlagintweit 형제들도 이 이름을 썼다. 체르마트와 마터호른이란 이름은 1682년이 되어서야 확인된다. 드 소쉬르는 1789년 발투르낭슈를 통해 처음으로 이 산의 남쪽 기슭까지 올라갔다. 그 2년 전인 1787년 그는 기압계를 갖고 몽블랑 정상에 올라 높이를 측정한 경험이 있었지만, 피라미드 같은 이 독특한 산의 정상을 밟을 생각은 조금도 하지 않았다.

그러나 당시 브로일의 넓은 고원지대 위로 무시무시하게 높이 치솟은 이 산의 정상으로 가는 길은 없었다. 끌로 조각한 것만 같이 날카로운 삼각형의 오벨리스크는 인간의 발길을 허락하지 않았다. 마터호른은 벽에 눈조차 쌓이지 않을 정도로 경사가 심했으니 이는 당연한 일이었다.

1792년 마터호른을 두 번째로 찾은 드 소쉬르는 발투르낭슈에 머물면서 테오둘 고개까지 올라가 그곳에서 3일을 지냈다. 그의 목표는 마터호른의 구조를 분석하고 정상까지의 높이를 측정하는 것이었다. 그는 연구를 위해 돌멩이, 식물, 곤충 같은 것들을 수집하며, 이렇게 낮은 기온에서 어떻게 원시적인 곤충이 살아남을 수 있는지 의아해했다.

자연과학자인 제임스 데이비드 포브스가 드 소쉬르의 연구를 이어나갔다. 포브스 또한 마터호른을 "알프스에서 가장 놀라운 봉우리"라고 여겼다. 이때의 알프스에 대한 연구는 아직 초기단계였으며, 등반은 부유층의 이국적인 취미생활이었다. 이런 시기에 마터호른에 대한 신화가 탄생했다. 그러나 이 지역에서 태어나 자란 사람들은 왜 외국인들이 온갖 안락을 누릴 수 있는 집을 떠나 이 가난한 땅으로 찾아오는지 이해하지 못했다. 이곳에서 그들이 할 수 있는 것이라곤 황량하고 위험한 산을 올라, 허름한 오두막에서 밤을 지내거나, 아니면 갖은 고생을 다하면서 얼어붙은 정상까지 오르는 일뿐이었기 때문이다.

1800년 여름, 영국인들이 테오둘 고개를 넘었다. 그들은 발투르낭슈에서 발리스까지 찾아왔는데, 그때까지 영국인을 실제로 만나본 적이 한 번도 없었던 세인트니클라우스 사제는 몹시 놀랐다. 사제는 여행자들이 마을의 신도들에게 나쁜 영향을 끼칠지 모른다고 예감이라도 한 걸까? 그는 자신의 마을에 앞으로도 오랫동안 여행자들의 발길이 닿지 않기를 바랐다. 그러나 그로부터 불과 40년도 지나지 않아, 이 마을의 의사인 라우버 박사가 여행자들을 위한 첫 여관을 열었다. 이 여관에는 세 사람이 묵을 수 있는 방과 부엌이 갖추어져 있었다. 이곳을 방문하는 여행자들의 수가 점점 늘어났는데, 그중에서도 특히 영국인들이 '자연이 만든 거대한 원형극장'인 알프스 지역으로 몰려들었다. '기적 중의 기적'으로 찬양받았던 마터호른은 누구보다도 과학자들에게 매혹적인 대상지였다.

1844년 영국의 작가이자 화가 그리고 철학자인 존 러스킨이 체르마트를 방문했다. 그가 바로 마터호른의 형태를 본

딴 로고를 만든 사람이다. 그는 열네 살 때 부모님과 함께 알프스를 여행하면서 산에 대해 흥미를 갖기 시작했다. 그는 아버지가 선물해주신 드 소쉬르의 『여행Voyages』을 읽고 자연으로 돌아가는 삶을 선택했다.

1854년, 이주민이었던 알렉산더 자일러가 체르마트에 6명이 묵을 수 있는 호텔을 열었다. 1857년 영국인들이 회원제 영국산악회를 창설했는데, 그 회원들은 4천 미터급 봉우리를 정복하겠다는 목표를 세웠다. 그러자 29개의 4천 미터급 봉우리로 둘러싸인 마터호른의 마을은 그들이 가장 선호하는 장소가 됐다. 등반에 대한 관심이 높아져 갔다. 스포츠에 열광한 영국인들은 스위스의 가이드를 고용해 점점 더 높은 봉우리의 정복에 성공했다. 다만 그중 단 하나의 봉우리 마터호른만이 접근 불가였다. 가이드들이 이 봉우리에 오르는 것은 불가능하다고 생각했기 때문이다. 불가능이라 여겨진 마터호른이 갖는 의미는 컸다. 등반을 좋아하는 사람들에게는 두려움과 동시에 도전을 의미했기 때문이다.

몬테로사가 등정되는 데는 9년이라는 시간이 걸렸는데, 그 정상에 사람의 발길이 닿은 것은 1855년이었다. 체르마트를 둘러싼 많은 봉우리들이 정복되자, 결국 마지막으로 남은 것이 비밀로 가득 찬 마터호른이었다. 엘자스 출신의 학자 다니엘 돌푸스 오셋Daniel Dollfus Ausset이 1855년에 남긴 다음과 같은 기록을 보면 마터호른 정복을 불가능하게 여긴 당시의 상황을 짐작할 수 있다. "마터호른 정복은 가능하다. 아주 질긴 천과 특별한 형태로 만든 열기구에 긴 줄을 매달아 천천히 풀리고 감게 만들면, 비행사가 곤돌라를 정상에 내릴 수 있을 것이다."

그 2년 후인 1857년, 브로일 출신의 세 남자가 마터호른을 향해 출발한다. 그들은 늘 바라보며 자란 고향의 산인 마터호른이 과연 올라갈 수 있는 산인지 탐색해보려 했다. 보조도구는 전혀 없었다. 남서릉의 갈라진 바위를 넘어 그들은 거의 3,700미터까지 오르는 데 성공했다. 호기심 많은 그들 셋 중 하나가 바로 전설적인 카렐이다. 그는 1829년 1월 17일 발투르낭슈에서 태어나 장 앙투안이라는 이름으로 세례를 받았다. 삼형제 중 한 명이었던 그는 마터호른 남쪽 기슭의 마을에서 여러 세대에 걸쳐 농사를 지어 자급자족하는 가문 출신이었다. 결혼을 한 장 앙투안은 발투르낭슈의 작은 나무집에서 살다가 여름이면 아보일로 건너갔다. 이렇게 해서 그는 9명의 자식을 키웠다.

계곡의 주민들은 토지를 쓸 수 있는 곳과 그렇지 않은 곳으로 구분했다. 풀이 나고 물을 얻을 수 있는 곳에서는 주민들이 유목민이나 다름없이 생활했다. 영양이 사는 곳까지는 사냥꾼이나 밀렵꾼들의 활동 무대였다. 그러나 그 이상 올라가면 아무것도 없었다. 그곳에서부터는 만년설이 시작됐다. 그곳에서부터 저 하늘 아래 정상까지는 아무도 호기심을 갖지 않았다. 스스로를 위험에 내맡기는 주민들은 아무도 없었다. 그래서 그들은 영국인들이 알프스 지역에 나타나는 현상에 대해 자기 나름대로의 말도 안 되는 이유를 생각해내곤 했다. 그들이 더 많은 지식을 갖기 위해 이곳으로 오는 것은 아닐까? 아니면 그들은 보물을 찾거나, 연금술사 혹은 비밀요원일까? 그것도 아니라면, 그저 멍청한 걸까? 멍청이들만이 죽음이 확실한 지역에 발을 들여놓을 테니까….

주민들은 처음에는 이 낯선 외지인들을 의구심이 가득 찬 눈으로 바라보았다. 그러나 장 앙투안은 그들의 행동을 이해할 수 있었다. 그들의 독특한 태도를 분석한 카렐은 그들의 호기심에 공감했다. 그는 다만 그들의 낯선 습관에 익숙하지 않았을 뿐이었다. 카렐은 천성이 호기심이 넘치는 인물이었다. 그는 외지에서 찾아온 그들을 어쩌면 자신이 도와줄 수 있을지도 모른다고 생각했다. 대부분의 외지인들은 길을 잘 찾지도 못하고, 이곳의 날씨 변화에 대한 충분한 경험도 없었으며, 이곳에 있는 산들이 얼마나 넓은지, 얼마나 위험하지 전혀 모르고 있었다. 발투르낭슈에는 가이드라는 직업이 없었다. 외지에서 온 이 '신사들'은 짐꾼을 고용해, 주변의 산으로 함께 올라가는 대가로 돈을 지불했다. 그리고 고용된 이 지역 주민들은 그들이 원하는 일을 해줬다.

마터호른의 반대쪽 지역에는 가이드라는 직업이 이미 자리를 잡고 있다는 사실을 카렐은 들어서 알고 있었다. 등반은 날씨나 암벽의 구조 같은 이 지역의 상황에 대한 정보를 제대로 알고 있어야 가능했다. 따라서 관광객과 이 지역에서 고용된 조력자 사이에 신뢰가 싹튼 후, 가이드가 보상을 받고 등반을 하면서 관광객을 책임지는 관계가 형성된 것이다. 부유한 영국인들의 경우 한번 정한 가이드와 함께 몇 주일씩 등반을 계속하는 경우가 많았다. 카렐은 이 돈 많은 신사들의 문제점이 두려움을 갖는 것 자체에 대한 공포라는 것을 눈치챘다. 그들이 가이드의 도움을 구하는 이유는 단순히 불안하기 때문이었다. 그리고 가이드는 외지인의 짐만 어깨에 걸머지는 것이 아니라 그들의 생명과 안전에 대한 책임까지 졌다. 가난한 사냥꾼이었던 카렐은 이런 가이드의 일을 충분히 할 수 있다고 생각했다. 그러나 단호한 자기 조건이 있었다. 등반 도중 결정을 내리는 사람은 그의 고용인이 아니라 자기 자신이어야 했다.

영국 출신의 에드워드 윔퍼가 바로 이런 신사들 중 한 명이었다. 윔퍼는 자라면서 알프스에 대해 들어본 적도 관심을 가져본 적도 없었다. 런던에서 살며 수채화가이자 판각공으로 성공한 그의 아버지는 슬하에 9명의 아들과 2명의 딸을 두고 있었다. 그중 1940년 둘째로 세상에 태어난 에드워드 윔퍼는 특별한 재주도 없는 보통의 아이였다.

윔퍼가 열두 살이 되던 해 앨버트 스미스Albert Smith는 런던의 이집트 홀에서 「몽블랑 등정The Ascent of Mont Blanc」이라는 쇼를 연출했는데, 그는 그 후 6년간 2,000회에 걸쳐 80만 명의 관객을 모았다. 이것은 그때까지 산을 주제로 한 공연 중 가장 성공한 사례였다. 알프스에 가서 산을 올라보고자 하는 열망은 이미 영국까지 퍼져 있었지만, 윔퍼는 알프스에 가본 적이 한 번도 없었다. 그는 열네 살이 되자 학교를 그만두고 아버지로부터 목판화를 배우기 시작한다. 그리고 이 목판화 기술이 그를 알프스로 데려다주는 수단이 된다. 당시 윌리엄 롱맨William Longman 출판사는 그때까지 미지의 세계였던 프랑스 도피네 알프스 지역의 그림이 필요했다. 그리고 윔퍼는 이 임무를 띠고 알프스로 건너가면서 그의 프리랜서 경력을 펼치게 된다. 스무 살의 윔퍼는 산을 본 적도 없었고, 등반에 대한 관심도 전혀 없었다. 등산은 부유한 사람들이 즐기는 새로운 스포츠였기 때문이다. 윔퍼는 산의 생김새를 그림이나 스케치로 남기기 위해 정상에 올라야 했다. 그는 1860년 7월 말 처음으로 스위스를 두루 여행했다. 그리고 프랑스에 있는 4천 미터 높이의 몽펠부Mont Pelvoux 정상에 오르면서 등반가로서의 경력을 쌓기 시작했다. 윔퍼는 아직 아무도 올라가지 못했다는, 이 불가능의 마터호른에 대한 소문을 듣고 곧바로 이 산의 마력에 빠졌다. 그는 마터호른을 꼭 오르고 싶었다. 체르마트의 가이드들은 절대로 불가능하다고 고개를 저었지만, 그의 다음 목표는 마터호른이었다.

이 시기에 윔퍼 외에도 마터호른 등정이 가능하다고 여기는 사람이 있었다. 바로 브로일 출신의 카렐이었다. 그는 이탈리아 쪽 능선이 성공 가능성이 더 높다고 생각했다. 마터호른 정복에 대한 이 두 사람의 열망은 개인적인 동기에서 비롯됐다. 윔퍼는 스포츠적인 관점이 우선이었고, 카렐의 경우는 호기심이었다. 이들 둘 중 어느 누구도 국가의 명예나 이익을 생각하지 않았다.

카렐은 윔퍼와 함께 정상에 도전하는 것을 꺼렸다. 윔퍼의 안전을 책임질 수 없었기 때문이다. 결국 윔퍼는 카렐의 도움 없이 이탈리아 쪽이 아닌 그 반대편에서 마터호른을 올라 정상을 밟는 데 성공한다.

1786년 몽블랑 정복과 함께 시작된 등산의 역사에서 1865년은 가장 중요한 해다. 그해 여름에만 40개가 넘는 미답봉이 정복되었고, 그 사이에 가이드라는 직업이 제대로 자리를 잡았으며, 샤모니와 발투르낭슈, 체르마트 같이 등반을 좋아하는 관광객들이 모이는 마을에서 가이드가 전성기를 맞이했다.

* * *

카렐이 죽음을 맞이한 1890년 베른 지역의 한 사업가가 체르마트에서 고르너그라트까지 연결하는 등반 열차의 인가를 요청했다. 이 요청에는 체르마트에서 마터호른 정상까지 바로 연결되는 시설도 포함되어 있었다. 고르너그라트까지 오르는 열차는 실제로 1899년부터 운영에 들어간다. 마터호른 정상까지 연결되는 시설은 다행히도 인가가 나지 않았지만, 그 계획은 현재까지도 '보류' 중이다.

인간의 상상력과 기술력은 실로 순식간에 등반의 진정한 의미를 조롱거리로 만들어버릴 수 있다. 카렐이 세상을 떠나고 나서 5년이 지난 후 윔퍼는 다시 한 번 브로일로 돌아왔다. 그리고 카렐의 루트를 따라 마터호른을 절반 정도 올랐다. 사진을 찍기 위해서였다. 1895년 8월 남서릉을 넘어 베이스캠프에 도착한 윔퍼는 다음과 같은 기록을 남겼다.

"마지막으로 정상에 선 지도 벌써 30년이라는 세월이 흘렀다. 그 사이에 마터호른은 많은 변화가 생긴 것 같다. 콜 뒤 리옹의 고도가 과거보다 낮아졌다. 훨씬 적은 양의 눈이 쌓이기 때문이다. 콜 뒤 리옹을 횡단하는 시간도 줄어들었다. 그 다음 45미터까지는 어느 정도 모든 것이 그 자리에 있는 듯하지만, 그 위쪽 능선은 많은 변화를 겪어야만 했다. 과거 익숙했던 장소들은 전혀 알아볼 수도 없을 정도로 변해버렸다. 지금까지도 기억이 선명한 '침니'는 절반 이상이 과거의 모습을 찾아볼 수 없었다. 이곳에서 더 위쪽은 모든 것이 다 바뀌었다. 1864년 보조수단이 없이는 힘들게 지나야 했던 장소들을 이제는 훨씬 더 쉽게 지날 수 있다."

마터호른의 리옹과 회른리 능선에는 이제 고정자일 뿐만 아니라 사다리까지 설치되어 있다. 마터호른을 부르는 두 지역의 말인 '호루Horu'와 '라 그랑 베카La Grand Becca'는 이제 자기 자신을 책임질 준비가 되어 있지 않은 초보자들에게도 접근이 가능한 곳이 됐다. 셰르파들의 도움을 받아 해마다 수많은 관광객들이 정상으로 향하는 에베레스트처럼…. 험준했던 이 두 봉우리는 이제 대중의 소비 대상지가 됐다.

1865년의 '마터호른 등정을 위한 사투'는 이런 흐름의 서막이었다. 마터호른 정복 과정에서 남은 것은 윔퍼의 이름뿐이다. 초등에 성공한 마터호른만큼이나 위대했던 젊은 청년 윔퍼, 그는 오늘날까지도 개척자로서 유명세를 떨치고 있으며, 예술가이자 작가로 인정받고 있다. 그는 교만했지만 이상과 목표를 가진 꽤 괜찮은 등반가였다. 다만 한 가지, 그는 그저 자신의 행동에 대해 책임지기를 거부했을 뿐이다.

책을 옮기며

2015년은 마터호른이 초등된 지 150년이 되는 해다. 알프스에서 마지막으로 남았던 4천 미터급 봉우리인 마터호른 4,478m을 에드워드 윔퍼 일행 7명이 1865년 7월 14일에 올라 초등을 이룩했다. 그런데 그들은 하산하다 일행 중 4명이 1,200미터 낭떠러지로 추락하는 대참사를 당했다. 영광이 비극으로 돌변한 것이다.

마터호른 초등 이야기는 윔퍼의 『알프스 등반기』에 자세히 나와 있으며, 그 옛날 알피니즘 초창기의 역사로 새삼 문제시될 것도 없이 오늘에 이르렀다. 또한 나 자신 그 『알프스 등반기』를 지난날 번역해서, 마터호른을 둘러싼 당시의 이야기를 자세히 알고 있었다. 그런데 이번에 라인홀드 메스너가 쓴 책을 읽으며, 150년 전 마터호른 때 이야기를 다시 생각하게 되었다. 윔퍼의 등반기에서는 느끼지 못했던 새로운 감정이었다. 이것은 나로서 생각지도 않았던 수확이었다.

이 책에는 으레 있는 목차가 없으며, 그때그때 장면이 바뀌면서 새로운 장章으로 넘어간다. 그리고 가장 눈에 띄는 것은 가이드 카렐 이야기로 시작해 카렐 이야기로 끝난다는 것이다. 메스너는 150년 전 이야기를 이렇게 재구성했는데, 이것은 등반기라기보다는 하나의 산악소설 같았다. 책의 주제는 마터호른 대참사로 되어 있지만, 당시 마터호른을 둘러싼 산간마을의 분위기가 이 책의 매력이다.

라인홀드 메스너는 2014년 칠순을 맞으며 처음으로 일종의 인생론을 썼는데, 2015년 마터호른 초등 150주년을 그대로 보내지 않고 이 책을 썼다. 오랜 세월 극한 등반가로 독자적인 위치를 차지해온 그도 이제 현역에서 물러난 처지이지만, 산과 인간의 관계를 보는 그의 눈은 남달리 예리하고 철저하다. 그런데 우리의 경우 어떠한지 궁금하다. 그토록 고고하던 마터호른도 오늘날 에베레스트와 같은 운명으로 속화됐다. 그러나 마터호른에 얽힌 역사적 사실은 그대로이며, 그것을 어떻게 보는가는 우리의 몫이다.

마터호른이 초등된 1865년 7월을 의식했는지 메스너는 그의 책 『Absturz des Himmels』를 2015년 7월 독일의 피셔Fischer 출판사에서 냈다. 지구의 고산군에 더 이상 오를 데가 없어진 오늘날을 살고 있는 우리 산악인들에게 선물로 준 책이라고 나는 생각한다.

2018년 봄, 김영도

마터호른 등반 기록

	연도와 날짜	이름	방향	도달 고도
1	1858~1859년	J. A. 가렐 J. J. 카렐 빅토르 카렐 에메 고레	브로일 침니	3,800m
2	1860년 7월	앨프리드 파커 찰스 파커 샌드바흐 파커	체르마트 동벽	3,500m
3	1860년 8월	호킨스 틴들	브로일	3,960m
4	1861년 7월	파커 형제	체르마트 동벽	3,570m
5	1861년 8월 29일	J. A. 카렐 J. J. 카렐	브로일 닭볏 능선	4,032m
6	1861년 8월 29~30일	윔퍼	브로일 침니	3,800m
7	1862년 1월	케네디	체르마트 동벽	3,350m
8	1862년 7월 7~8일	맥도널드 윔퍼	브로일 침니 밑	3,657m
9	1862년 7월 9~10일	맥도널드 윔퍼	브로일 대암탑	3,960m

연도와 날짜	이름	방향	도달 고도
10			
1862년 7월 18~19일	윔퍼(단독등반)	브로일 크라바트	4,084m
11			
1862년 7월 23~24일	윔퍼	브로일 닭볏 능선	4,008m
12			
1862년 7월 25~26일	윔퍼	브로일 크라바트	4,102m
13			
1862년 7월 27~28일	틴들	브로일 숄더(틴들봉)	4,258m
14			
1863년 8월 10~11일	윔퍼	브로일 닭볏 능선	4,047m
15			
1865년 6월 21일	윔퍼	남동벽	3,414m
16			
1865년 7월 14일	윔퍼 크로 더글러스 해도우 허드슨 타우그발더 부자	체르마트 회른리 능선 (초등)	4,478m
17			
1865년 7월 17일	J. A. 카렐 장 밥티스트 비슈	브로일 리옹 능선 (제2등)	4,478m

* 편집자주: 도달 고도는 다른 자료들을 참고해 원서의 내용을 수정 보완했습니다.

찾아보기

가브리엘 마퀴냐츠Gabriel Maquignaz 21, 30, 131

고르너그라트Gornergrat 142, 365

과야킬Guayaquil 331

그란 토레Gran-Torre 대피소 340

그란 파라디소Gran Paradiso 64

그랑 코르니에Grand Cornier 141

그랑 콩뱅Grand Combin 97

그랑 투르날랭Grand Tournalin 152

그랑드 조라스Grandes Jorasses 151

그리볼라Grivola 64

기번Edward Gibbon 241

다니엘 돌푸스 오셋Daniel Dollfus Ausset 360

당데랑Dent d'Hérens 13, 26, 27, 64, 91, 97

당블랑슈Dent Blanche 72, 91

더글러스 로버트 해도우Douglas Robert Hadow 172-176, 179, 205, 209, 212, 213, 215, 220, 224, 226, 227, 234-236, 247-249, 251, 256, 266, 269, 270, 279-281, 283, 287-291, 295, 298, 299, 301

도피네 알프스Dauphine-Alpen 136, 363

두푸르슈피체Dufourspitze 171

디노이에 프라이에 프레세di Neue Freie Presse *271*

레오네 시니갈리아Leone Sinigaglia *7, 9, 11, 14, 338-343, 346-355*

레오폴드 매클린톡Leopold McClintock *79*

레지널드 맥도널드Reginald Macdonald *76, 84, 86, 87*

로버트슨Robertson *220, 251, 281, 294*

로스John Ross *112*

루시 워커Lucy Walker *311*

루이 카렐Louis Carrel *328*

뤼크 메이네Luc Meynet *77, 78, 81-83, 89, 103, 106-108, 111, 120, 123, 146, 149, 162, 166, 196, 307, 311, 325*

리미니Rimini 총무 *260*

리스캄Liskamm *91, 229*

리처드 글러버Richard Glover *279*

리펠베르크Riffelberg *141*

리펠제Riffel-See 호수 *133*

마터호른Matterhorn *8, 9, 11, 14, 17-39, 42-59, 69-81, 87-91, 97, 102-105, 112-119, 126-137, 141-143, 149-367*

마터호른을 향한 투쟁Struggle for the Matterhorn *327*

마티어스 춤 타우그발트Matthias zum Taugwald *55, 127*

매코믹McCormick 신부 *219, 235, 251, 295*

몬테로사Monte Rosa *37, 91, 127, 175, 299, 314, 319, 359*

몬테로사Monte Rosa 호텔 *132, 171, 176, 178, 215, 219, 220, 299, 300, 305, 324, 327*

몬테비소Monte Viso *64, 91, 117*

몬테체르비노Monte Cervino, 마터호른 *203*

몽땅베르Montenvers *151*

몽블랑Mont Blanc *7, 13, 37, 42, 97, 115, 124, 127, 133, 150, 151, 175, 283, 312, 323, 339, 342*

몽세르뱅Mont Cervin 호텔 *132, 246, 247*

미셸 크로Michel Croz *130, 136-143, 146-151, 172-179, 182-184, 191, 205-211, 215, 220, 223-231, 234-238, 247-251, 254-260, 264-266, 269, 284-306, 310, 327*

미셸 파요Michel Payot *130*

바르톨로메오 가스탈디Bartolomeo Gastaldi *118*

바이스호른Weisshorn *31, 32, 127*

발투르낭슈Valtournenche *21, 26, 28, 32, 33, 42, 45, 46, 53, 54, 75, 116, 119, 129, 131, 134, 151-157, 162, 169, 185, 192, 195, 202, 203, 216, 231, 237, 306, 307, 316, 339, 354, 356, 358, 360, 362, 365*

발펠린Valpellin *48, 119*

버크벡Herrn Birkbeck *172*

베네데토 리뇽Benedetto Rignon *118*

베르너오버란트Berner Oberland *221*

본 호킨스Vaughan Hawkins *54, 55, 58, 93*

브라이트호른Breithorn *130, 204, 300*

브로일Breuil *11, 26, 31-33, 37, 38, 41, 45, 46, 48, 52-54, 66, 67, 73-77, 80, 82, 87, 89, 91, 93, 97, 100, 101, 108, 118, 119, 125, 126, 136, 146, 149-153, 156, 162, 163, 168, 182, 185, 191, 197, 198, 202, 205, 206, 212, 215-217, 308, 310, 317-320, 338, 339, 354, 357, 360, 364, 365*

브로켄Brocken 현상 *229*

비스프Visp *219, 247, 268*

비오나Biona *48*

비토리오 셀라Vittorio Sella *313*

빅토르 카렐Victor Carrel *30*

빈트곳 에우루스Windgott Eurus 45

샤를 고레Charles Gorret 154, 157

샤모니Chamonix 7, 57, 59, 130, 136-139, 151, 172, 205, 220, 248, 251, 269, 294, 299, 316, 338, 365

샤티용Châtillon 151, 153

세인트니클라우스St. Niklaus 220, 309, 358

세자르 카렐César Carrel 120, 154, 161, 308

솔베이 비박산장Solvay Refugium 302

슈바르츠제Schwarzsee 호수 46, 72, 165, 178, 282, 284, 285, 320, 321

슈타펠Stafel 142

슈테판 춤타우그발트Stephan Zumtaugwald 127

슐라긴트바이트Schlagintweit 형제 205, 356

시몬 볼리바르Simón Bolívar 331

아보일Avouil 17-19, 27, 165, 194

아오스타Aosta 29, 30, 46, 47, 129, 151, 306

안토니오 카스타네리Antonio Castagneri 312

안톤 발터Anton Walter 109

알렉산더 자일러Alexander Seiler 128, 132, 171, 175, 178, 185, 186, 218, 220, 223, 305, 309, 359

알렉산더 폰 훔볼트Alexander von Humboldt 328, 329, 331

알렉스 로흐마터Alex Lochmatter 220, 246, 251

알프레드 마이스너Alfred Meißner 271, 272, 276

알프스 등반기Scrambles amongst the Alps 262, 276, 326

알프스의 메아리Eco des Alpes 314

앨버트 프레더릭 머메리Albert Frederick Mummery 313, 315

에귀 베르트Aiguille Verte 137, 151, 174

에드문트 폰 펠렌베르크Edmund von Fellenberg 258

에드워드 윔퍼Edward Whymper 31-41, 48-126, 135-179, 182-238, 246-282, 287, 292, 297-342, 363-367

에메 고레Amé Gorret 21, 47, 131, 157, 160, 197

에반티우스Evantius 45

에설 윔퍼Ethel Whymper 338

옌싱Jensing 312

오거스틴 펠리시에Augustin Pelissier 131

오리스 베네딕트 드 소쉬르Horace-Bénédict de Saussure 42, 143, 324, 350, 356, 357, 359

오버가벨호른Obergabelhorn 163, 253, 299, 318

요제프 루덴Josef Ruden 128, 219, 222

요제프 마리 로흐마터Joseph Maria Lochmatter 220, 309

요제프 비슈Joseph Bich 131

요제프 안톤 클레멘츠Josef Anton Clemenz 132, 247, 264, 268

요제프 타우그발더Joseph Taugwalder 179, 186, 320

요한 요제프 베넨Johann Joseph Bennen 54, 55, 74, 75, 109, 116, 308

요한 크로니히Johann Kronig 80, 81, 127

웨브Webb 329

유베날Juvenal 45

율리 라우에너Ueli Lauener 127

윌스Wills 281

인너트키르헨Innertkirchen 221

인터라켄Interlaken 271, 275

자크 발마Jacques Balmat 115

장 밥티스트 비슈Jean-Baptiste Bich 196, 199, 216, 307, 311, 326

장 밥티스트 카렐Jean Baptiste Carrel *308*

장 앙투안 카렐Jean-Antoine Carrel *7-25, 28, 33-41, 48-75, 82-90, 99-136, 152-175, 183-218, 223-238, 246, 260, 262, 275, 277, 306-315, 321, 324-328, 332, 335, 336, 339-355, 360-365*

장 오귀스탱 메이네Jean-Augustin Meynet *196*

장 요제프 마퀴냐츠Jean-Joseph Maquignaz *157*

장 자크 카렐Jean-Jacques Carrel *20, 21, 54, 57, 58, 75*

장 테라Jean Tairraz *130*

장 피에르 카샤Jean-Pierre Cachat *130*

제데옹 발마Gedeon Balmat *130*

제임스 데이비드 포브스James David Forbes *324, 357*

존 러스킨John Ruskin *326*

존 볼John Ball *128, 317*

존 틴들John Tyndall *31, 32, 54, 55, 73-75, 93, 109-116, 124, 131, 134-136, 204, 221, 308, 310*

줄리어스 마셜 엘리엇Julius Marshall Elliott *309*

지오메인Giomein *119, 134, 155, 166, 197, 200, 204, 355*

지텐Sitten *45, 46*

찰스 테일러Charles Taylor *319*

찰스 허드슨Charles Hudson *171-179, 205, 215, 224, 226-228, 234-236, 247-249, 251, 254, 264-266, 269, 280, 283, 284, 286-291, 295, 299-301, 326*

체르마트Zermatt *34, 37, 52, 53, 55, 72, 76, 88, 119, 127-133, 160, 163, 164, 169, 172, 174, 179, 185, 187, 191, 203-205, 211-222, 237, 239, 246-248, 251, 252, 256, 265-271, 274, 276, 280-287, 293-298, 304-327, 338, 356-359, 364, 365*

츠무트Zmutt *93, 195, 197, 198, 307, 308, 315*

츠무트Zmutt 빙하 *142*

치날Zinal *253, 318*

침보라소Chimborazo *328-335, 342*

카노니쿠스 카렐Kanonikus Carrel *214*

카를 하엔젤Carl Haensel *327*

카를로 고레Carlo Gorret *339*

칼피Calpi 마을 *328*

코녜Cogne *160*

코토팍시 화산Volcán Cotopaxi *336*

콜 뒤 리옹Col du Lion *55, 59, 74, 80, 84, 97, 107, 109, 111, 120, 142, 340, 343-345, 366*

콜 뒤 몽세르뱅Col du Mont Cervin *46*

콜 뒤 제앙Col du Gèant *133*

쿠르마예Courmayeur *7, 151, 338*

퀸티노 셀라Quintino Sella *129, 134, 135, 154, 156, 202, 214, 311*

크리스티안 알머Christian Almer *139, 143, 146-152, 175*

타퀼Tacul *133*

탈레프르Talèfre 빙하 *151*

탐보Tambo *332*

터켓Francis Fox Tuckett *318, 324*

테오둘Theodul 고개 *42, 45, 46, 69, 76, 134, 160, 163, 165, 205, 282, 357, 358*

테오둘Theodul 빙하 *20*

테오둘호른Theodulhorn *42, 141*

테오필 레너Theophil Lehner *298*

테트 뒤 리옹Tête du Lion *26-28, 31, 62, 85*

토머스 스튜어트 케네디Thomas Stuart Kennedy *72, 170, 172, 318, 321*

토토리야스Totorillas *332*

티에프마텐Tiefmatten 빙하 *26, 59, 91, 95*

파브르Favre *49, 51, 125, 146, 161, 162, 165, 196, 204*

파울 귀스펠트Paul Güßfeldt *316*

파커Parker 형제 *52, 72*

패러데이Michael Faraday *73*

페로네 디 산 마르티노Perrone di San Martino *118*

페르디난드 임셍Ferdinand Imseng *319*

페링Perring *331*

페터 크누벨Peter Knubel *309*

페터 타우그발더Peter Taugwalder *72, 127, 163-165, 169-171, 174-179, 186, 209-219, 223-238, 246-250, 253-279, 283-298, 314-327*

페터 페렌Peter Perren *72, 127, 175, 318*

펜들베리Pendlebury 형제 *314, 319*

펠리체 조르다노Felice Giordano *118, 133-136, 154-160, 165-168, 192-207, 214, 310, 311*

푸르겐Furggen 능선 *315*

푸르겐Furggen 빙하 *165, 282*

푸앙트 데 제크랑Pointe des Écrins *136*

풀러Puller *294*

프란츠 비너Franz Biner *127, 139, 141, 143, 149-152, 175, 309*

프란츠 안덴마텐Franz Andenmatten *220*

프랑수아 티올리François Thioly *310*

프랜시스 더글러스 경Lord Francis Douglas *163, 169-171, 174-176, 179, 205, 206, 209-211, 215, 220-224, 227, 231, 233-237, 247-256, 259, 264-266, 269, 270, 274, 279-306, 314, 315*

프랭클린Franklin 79, 113

프레데리크 파요Frédéric Payot 251, 323

프리드리히 타우그발더Friedrich Taugwalder 259, 321

플로렌스 크로퍼드 그로브Florence Crauford Grove 307, 308, 310

필포츠Phillpotts 220

하비에르 캄파냐Javier Campaña 331

하스코트R. B. Heathcote 319

헤이슬미어Haslemere 297

호루Horu 88, 128, 319, 321, 356, 366

호일러Hoiler 310

호커Hawker 신부 260

회른리Hörnli 능선
89, 136, 141, 164, 165, 173, 174, 219, 294, 300, 313, 366

회른리Hörnli 산장 309, 339

FURRI 6214
Boden Gl.
Hohlicht
Z'MUTT 6365
8547
9164
JOST
KALBERMATT
STAFFEL 7041
SCHWARZSEE
CHAPEL
HÖRNLI
9492
Furggengletscher
9718
9505
9800
Matterhorn gletscher
7995
THE SHOULDER
GREAT TOWER
CHIMNEY
COL DU LION
TÊTE DU LION
Gl. du Lion
Gl. du Mt.
Z'Muttgletscher
8633
CAMP (1866)
Tiefenmattengletscher